Martin Hüfner

EUROPA

Die Macht von morgen

Für den großen
Europäer,
Peter M. Schmidhuber
Martin Hüfner

HANSER

Bibliografische Information Der Deutschen Bibliothek
Die Deutsche Bibliothek verzeichnet diese Publikation in der Deutschen Nationalbibliografie; detaillierte bibliografische Daten sind im Internet über http://dnb.ddb.de abrufbar.

Internet: http://www.hanser.de
Lektorat: Martin Janik
Herstellung: Ursula Barche
Umschlaggestaltung: Büro plan.it, München
Satz: Kösel, Krugzell
Druck und Bindung: Friedrich Pustet, Regensburg
Printed in Germany

ISBN-10: 3-446-40478-3
ISBN-13: 978-3-446-40478-6

ZUM GELEIT

Es kann schon erstaunen, in diesen Zeiten ein Buch so optimistisch zu betiteln: „Europa – Die Macht von Morgen". Man braucht zurzeit eine breitere Perspektive als das alltägliche politische Geschäft, um das Geleistete von gestern zu erfassen sowie Europas Potenzial für morgen zu erahnen.
Für den Europapraktiker, welcher ich nun schon seit über zwanzig Jahren bin, steckt Europa zu diesem Zeitpunkt in einer tiefen Krise. Die gescheiterten Verfassungsreferenden in Frankreich und in den Niederlanden sowie die ergebnislosen Finanzverhandlungen im Frühjahr 2005 sind die deutlichsten Hinweise auf dieses Tief. Sie sind jedoch nur die Symptome, nicht aber die Ursachen. Die europäische Krise sitzt tiefer. Sie lässt sich nicht festmachen an diesem oder jenem Bewegungsversuch, sondern findet ihren Ursprung in den Fehlern, die wir selbst in der Vergangenheit gemacht haben.

Eine Krise fällt nicht vom Himmel. Politische Krisen sind keine unvorhersehbaren Naturkatastrophen, denen man hilflos gegenüberstünde. Sie bauen sich langsam auf, sammeln ihre Sprengkraft Stück für Stück, bevor sie sich nach Jahren der Unachtsamkeit gewitterartig entladen.

Die Staats- und Regierungschefs haben sich arg- und sorglos auf die Krise zu bewegt, weil sie die dunklen Wolken, die sich über den europäischen Wegen zusammengezogen hatten, nie zu deuten versuchten. Auch wenn es uns gelungen wäre, die Referenden zum Verfassungsvertrag positiv über die Runden zu bringen, so steht für mich außer Frage, dass die Europäische Union trotzdem in eine tiefe Krise geraten wäre. Es hätte höchstens etwas länger gedauert, bevor sie sich bemerkbar gemacht hätte.

Die Gründe für diese Krise sind vielfältig und lassen sich doch in nur wenigen Worten zusammenfassen: Wir reden schlecht über Europa. Es gibt wohl niemanden, der so oft so schlecht über sein eigenes Haus redet wie wir Europäer. Eine Miesmacherei, die zuweilen so weit geht, dass die Bürger sich wundern, wenn die Regierenden bei Referenden um ihre Zustimmung zum europäischen Projekt werben.

Ob Staatspräsidenten, Premierminister oder Finanzminister, es grenzt fast schon an ein System, wie wir Europa im Regen stehen lassen. Tut die Europäische Union etwas Richtiges, etwas, das auch von der öffentlichen Meinung als richtig empfunden wird, so wird dies im Regelfall einzig und allein dem außergewöhnlichen Verhandlungsgeschick der nationalen Regierungen zugeschrieben. Tut Europa aber etwas Falsches, etwas Unpopuläres, so verkaufen wir das zu Hause als die Auswüchse „Brüsseler" Unvernunft sowie als die Folge der Leichtfertigkeit der in Europa Mitregierenden. Wir sollten uns also nicht wundern, wenn so auf Dauer ein schiefes Europabild entstanden ist, welches heute in Millionen europäischen Wohnungen hängt.

Zugleich reden wir zu wenig sowie falsch über Europa. Als 1989 die Mauer fiel, war die Begeisterung groß und das Angebot einer europäischen Perspektive an unsere Nachbarn in Mitteleuropa unumstritten. Die Politik hat darauf vertraut, dass die Wucht der geschichtlichen Veränderungen die öffentlichen Meinungen auch in den Folgejahren in ihrem Bann halten würde. Darüber haben wir es versäumt, als die Erweiterung sich konkret ankündigte, unseren Bürgern die notwendigen Erklärungen zu geben, vor allem auch darüber, wie Europa ohne Erweiterung aussehen würde.

Dann reden wir auch viel zu viel über Geld in Europa. Es sind die Regierenden, die die Menschen daran gewöhnt haben, dass es in Europa jene gibt, die zu viel in die gemeinsame Kasse einzahlen, und jene, die zuviel daraus abziehen. Wenn wir selbst nicht fähig sind, ein Minimum an europäischer Solidarität zu unterstützen, wie können wir dies dann von unseren Wählern verlangen?

Martin Hüfner zeigt sich in seinem Buch erfreulich unbeeindruckt von diesen Neigungen. Er nennt die Gründe, warum wir stolz auf Europa sein können, ein Gefühl, das vielen sichtlich schwer fällt.

Europa erlebt die längste Friedenzeit seiner Geschichte. Wir haben das Versprechen Churchills von 1948 erfüllt, als er ankündigte, dass eines Tages das, was damals im Westen angefangen wurde, im Osten beendet würde. Wir haben mit dem Euro eine kohärente und vielleicht sogar die einzige konsequente Antwort auf die Globalisierung gegeben. Durch ihre Präsenz in Krisenregionen treibt die Europäische Union die Friedensprozesse in der Welt voran, sei es auf dem Balkan, in Afrika oder im Nahen Osten. Sicher stellen sich uns große Aufgaben. Warum wir trotzdem nicht stolz auf das bereits Erreichte sein können, bleibt mir ein Rätsel.

Europa ist in den letzten 60 Jahren einen weiten Weg gegangen. Der Glaube, dass die alten Dämonen dieses Kontinents voller Irrungen und Wirrungen auf ewig verbannt wären, ist jedoch von einer schreienden Naivität geprägt. Die Generationen, die uns folgen werden, werden zu der historischen Lesart der Gründerväter unfähig sein. Ihre Erinnerungen an Hitler und Stalin werden nur noch jenen gleichen, die wir an Wilhelm II. und Clemenceau haben. Umso wichtiger ist es für unsere Generation, die Europäische Union politisch sowie vertraglich endgültig zu festigen.

Ich bin überzeugt, dass es zu dieser Europäischen Union keine glaubhafte, sich auf die Dauer bewährende Alternative gibt. Aber die Krise, welche Europa im Moment durchlebt, belegt, wie groß das Risiko ist, dass die EU langsam, fast unbemerkt, in nur mehr eine gehobene Freihandelszone abdriften könnte, wenn wir die europäischen Dinge nicht in die Hand nehmen. Denn eine solche Zurückentwicklung wäre ein Desaster für Europa. Das Konzept der Freihandelszone ist ein zu simples für diesen eminent komplizierten Kontinent.

Deshalb ist es so wichtig, dass wir uns weiter für die europäische Verfassung einzusetzen. Im Nachhinein halte ich es für einen Fehler, dem neuen Vertrag den Namen Verfassung gegeben zu haben. Die Menschen assoziieren den Verfassungsbegriff exklusiv mit nationalen Bezugsgrößen. Mit der Namenswahl „Verfassung“ haben wir suggeriert, Europa befinde sich auf dem Weg zur Staatlichkeit. Dies ist jedoch weder der Fall, noch ist dies von den Bürgern erwünscht.
Als ich noch jünger war, habe auch ich von den Vereinigten Staaten von Europa geredet. Ich tue das nicht mehr, weil die

Menschen das ganz einfach brauchen, was Konservative Heimat oder Vaterland nennen und was ich unmittelbare Nähe nennen würde. Die Menschen möchten nicht aufhören oder auch nicht das Gefühl kriegen, nicht mehr Deutsche oder Franzosen sein zu dürfen, nicht mehr Dänen oder Österreicher sein zu dürfen. Die Menschen haben überhaupt nicht das Gefühl, als ob Nationen provisorische Erfindungen der Geschichte seien. Die Menschen wollen, dass diese Nationen auf Dauer eingerichtet sind.

Was aber den Inhalt des Verfassungsvertrags angeht, so glaube ich weiter, dass er viele Fragen, welche sich in Bezug auf Europa stellen, beantwortet. Während der Referendumskampagne in Frankreich habe ich oft gesagt, dass die Wähler das Europa in der Verfassung ablehnen, weil ihnen das jetzige Europa nicht gefällt.

Aber weder die Franzosen noch die Niederländer sind bereit, auf die Vorteile zu verzichten, die sich ihnen durch den gemeinsamen Markt bieten, wie etwa die Freizügigkeit der Personen, das steigende Angebot und die fallenden Preise, die aus der Freizügigkeit der Waren resultieren, oder aber das gehobene Maß an Verbraucherschutz, das wir genießen. Auch wenn die Europäische Zentralbank oft in den Mittelpunkt der Kritik gerät, so beschweren wir uns aber nicht über die Preisstabilität und die niedrigen Zinsen, die sie mit ihrer konsequenten Geldpolitik gewährleistet. Auch wehrt sich kaum jemand dagegen, dass es künftig eine bessere grenzüberschreitende Zusammenarbeit von Polizei und Justiz in Europa geben soll. Niemand hat gesagt, ihr tut zuviel gegen das internationale Verbrechen. Das Gleiche gilt für die Neuerungen, welche die EU dem Bürger wieder näher bringen soll. Die Verfassung würde die Rolle der nationalen Parlamente im europäischen Gesetzgebungsverfahren deutlich stärken. Ich habe keine Stimmen gehört, die sich dem widersetzt hätten.

In seinem Buch erinnert Martin Hüfner uns daran, wie das Streben nach dem europäischen Ideal dem Kontinent Frieden, Freiheit, Unabhängigkeit und Wohlstand beschert hat. Diese Errungenschaften werden heute oft als selbstverständlich abgetan. Doch dieses Wohlbehagen birgt große Gefahren in sich, denn der, der sich zu spät bewegt, hat bereits verloren. Europa muss deshalb einen Weg aus der Krise finden, und mit Tatendrang und Ideenreichtum an die neuen Aufgaben herangehen.

Der Weg aus der Krise führt für Europa über die Berichtigung der Versäumnisse der Vergangenheit, und er führt auch über das soziale Europa. Die Vorstellung, die den Menschen vermittelt wird, Europa wäre nur der Stabilitätspakt, eine falsch verstandene Lissabon-Strategie, ein Entwurf für Banker und Unternehmer, welcher nichts mit dem einfachen, arbeitenden Menschen zu tun hätte, diese Vorstellung muss endgültig bekämpft werden, damit die Menschen wieder lernen, diese Europäische Union zu mögen.

Die Europäische Union ist unbestreitbar das größte politische Projekt der Nachkriegszeit. Es wird aktiven Gestaltungswille benötigen, um sie aus der Krise zu führen. Am Anfang steht das Eingeständnis der eigenen Fehler. Nur wenn wir die Fehltritte der Vergangenheit in Zukunft vermeiden, können wir die Krise überwinden.

Jean-Claude Juncker,
Premierminister von Luxemburg,
Luxemburg, Dezember 2005

VORWORT

Europa ist in der Krise. Krisen haben immer zwei Möglichkeiten: eine negative und eine positive. Die negative ist, dass Europa wegen der Probleme mit der Verfassung, des Streits über die Finanzmittel und der mangelnden Handlungsfähigkeit der Regierungen einzelner Mitgliedsländer stagniert. Im schlimmsten Fall wird die Integration zurückgeführt beziehungsweise die EU oder Teile davon brechen auseinander. Das fürchten heute viele. Die positive Möglichkeit ist, dass Europa gerade durch den Streit neue Kraft gewinnt und die Integration eher noch stärker wird. Dieses Buch zeigt, dass wir nicht pessimistisch sein müssen. Die positive Variante wird sich am Ende durchsetzen. Europa hat schon einige Krisen erlebt und überlebt. Man sollte daher etwas über den Tellerrand der aktuellen Entwicklung hinausblicken und sich die fundamentale Konstitution des Kontinents anschauen. Europa ist stärker, als wir denken. Es ist in der Integration fortgeschrittener, als wir denken. Es gibt viele Kräfte, die Europa ungeachtet der aktuellen Ereignisse in der Politik nach vorne treiben. Europa wird – Politik hin, Krise her – die Macht von morgen.

Als ich einige Ideen, die ich hier darlege, einige Wochen vor dem Streit in der EU im Sommer 2005 vor Professoren des renommierten Vereins für Socialpolitik vortrug, sagte mir ein prominenter Zuhörer: Es war wunderbar, wie Sie das alles geschildert haben – aber glauben tue ich Ihnen kein Wort. Das ist symptomatisch: Die Menschen hören gerne Gutes über Europa. Es macht sie stolz. Aber so richtig überzeugt sind sie nicht. Die Errungenschaften von Europa und die weitere Entwicklung des Kontinents sind nicht das Produkt der Begeisterung der Menschen für die europäische Sache. Sie sind das Resultat von Sachzwängen. Das hat den Vorteil, dass Europa nicht vom Auf und Ab volatiler Gefühle und der Handlungen einzelner Politiker abhängt. Es hat aber den Nachteil, dass alles etwas länger dauert, dass es häufig gegen den Widerstand der Bürger verwirklicht wird und dass die Ablehnung der Menschen sich manchmal in Krisen Luft verschafft. Wir haben das gerade in den Volksabstimmungen in Frankreich und den Niederlanden zum Entwurf der europäischen Verfassung hautnah erlebt.

Dieses Buch wendet sich an die Europa-Skeptiker. Es versucht, ihnen die Argumente zu vermitteln, warum die EU trotzdem gut ist und warum sie eine größere Zukunft hat, als viele glauben. Manche Argumente werden sie mehr überzeugen als andere. Ich selbst war beim Schreiben überrascht, wie stark der Kasus für den Aufstieg Europas ist.

Was ist hier mit Europa gemeint? Man kann es geographisch, politisch, wirtschaftlich, kulturell oder gesellschaftlich definieren. Ich gehe in diesem Buch pragmatisch vor: Europa, das ist die Europäische Union in ihrer jeweiligen Zusammensetzung. Derzeit also die Union mit 25 Mitgliedern.

Europa als die Macht von morgen mag – vor allem für deutsche Ohren – anmaßend und überheblich klingen. Das ist nicht gewollt. Jeder Buchtitel neigt zur Übertreibung. Hier ist nicht gemeint, dass mit Europa ein neues Imperium entsteht, das andere dominiert und Völker beherrschen will. Das wäre Hybris und entspräche der Denkweise der Vergangenheit. Europa wird eine Weltmacht ganz anderer Qualität, als wir das aus der Geschichte gewohnt sind. Sie basiert nicht auf der Kraft von Bajonetten, sondern auf der Macht und Attraktivität einer Idee. Am liebsten hätte ich dem Buch den englischen Titel „the champ of tomorrow" gegeben. Das wäre bescheidener und würde passen. Ich fand dafür aber keine passende deutsche Übersetzung.

Das Buch basiert auf jahrelangen Erfahrungen des Autors in Europa, mit Europa und für Europa. Wie oft musste ich um halb fünf Uhr morgens aufstehen, um den ersten Flieger von München nach Brüssel zu nehmen. Es ist geschrieben aus Überzeugung für Europa. Es erzählt die Geschichte aus deutscher Sicht – das ist wichtig zu erwähnen, denn Europa ist so vielfältig, dass es sich aus anderen Blickwinkeln anders darstellt. Freilich ist Deutschland nicht irgendwer in Europa; es macht ein Drittel der Wirtschaftsleistung und knapp ein Fünftel der Bevölkerung aus. Die deutsche Sicht ist daher nicht ganz unwichtig. Und das Buch schaut auf die Dinge mit der Brille des Wirtschaftlers. Europa ist in den 50er Jahren des vorigen Jahrhunderts mit wirtschaftlicher Zusammenarbeit gestartet. Vielleicht ist es jetzt wieder die Wirtschaft, die in der Krise als Katalysator wirkt.

Manches erscheint, wie mir ein junger Kollege sagte, wie Science-Fiction. Das ist gewollt. Alles in unserer heutigen Realität war einmal Science-Fiction. Wer nicht bereit ist, sich ungewöhnlichen Gedanken und Szenarien zu öffnen, wird die Zukunft nie richtig vorhersagen.

Das Buch bürstet häufig gegen den Strich, um Klischees, die über Europa im Umlauf sind, zu entlarven. Manchmal mag es dabei etwas über das Ziel hinausschießen. Übertreibung ist die Lupe des Analytikers. Schließlich: Es reibt sich vielfach an Amerika – nicht weil der Autor etwas gegen Amerika hätte, sondern weil Amerika nach wie vor die Benchmark in der Welt ist. Jeder, der aufsteigt, muss sich an den USA messen.

Für den schnellen Leser enthält das Buch eine Hilfe: Er braucht sich nur die Thesen zu Beginn eines jeden Kapitels anzuschauen, um den Gang der Argumentation zu verfolgen. Das soll aber keine Ermutigung sein, das andere wegzulassen. Es ist wie bei einer Weltreise. Mit dem Finger auf der Landkarte kann man alle Stationen der Reise nachvollziehen – es fehlen dann aber der Geruch, der Geschmack und das Erlebnis der einzelnen Orte.

Das Buch ist das Ergebnis vieler Gespräche und Diskussionen. Ich kann nicht alle aufzählen, die mir dabei geholfen haben. Ich erwähne nur Berhard Michalowski, Sabine Seeger-Regling und Klaus Regling, Volker Riegger, Jens Schadendorf und Jörg Schmitt. Meine beiden Söhne Felix und Max haben das Manuskript mit viel Kritik gelesen und es durch ihre Bemerkungen bereichert. Meine Frau Karin hat das Buch durchlitten. Sie hat es gleichwohl als professionelle Ökonomin mit praktischer Vernunft begleitet. Oft hielt sie mich auf dem Golfplatz an und fragte: könnte man das nicht auch so sagen?

INHALTSVERZEICHNIS

KAPITEL 1

Auf dem Weg zu einem europäischen Jahrzehnt

Europa hat sich in den letzten Jahren auf der internationalen Bühne zurückgemeldet. Viel spricht dafür, dass es zum Aufsteiger der nächsten zehn Jahre wird – so, wie die USA die 90er Jahre geprägt haben und China die derzeit laufende Dekade.

Vor sechs Jahren hielt ich einen Vortrag beim Institute for International Bankers in Washington und prognostizierte ein „europäisches Jahrzehnt" für die Weltwirtschaft. Das mochten die Amerikaner damals nicht hören. Nur ein paar anwesende Journalisten aus Europa interessierten sich für das Manuskript. Der *SPIEGEL* veröffentlichte es einige Wochen später in Deutschland als Essay. Das Thema war aber noch nicht reif. Vor zwei Jahren erinnerten sich die Organisatoren in den USA an diesen Vortrag. Sie luden mich wieder in die amerikanische Hauptstadt ein, um noch einmal über das „europäische Jahrzehnt" zu sprechen. Jetzt passte die Botschaft. Die Zuhörer waren neugierig und hatten Fragen. Europa kommt in Mode.

Über 200 Jahre lebte Europa im Schatten Amerikas. Menschen verließen den alten Kontinent und wanderten unter großen Entbehrungen über den großen Teich ins Gelobte Land. Zuerst waren es die Flüchtlinge vor der Armut und der religiösen und politischen Unterdrückung. Später folgte die Elite der Wissenschaftler, Manager und Sportler, die von der Freiheit des Arbeitens angezogen wurde. Europäisches Kapital wurde jenseits des Atlantiks investiert. Vor 150 Jahren wurde der Bau der amerikanischen Eisenbahnen mit europäischem Geld finanziert. Dann waren es dynamische Unternehmen der New Economy, die das Geld anlockten. Darüber hinaus stützte Europa in all dieser Zeit die Welt mit Ideen, Erfindungen und kulturellem Reichtum. Anerkennung bekam es dafür nicht. Es blieb das Aschenputtel des Weltgeschehens.

Beispiel Irland. Vom 19. bis weit ins 20. Jahrhundert wanderten Millionen von Iren aus Angst vor Hungersnot und aus Frust vor wirtschaftlichem Niedergang in die Vereinigten Staaten von Amerika aus. Die Zahl der Einwohner des Inselstaates ging absolut zurück. Erfolgreiche Familien wie die Kennedys verließen die Insel mit dem Ziel USA. Einer von ihnen wurde sogar ein großer amerikanischer Präsident. Die meisten New Yorker Feuerwehrmänner sind auch heute noch – wie nach den schrecklichen Ereignissen des 11. September berichtet wurde – Iren. Die größte Parade zum irischen St. Patrick's Day findet nicht in Dublin, sondern in Manhattan statt.

Wie Phoenix aus der Asche

In der römischen Sage verbrennt sich Phönix alle 500 Jahre und ersteht dann wieder aus der Asche. So geht es auch mit Europa. Es ist in den Weltkriegen des vorigen Jahrhunderts verbrannt. Aber jetzt ersteht es wieder. Der amerikanische Wissenschaftler Jeremy Rifkin ist nach seinem Buch über den „Europäischen Traum" ein beliebter Festredner geworden. Der britische Forscher Mark Leonard sieht gar die kommenden 100 Jahre als europäisches Jahrhundert. Donald Kalff preist das europäische Unternehmensmodell als dem amerikanischen überlegen. Der Vorstandschef von General Electric Jeffrey R. Immelt, der in München ein großes Forschungszentrum gebaut hatte, sagte in einem Interview in der *Süddeutschen Zeitung*: „Man bekommt in Europa ein gutes Gefühl für die großen Trends. Die Chancen stehen zudem gut, dass Europa in den nächsten zehn Jahren stärker wächst als die USA. Europa ist einer der interessantesten Märkte der Welt."

Der neue Papst gab sich auch als Bekenntnis zu Europa den Namen Benedikt XVI. – Benedikt von Nursia wurde 1964 von Paul VI. zum heiligen Patron Europas erhoben.

In Irland ist die Auswanderung vorbei. Viele Iren kehren in ihr Land zurück. Es lohnt sich für sie wieder, in

Europa zu arbeiten. Die Heimkehrer versprechen sich hier eine bessere Zukunft als in den USA. Irland gehört zu den am schnellsten wachsenden Mitgliedern der EU und zu den ganz wenigen Staaten in der Union, in denen die Bevölkerung auch in den nächsten 50 Jahren noch wachsen wird.

In Europa insgesamt gibt es aber noch wenig Bewusstsein für die neue Situation. Wir quälen uns mit unzureichendem Wachstum und hoher Arbeitslosigkeit. Die aus den 80er Jahren des vorigen Jahrhunderts bekannte Eurosklerose feiert in vielen Ländern fröhliche (oder weniger fröhliche) Urständ. Wir beschuldigen die Politik, dass sie in Europa nichts bewegt. Wir beschweren uns über einen unpopulären Entwurf für eine europäische Verfassung. Wir streiten uns, ob Europa eher an Markt- oder eher an Sozialstandards orientiert werden soll. Wir klagen über die Beschwernisse durch die niedrigen Löhne in Zentral- und Osteuropa und versuchen, uns dagegen durch Mindestlöhne abzuschirmen. Wir haben Angst vor neuen Beitrittsverhandlungen mit Rumänien, Bulgarien, Kroatien und auch mit der Türkei. In unserer Unzufriedenheit tun wir manchmal so, als gäbe es noch die Alternative einer Rückkehr „zum guten alten Nationalstaat“ (Ulrich Beck). Das ist ein Irrtum. Der Nationalstaat in Europa ist tot.

Manchmal merken es die Insassen eines Zuges als Letzte, wenn sich die Lokomotive in Bewegung gesetzt hat. Aber das wird sich ändern. Vermutlich sogar schneller, als wir denken. Die Zeit ist reif für den Aufstieg Europas. Wo geht die Reise hin?

Regionen und Dekaden: Von der OPEC bis zur New Economy

Zu Beginn eines neuen Jahrhunderts ist es schick, über Regionen zu spekulieren, die die nächsten 100 Jahre prägen werden. Da ist die Rede vom asiatischen Jahrhundert, dem amerikanischen Jahrhundert oder dem europäischen Jahrhundert. Eine solche Perspektive ist verlockend, da sie attraktiv und anspruchsvoll ist und ihre Autoren gleichzeitig nicht falsifiziert werden können. Ich möchte es hier etwas bescheidener angehen und nur von Dekaden reden.

Es hat sich eingebürgert, Dekaden der Geschichte mit bestimmten Regionen zu verbinden. Die 70er Jahre des vorigen Jahrhunderts waren das Jahrzehnt der OPEC. Damals vervielfachten die Ölproduzenten den Ölpreis. Bei den Ölverbrauchern gab es drastische Sparmaßnahmen, in Deutschland die berühmt gewordenen Sonntagsfahrverbote für Autos. Noch heute schauen wir uns gern die Fotos an, wie Familien auf den Autobahnen spazieren gingen. Ölpreisverteuerung und Energiesparmaßnahmen führten 1974 zu der berühmten „Kluncker-Runde", in der die Löhne im öffentlichen Dienst in Deutschland um mehr als 10% angehoben wurden. In der zweiten Hälfte der 70er Jahre bestimmten die Ölmilliarden die internationalen Finanzmärkte und führten zu dem bekannten Recycling der Ölgelder. Das löste dann einige Zeit später die ersten großen Finanzkrisen in der Dritten Welt aus.

Die 80er Jahre des vorigen Jahrhunderts waren die Dekade der Japaner. Die Wirtschaft Nippons expandierte mit unerwarteten Wachstumsraten. Die Börse boomte und lockte Geld aus allen Teilen der Welt an. Japanische Produkte überschwemmten die Märkte der Industrieländer, weil sie bei gleicher Qualität billiger waren. Deutsche, europäische und amerikanische Manager reisten nach Japan, um die dortigen Managementtechniken zu studieren. Wer zu Flügen nach Tokyo kein Geld oder keine Zeit hatte, konnte die Prinzipien der stärkeren Kundenorientierung und der Just-in-time-Fertigung auch in Büchern nachlesen, die damals zuhauf erschienen. Die Japaner selbst investierten das Geld aus ihren Leistungsbilanzüberschüssen im Ausland und kauften halb Kalifornien.

Die 90er Jahre waren dann das Jahrzehnt der Amerikaner. Nach dem Ende des Ersten Irak-Krieges und der Rezession in den USA setzte ein acht Jahre dauernder Boom ein. Es entstand die „New Economy" mit kleinen innovativen und kreativen Firmen zuerst in Silicon Valley, dann in vielen anderen Staaten. An der Börse wurden die neuen Firmen gefeiert. Die Kurse stiegen ins Unermessliche, obwohl die meisten dieser Firmen kein Geld verdienten, sondern nur von der Phantasie und der Hoffnung der Märkte lebten. Weltweit wurde diese Euphorie kopiert. In den USA selbst gelang es der amerikanischen Administration, durch hohe Steuereinnahmen und sparsame Haushaltspolitik im Jahr 2000 einen Haushaltsüberschuss von 150 Milliarden Dollar zu erzielen. Der amerikanische Staat begann, Schulden zurückzuzahlen, womit niemand gerechnet hatte. Die Märkte rissen sich um Schuldtitel des Staates, als würde eine Knappheit an solchen Bonds bevorstehen. Nach dem Jahr 2000 war dann alles vorbei.

Für die erste Dekade des neuen Jahrzehnts ist es noch schwer, einen Champion auszumachen, weil gerade die Hälfte vorbei ist. Ich vermute, man wird diese Dekade eines Tages den Chinesen zuordnen.

Das Wachstum Chinas übersteigt das aller anderen größeren Länder. Der chinesische Binnenmarkt ist so riesig, dass er die Phantasie der Unternehmensführer in aller Welt beflügelt. Nicht nur die großen Konsum- und Investitionsgüterhersteller siedeln sich in China an. Auch eine deutsche Bausparkasse (Schwäbisch Hall) beispielsweise baut in China Geschäft auf. Die Kosten der Produktion in China sind so niedrig, dass die große amerikanische Kaufhauskette Wal-Mart die Mehrzahl ihrer Produkte in China einkauft. Das hohe chinesische Wachstum treibt die weltweiten Rohstoffpreise, vor allem auch den Preis für Öl, nach oben.

China hat mit 700 Milliarden Dollar die größten Währungsreserven der Welt. Es ist einer der wichtigsten Käufer von amerikanischen Staatsanleihen. Die Chinesen gehen inzwischen weltweit auf Einkaufstour, um Beteiligungen an wichtigen Rohstoffproduzenten zu erwerben und damit ihren Rohstoffbedarf auch in Zukunft zu sichern. Sie beginnen, auf den europäischen Märkten Autos zu verkaufen.

Wer wird der nächste Champion?

Welche Region wird das nächste Jahrzehnt prägen? Noch einmal China? Das scheint aus heutiger Sicht nicht unplausibel. Wenige können sich vorstellen, dass der chinesische Boom eines Tages zu Ende geht. Allerdings sind jetzt schon soziale Spannungen in China erkennbar. Gut qualifizierte Fachkräfte sind knapp und werden heute zum Teil mit ähnlichen Gehältern bezahlt wie in den Industrieländern. Es wird der chinesischen Regierung zunehmend schwer fallen, die politische Diktatur mit einer Marktwirtschaft in Einklang zu bringen. Die Unterschiede zwischen den reichen Regionen im Osten und Südosten und dem großen und sehr armen Hinterland sind erschreckend. Wenige der ausländischen Unternehmen, die in den chinesischen Markt gegangen sind, verdienen wirklich Geld. Die meisten machen nur Umsatz. Im Übrigen rein formal: Bisher hat noch kein Land in Folge zwei Dekaden der Weltwirtschaft geprägt.

Könnte Amerika noch einmal eine Dekade dominieren? Die amerikanische Wirtschaft wächst nach wie vor dynamisch. Der amerikanische Präsident ist mächtiger als jeder andere Staatsführer in der Welt. Die Kultur der USA hat weltweit nach wie vor großen Einfluss. Ich glaube allerdings nicht, dass das so bleiben wird. Die US-Wirtschaft ist nur zu 80% gesund. Probleme hat sie mit der Automobilindustrie, die gegenüber der der Japaner nicht mehr wettbewerbsfähig ist. Es gibt erhebliche Überkapazitäten. Fragen ergeben sich auch im Hinblick auf den Boom auf dem Immobilienmarkt, der bei Zinssteigerungen leicht enden könnte. Im Übrigen belasten natürlich die hohen Defizite bei den öffentlichen Finanzen und in der Leistungsbilanz sowie die große Konsumentenverschuldung. Politisch ist das anhaltende Engagement der Vereinigten Staaten im Irak schwer zu tragen. Der Kampf gegen den Terror fordert Opfer und ein Sieg dieses Krieges ist nicht absehbar. Die durch den Hurrikan Katrina verursachte Katastrophe in New Orleans hat den Amerikanern gezeigt, wie verletzlich auch ein so reiches Land wie das ihre ist, wie stark die sozialen Unterschiede sind, wie viel Rassenprobleme es noch gibt und wie schwer sich die Verwaltung mit dem Management solcher Unglücke tut. Die mentalen Schäden im Bewusstsein der Gesellschaft sind auf die Dauer vielleicht noch gravierender als die materiellen Verwüstungen.

Wird Indien der neue Champion des nächsten Jahrzehnts? Es hat wie China ein riesiges Wachstumspotential durch die große Bevölkerung, die noch ganz viel ungedeckten Bedarf hat. Es hat niedrige Kosten. Es verfügt in Bangalore über einen boomenden IT-Sektor mit hervorragenden Fachleuten. Es hat schon in den letzten Jahren einen erheblichen Satz nach vorne gemacht. Das Sozialprodukt wird in Indien in den kommenden Jahren schneller wachsen als in China, was zum Teil allerdings mit der hohen Bevölkerungszunahme zusammenhängt. Sein Vorteil gegenüber China ist auch eine funktionierende Demokratie und das Fehlen der kommunistischen Vergangenheit. Freilich hat Indien Probleme mit seiner etwas unflexiblen Verwaltung und mit ethnischen Spannungen. Das Pro-Kopf-Einkommen ist noch gering (nur 60% des der Chinesen). Derzeit profitiert es sehr stark von dem Boom in China. Es ist unsicher, ob sich das Wachstum so fortsetzt, wenn sich die wirtschaftliche Lage in China verschlechtern sollte.

Wird es Brasilien? Das Land hat in den letzten Jahren ebenfalls einen Sprung nach vorne gemacht. Zum Teil profitiert es vom China-Boom, zum Teil von den hohen Rohstoffpreisen, zum Teil aber auch von der Politik eines Präsidenten, dem es entgegen allen Erwartungen bisher gelang, die divergierenden Strömungen im Land zusammenzuführen. Die Lateinamerikaner haben den großen Vorteil, dass sie flexibel, einfallsreich und anpassungsfähig sind. Das ist in einer Welt, die zunehmend weniger von der steigenden Bevölkerung und mehr vom Strukturwandel lebt, ein unschätzbarer Vorteil. Andererseits gab es in Lateinamerika in der Vergangenheit immer wieder Perioden, wo man glaubte, alle Probleme seien gelöst und von nun an könne es nur noch nach oben gehen. Und dann kam es doch anders. Man sollte also vorsichtig sein.

Wird es Russland? Auch dieses Land durchlebt derzeit eine unerwartete Erfolgsgeschichte mit Wachstumsraten von 5% und mehr pro Jahr. Aber Russland ist mehr als andere Staaten vom Rohstoffboom (vor allem von Öl und Gas) abhängig. Es hat noch keine breit diversifizierte Wirtschaft. Zudem leidet es unter den politischen Interventionen in einzelnen Unternehmen. Noch ist unklar, ob sich Russland in Zukunft eher nach Westen orientiert – darauf deutet der Aufschwung von Petersburg hin – oder ob es eine eurasische Macht mit einem starken Sibirien sein wird. Russlands Stabilität ist abhängig von der Gesundheit eines einzelnen Mannes, des Präsidenten Putin. Wenn er eine Grippe bekommt, leidet das Land an einer Lungenentzündung, da weit und breit kein Nachfolger aufgebaut wurde. 2007 stehen Neuwahlen an, bei denen Putin gemäß der Verfassung nicht noch einmal kandidieren kann.

Wird es die Türkei? Dieses Land wächst zwar auch mit hohen Raten und hat in Sachen Reformen einen großen Schritt nach vorne gemacht. Es ist aber zu klein, um die ganze Welt in seinen Bann zu ziehen. Zudem hat es selbst in seiner unmittelbaren Nachbarschaft nicht viele Freunde, die ihm die Stange halten.

Richard Florida meint in seinem Buch „The flight of the creative class“, dass heute keine einzelne Region mehr die Kraft zum Champion der nächsten Dekade habe. Denn alle Regionen, die dafür in Frage kämen, hätten Stärken und Schwächen zugleich. Das war aber immer schon der Fall. Auch Japan, die USA und China waren selbst in ihren besten Zeiten nie ohne Fehl und Tadel. Trotzdem wurden sie Champions, weil sie etwas besonderes zu bieten hatten.

Viel spricht daher dafür, dass eine ganz andere Region die Nummer eins der kommenden Dekade wird. Eine Region, die heute noch niemand auf der Rechnung hat. Ich bin davon überzeugt und werde das mit diesem Buch begründen, dass die nächste Dekade das Jahrzehnt der Europäer wird. Nicht als Lückenfüller, weil es keinen anderen gibt. Auch nicht, weil Europa die Welt in puncto Wachstum überholen wird. Das ist für eine industrialisierte Region mit sehr hohem Pro-Kopf-Einkommen nicht möglich. Auch die USA waren in den 90er Jahren nicht das am schnellsten wachsende Land.

Entscheidend für den Champion einer Dekade ist, dass er sich

- im Weltbewusstsein unerwartet und aus welchen Gründen auch immer nach vorne schiebt und dass er
- eine Leistung vollbringt oder für ein Modell steht, das die Welt prägt.

Das waren bei der OPEC die hohen Ölpreise, die die Endlichkeit der Rohstoffvorräte auf der Welt und die Abhängigkeit von einer Region deutlich machten, die man vorher eher vernachlässigt hatte. Das war bei Japan der Aufstieg eines Landes, das man lange Zeit wegen seines Hangs, den Westen zu kopieren, belächelt hatte. Nippon wurde dann mit einem Schlag zu einer Macht mit hohem Wachstum und einem ganz neuen Managementmodell. Das war bei den USA, die immer für erfolgreiche Großindustrie standen, die New Economy mit vielen kleinen Unternehmern, die in Autogaragen entstanden und von dort aus groß wurden. Bei den Chinesen ist es die Entdeckung eines Marktes mit großer Aufnahmefähigkeit, niedrigen Lohnkosten, einer hoch motivierten, kaufmännisch begabten Bevölkerung und extrem hohen Wachstumsraten.

Bei Europa wird es wieder etwas anderes sein. Europa wird die Welt damit überraschen, dass es aus seiner heute viel kritisierten Schwäche eine Stärke macht. Dass es der Welt ein Modell der Politik, der Werte und der Kultur präsentiert, das Lösungen für die Globalisierung hervorbringt. Europa wird Amerika „nicht wegen seiner überlegenen Wirtschaft oder Technologie einholen, sondern weil es wichtige Ressourcen und geistiges Kapital bindet, die schon in den Einzelstaaten vorhanden sind. Europa ist im Begriff, die globale Landschaft zu verändern“ (Kupchan). Im Folgenden will ich aufzeigen, warum Europa zum Champion des nächsten Jahrzehnts wird und was es der Welt zu bieten hat.

KAPITEL 2

Der Ausgangspunkt: Wo Europa heute steht

Europa steht im Wettbewerb um die Nummer eins in der kommenden Dekade schon heute besser da, als viele denken. Vor allem die Wirtschaft und das Ausland erkennen die Stärken Europas. Das ist eine gute Ausgangsposition.

Wer bei einem Autorennen gewinnen will, darf nicht erst am Renntag früh aufstehen. Er muss schon bei der Qualifikation am Tag davor topfit sein und einen der vorderen Startplätze erreichen. Denn wer später von Platz acht oder zehn starten muss, hat wenig Chancen auf den Sieg. Er muss während des Rennens zu viele Konkurrenten vor sich überholen oder er muss bei der Rennstrategie außerordentlich viel Glück haben, um am Ende als Erster hervorzugehen. Mit dem Wettbewerb der Regionen in der Welt sieht es nicht viel anders aus. Auch hier kommt es darauf an, sich eine gute Ausgangsposition gegenüber der Konkurrenz zu verschaffen.

Wo steht Europa heute im internationalen Vergleich der Regionen? Fragt man die Menschen hierzulande oder schaut man auf die üblichen ökonomischen und politischen Indikatoren, dann belegt die Union im Weltmaßstab nur einen der mittleren oder gar hinteren Startplätze. In jedem Fall steht es nicht auf der Pole-Position. Kaum jemand gibt der Union daher derzeit große Chancen, das Rennen um den Sieg zu gewinnen.

Aber Vorsicht. Viel spricht dafür, dass wir hier einem Fehlurteil unterliegen. Europa ist weiter, als die meisten denken. Die Europäische Union hat, von der Ausgangsposition her gesehen, vier große Vorteile:

- Sie ist in den letzten Jahren erstaunlich weit gediehen. Es gibt heute kaum noch ein Fleckchen im Leben der Menschen, das nicht direkt oder indirekt von Europa beeinflusst ist. Und die Menschen leben damit ganz gut, oft ohne es zu wissen.

- Der Rubikon der Europäisierung ist überschritten. Es gibt kein Zurück mehr in die nationalstaatliche Vergangenheit. Fast könnte man sagen: Europa ist zu Europa und damit zum Erfolg verdammt.
- Die Argumente der Kritiker Europas sind zum größten Teil nicht ausreichend fundiert. Sie beruhen oft auf Denkfehlern.
- Im Ausland und in der Wirtschaft spielt das Modell Europas eine Rolle, die sich viele vor ein paar Jahren nicht hätten träumen lassen. In mancher Hinsicht leben wir, ohne es zu wissen, jetzt schon in einem europäischen Jahrzehnt.

Europa ist weiter, als wir denken: Der Rubikon ist überschritten

Europa bestimmt schon heute unser tägliches Leben in fast allen Bereichen. Wir sind längst Europäer, wissen es nur noch nicht oder gestehen es uns nicht ein.

Fragen Sie in der Bundesrepublik einen Menschen auf der Straße, was ihm wichtiger ist: Deutschland oder Europa. Natürlich Deutschland, wird die überwiegende Mehrheit sagen. Hier leben wir. Hier sind wir geboren (jedenfalls die Mehrzahl von uns). Hier werden unsere Gesetze gemacht. Unsere Sprache ist deutsch. Die Polizei ist deutsch. Die Gerichte sind deutsch. Unser Pass ist deutsch. Europa ist etwas für Sonntagsreden. Europäische Erfolge sind schön, aber nicht wirklich wichtig. Ärger in der europäischen Politik ist unangenehm, aber anders als Ärger in Berlin geht er nicht richtig unter die Haut. Europa ist eher das Sahnehäubchen auf dem Kuchen als der Kuchen selbst.

Aber gehen Sie mal ins Internet. Die Suchmaschine

Google findet in der deutschen Ausgabe beim Stichwort „Deutschland“ am 23. Juni 2005 insgesamt 40 Millionen Treffer, beim Stichwort „Europa“ dagegen 53 Millionen, also fast ein Drittel mehr. Die Zahlen schwanken natürlich von Tag zu Tag, aber es kommt – wenn überhaupt – selten vor, dass die Zahl der Hits bei Deutschland nachhaltig größer ist als bei Europa.

Der bekannte Münchner Soziologe Ulrich Beck schrieb vor kurzem: „Deutschland gibt es nicht mehr. Nach 50 Jahren Europäisierung, des miteinander Verschmelzens und des miteinander Verbindens, gibt es keine Ecke von Europa mehr, die nicht von Brüssel berührt wäre. Eine Rückkehr zum Nationalstaat ist nicht mehr möglich.“

Das Europa-Paradox

Das ist das Paradoxe an Europa: Wir denken, Deutschland sei wichtig und Europa eine Marginalie. Wir denken, wir könnten Deutschland noch gestalten und unseren eigenen Weg gehen. Wir denken noch in den Kategorien des alten Nationalstaates. Beck spricht von „der nostalgischen Imagination nationalstaatlicher Souveränität“, die mehr denn je in unseren Köpfen regiere. Sie werde „zu einem sentimentalen Gespenst ..., zu einer rhetorischen Gewohnheit, in der die Verängstigten und Ratlosen Zuflucht suchen“.

Dabei ist die Zeit längst über diese Vorstellung hinweggegangen. Die Musik spielt heute in Europa. Ohne Europa geht nichts mehr. Eine Rückkehr zum Nationalstaat ist spätestens nach der Einführung der gemeinsamen Währung Euro nicht oder nur unter sehr hohen Kosten möglich. Mit der Einführung des Euro und der Gründung der Europäischen Währungsunion wurde der Rubikon der europäischen Integration überschritten.

Europa im täglichen Leben

Schauen wir uns um. Europa ist überall. Kennen Sie einen Bereich Ihres Lebens, der nicht in irgendeiner Weise direkt oder indirekt von Europa beeinflusst wird? „Europa, einst ein Traum, ist Alltag geworden.“ (Hofmann). Wir essen Marmelade aus Dänemark, Pasta aus Italien, Käse aus Holland und Spargel aus Griechenland. Dass die Pizza aus Italien, der Döner aus der Türkei oder die „Pommes" aus Frankreich kommen, haben manche schon fast vergessen. So sehr sind diese Produkte schon eingedeutscht. In den Supermärkten entsteht durch die Produkte aus den verschiedenen europäischen Ländern ein – um es ehrlich zu sagen – entsetzliches Sprachkauderwelsch. So findet man auf einer Packung harmloser Cornflakes zum Beispiel die Aufschrift „Fit & Aktiv Flakes mit Früchten – Fiocchi croccanti fi cereali ...", eine Mischung aus Deutsch, Englisch und Italienisch. Das ist aber kein Lapsus, sondern soll bewusst die Vielfalt aus Europa auf unseren Esstischen zum Ausdruck bringen.

Knapp ein Fünftel aller Güter und Dienste, die wir in Deutschland konsumieren, investieren oder exportieren, stammt aus der Europäischen Union. Es handelt sich um einen Betrag von über 400 Milliarden Euro. Mehr als sechs Millionen Arbeitsplätze sind direkt vom Geschäft mit anderen EU-Mitgliedern betroffen.

Unsere Autos sind längst keine deutschen Autos mehr. Sie werden in vielen europäischen Ländern gefertigt. Der Porsche Cayenne wurde in Stuttgart entwickelt. Die Karosserie wird in Bratislava (Slowakei) hergestellt. Das Auto wird in Leipzig zusammengeschraubt, mit dem Motor versehen und dann in der ganzen Welt mit der Marke eines deutschen Autos, eben des „Porsche", vertrieben. Wäre es ein slowakisches Auto, hätte es auf dem Weltmarkt viel weniger Erfolg und ließe sich auch nicht zu dem Preis verkaufen. Die Bezeichnung „made in Europe" hat noch keine so starke Kraft für das Marketing, dass sie verwendet werden könnte. Sie wäre aber sicher die ehrlichere.

Es gibt Schätzungen, nach denen nur rund 20% der Wertschöpfung des VW-Golf aus Deutschland stammen. Der Rest kommt zum größten Teil aus anderen Ländern der EU. Freilich sind solche Zahlen angesichts der vielfältigen direkten und indirekten Produktionsverflechtungen auch auf der Ebene der Zulieferer schwer nachzuvollziehen. In jedem Fall gilt: Wenn der Golf nur in Deutschland produziert würde, wäre er erheblich teuerer, vielleicht gar nicht mehr wettbewerbsfähig auf den internationalen Märkten. Der Polo, den wir in Deutschland beim VW-Händler kaufen, wurde entweder in der Bundesrepublik produziert oder in den spanischen Orten Martorell und Pamplona oder in Palmela in Portugal.

In einer von sechs deutschen Hochzeiten kommen die Partner aus verschiedenen Ländern, vornehmlich aus Europa. In unseren Portemonnaies haben wir keine D-Mark mehr, sondern nur noch Euros. Nur die Münzen haben auf einer Seite noch ein nationales Symbol. Das ist aber lediglich etwas für Sammler oder kommt bei außergewöhnlichen Ereignissen zum Tragen. So wurden die Münzen des Vatikans in den Wochen sehr hoch gehandelt, als Papst Johannes Paul II. starb und Papst Benedikt XVI. gewählt wurde.

Ende 2005 wurde neben den nationalen Internetadressen eine Domaine .eu eingeführt. Sie stieß schon in den ersten Minuten auf großes Interesse.

Für die Mehrwertsteuer in den Preisen hat Brüssel Vorgaben gemacht. Ihr Normalsatz darf nicht geringer als 15 % sein und nicht höher als 25 %. Die Verbraucherschutzbestimmungen werden vielfach auf europäischer Ebene festgelegt – was bei offenen Grenzen auch vernünftig ist. Bei der Kraftfahrzeugsteuer wird der Steuersatz nach der Euro-Norm festgelegt. Immer mehr DIN-Normen werden in gemeinsame europäische Normen übergeführt.

Von den Umweltschutzbedingungen ganz zu schweigen. Es macht ja auch gar keinen Sinn, in einem so eng besiedelten Gebiet wie Europa unterschiedliche Vorschriften für die Reinhaltung der Luft oder für das Betreiben von Kernkraftwerken zu haben. Jedes Land ist davon betroffen, wenn sein Nachbar die Luft verpestet oder Radioaktivität aus Kernkraftwerken strömt. Der grenzüberschreitende „Tanktourismus“ von Deutschland in seine Nachbarländer setzt der Höhe der Ökosteuer Grenzen.

Selbst Bier können wir nicht mehr ohne Bezug zu Europa trinken. Der Europäische Gerichtshof hat 1987 in seinem „Bier-Urteil" auch auf dem Biermarkt die Gültigkeit des Herkunftslandprinzips festgelegt. Das bedeutet, dass Ausländer auf dem deutschen Markt Gerstensaft verkaufen können, der nicht den Vorschriften des deutschen Reinheitsgebots entspricht (was sie allerdings nicht tun, weil die Verbraucher das merken würden). Die deutschen Brauer sind aber weiter an das Reinheitsgebot gebunden.

Die deutschen Fußballmannschaften der Bundesliga haben schon lange nichts mehr mit den einzelnen Städten zu tun, in denen sie ihre Heimat haben. Nach dem Bosmann-Urteil aus dem Jahr 1995 werden Spieler aus anderen EU-Mitgliedsländern wie Inländer behandelt und fallen damit nicht unter das Ausländer-Kontingent. Beim FC Bayern München gehört der Holländer Roy Makaay zu den erfolgreichsten Torschützen der Bundesliga. Der italienische Trainer Giovanni Trapatoni, vor ein paar Jahren bei Bayern München, dann Nationaltrainer in Italien, Trainer beim portugiesischen Meister Benefica Lissabon und schließlich Vereinstrainer beim VfB Stuttgart, ist mit seinem Ausspruch „Ich habe fertig" in die deutsche Fußballgeschichte eingegangen.

Auf den Autobahnen ärgern wir uns über Staus durch die zunehmende Zahl von Autos aus den Niederlanden, Dänemark und den neuen EU-Mitgliedsländern. Für die Maut, die die Bundesrepublik unter hohen Kosten und mit viel Ärger eingeführt hat, war ursprünglich ein billigeres System vorgesehen. Es entsprach aber nicht den europäischen Vorgaben und wurde daher von Brüssel nicht genehmigt. Die Geschwindigkeitsbegrenzungen auf den Autobahnen sind zwar zum Teil noch national unterschiedlich. Es ist aber vermutlich nur noch eine Frage der Zeit, bis auch diese nationale Besonderheit aufgehoben wird. Denn an den Grenzen tun sich die Bürger zunehmend schwer, zu wissen, ob sie auf den Autobahnen jenseits der Grenze 120 oder 130 km/h fahren dürfen.

Wer zum Beispiel mit dem Auto von Wien nach Brüssel

fährt, muss zuerst in Österreich die 130 km/h als Höchstgeschwindigkeit beachten, dann in der Schweiz 120 km/h. In Deutschland hat er freie Fahrt, aber in Luxemburg gibt es schon wieder eine Grenze von 130 km/h und in Belgien eine von 120 km/h. Das Wichtigste an den innereuropäischen Grenzen sind heute für die Autofahrer fast schon die Schilder mit den Geschwindigkeitsregelungen.

Deutsche Polizisten dürfen nach Verdächtigen auch in den Niederlanden fahnden und die Täter dann festnehmen. Umgekehrt können holländische Beamte in ganz Deutschland Verbrecher jagen. Es wird nicht mehr lange dauern, dass dies auch mit anderen Ländern vereinbart wird. Denn sonst können die Beamten Kriminalität bei offenen Grenzen nicht mehr wirksam bekämpfen. Anders als in Amerika haben wir noch keine gesamteuropäische Polizei. Es gibt aber die europäische Polizeibehörde Europol mit Sitz in Den Haag. Sie soll die Arbeit der nationalen Polizeibehörden im Bereich der grenzüberschreitenden organisierten Kriminalität koordinieren und den Informationsaustausch fördern. Derzeit wird über die Einführung eines europäischen Haftbefehls verhandelt, mit dem zwischen den einzelnen Mitgliedsländern der Union nicht mehr langwierige Verfahren im Falle von Auslieferungen notwendig sind.

München ist in Deutschland die Stadt mit einem der höchsten Ausländeranteile der Bundesrepublik (22,8 % hinter Stuttgart mit 24,5 % und Frankfurt mit 24,1 %). Die meisten denken dabei an Asylanten oder Arbeiter aus der Türkei, dem ehemaligen Jugoslawien oder vielleicht auch an Afrika. Knapp ein Drittel stammt aber aus anderen EU-Ländern, vor allem aus Griechenland, Italien und aus dem benachbarten Österreich.

EU und Non-EU Citizens

Ich schildere den europäischen Alltag eines Deutschen so ausführlich, um zu zeigen, wie weit wir in Europa schon sind. Europa ist nicht etwas, für oder gegen das wir uns entscheiden können. Europa ist nicht etwas, was einmal kommen wird. Europa ist für die Bürger hierzulande bereits

Realität. Die Gegner der europäischen Integration sprechen über Optionen, die es gar nicht mehr gibt.

An der Hälfte der Grenzen Deutschlands (nach Österreich, Frankreich, Belgien, Luxemburg und den Niederlanden) gibt es heute allenfalls noch Geschwindigkeitsbeschränkungen, aber keine Passkontrollen mehr. Von München nach Wien oder Mailand mit dem Auto oder der Bahn zu fahren ist genauso unproblematisch wie von München nach Frankfurt. Nur wenn Sie von Bregenz nach Dijon reisen, müssen Sie – beim Verlassen der EU und dem Durchqueren der Schweiz – zweimal den Personalausweis zeigen. An den Flughäfen wird der innereuropäische Verkehr so behandelt wie der innerdeutsche.

Bei der Passkontrolle von Fernflügen wird nicht mehr zwischen Inländern und Ausländern unterschieden (wie in den USA), sondern zwischen Staatsbürgern der EU und Staatsbürgern aus dem Rest der Welt. Meist sind die Schlangen bei den Schaltern für die EU-Bürger kürzer und es geht dort schneller, so dass man sich dort lieber anstellt. Wenn ich mit Schweizer Kollegen nach London fliege, dann müssen sich die Kollegen bei der Passkontrolle dort zusammen mit Indern, Chinesen und Afrikanern bei den langen Schlangen der „Non-EU Citizens" einreihen. Ich kann dagegen schnell und ohne Warten bei den „EU Citizens" durchgehen. Es gibt zwar noch keinen gemeinsamen europäischen Pass, aber allein diese Praxis bei den Kontrollen schafft unter den Europäern eine Art Zusammengehörigkeitsgefühl, um das uns nicht nur die Schweizer beneiden. Vielleicht sind solche Erlebnisse auch ein Grund, weshalb die Schweiz in der Volksabstimmung im Sommer 2005 dafür gestimmt hat, dem Schengen-Abkommen beizutreten.

Frankreich ist für die Deutschen zwar immer noch Ausland, es ist aber „viel weniger Ausland" als Mexiko oder Japan. Wer nach Frankreich fährt, kann durchaus seinen deutschen Pass vergessen. Er braucht kein Geld zu wechseln. Er muss damit rechnen, dass er bei Geschwindigkeitsübertretungen ein „Ticket" nach Hause geschickt bekommt. Was anders ist, sind freilich die Sprache und viele Usancen im Land.

Die Offenheit der Grenzen führt dazu, dass Menschen ihren Wohnsitz von einem Land ins andere verlegen. Bürger aus Rheinland-Pfalz und Baden-Württemberg ziehen ins benachbarte Elsass, weil dort die Immobilienpreise, die Lebenshaltungskosten, die Strompreise und die Steuern niedriger sind (vielleicht auch, weil das Essen in den Restaurants dort so gut schmeckt). Umgekehrt ziehen Holländer über die Grenze nach Deutschland, weil dort die Häuser kaum mehr als die Hälfte kosten. Sie arbeiten weiterhin in den Niederlanden und profitieren dadurch von den dort niedrigeren Steuern. Wenn sie es ganz raffiniert machen, kassieren sie in Deutschland für ihr Häuschen auch noch eine Eigenheimzulage. Das kleine luxemburgische Örtchen Schengen, das weltweit zum Symbol für Freizügigkeit und Abschaffung von Grenzkontrollen geworden ist, baut zusammen mit den Nachbardörfern Perl in Deutschland und Apach in Frankreich eine gemeinsame Kläranlage und entwickelt mit ihnen ein gemeinsames touristisches Konzept. Vor kurzem war in der *Frankfurter Allgemeinen Sonntagszeitung* zu lesen, dass sich die Winzer der Drei-Länder-Region zusammentun wollen, um ihren Wein mit einem gemeinsamen Label („Appellation contrôlée Schengen“) zu vermarkten.

Ein Drittel der nationalen Gesetze, im wirtschaftlichen Bereich sogar zwei Drittel, werden heute – so wird geschätzt – in Brüssel konzipiert und von den nationalen Parlamenten in gültiges Recht umgesetzt. Wenn der Bundestag von sich aus tätig wird und eine neue Vorschrift einführt, muss er vorher prüfen, ob das mit EU-Recht vereinbar ist. Sonst gibt es Ärger. Ein deutscher Minister verbringt im Schnitt, so hört man, rund die Hälfte seiner Arbeitszeit in Brüssel in Gemeinschaftsgremien. Von den 39000 Gesetzen und Verordnungen, die von der Regierung Schröder erlassen wurden, sollen nur ganze 2000 national initiiert gewesen sein. Bei den restlichen 37000 handelte es sich um Umsetzungen von Brüsseler Beschlüssen.

Für Preisstabilität sorgt die EU

Die ganze Wirtschaftsstruktur in Deutschland hat sich durch die Union verändert. Die Industrie ist relativ geschrumpft, weil sie kostenmäßig nicht mit der Konkurrenz in anderen EU-Staaten mithalten konnte. Dafür ist der Dienstleistungssektor vergleichsweise größer geworden. Die Arbeitsteilung innerhalb Europas hat die Umstrukturierung vom sekundären zum tertiären Sektor, der jedes Land im Zuge der wirtschaftlichen Entwicklung erfasst, beschleunigt und akzentuiert.

Es gibt keine nationalen Zinsen mehr. Wir haben eine Europäische Zentralbank, die die Geldpolitik für alle Mitglieder der Europäischen Währungsunion betreibt. Im 18-köpfigen Zentralbankrat hat Deutschland gerade einmal zwei Stimmen – die des Chefvolkswirts Otmar Issing (der sich selbst inzwischen als Europäer bezeichnet) und die des Präsidenten der Deutschen Bundesbank, Axel Weber. Die so renommierte Deutsche Bundesbank spielt für die Geldpolitik in Deutschland nur noch über die Präsenz ihres Präsidenten im Europäischen Zentralbankrat eine Rolle.

Die Kapitalmärkte sind europäisch. Der europäische Aktienindex EURO STOXX ist in der Bundesrepublik heute genauso wichtig wie der entsprechende deutsche Index DAX. Anleger denken in europäischen Branchen, nicht mehr in deutschen. Der Aktienhandel spielt sich – anders als beim Bargeld – schon seit 1999 in Euro ab. Der Markt für Unternehmensanleihen ist nur noch europäisch.

Die Finanzpolitik behauptet gerne, dass sie immer noch in den einzelnen Staaten souverän sei. Die nationalen Parlamente beharren auf ihren traditionellen Budgetrechten. Tatsächlich muss der deutsche Finanzminister aber regelmäßig gegenüber seinen Kollegen aus den anderen EU-Staaten sowie dem Brüsseler Währungskommissar Rechenschaft ablegen, wie hoch sein Budgetdefizit ist. Er muss auch mitteilen, was er zu tun gedenkt, um ein eventuelles Defizit von mehr als 3% des Bruttoinlandsprodukts zu reduzieren. Im Stabilitäts- und Wachstumspakt, der mit der Einführung des Euro verabschiedet worden war, sind Strafen für Länder vorgesehen, die sich nicht an die Grenzen der öffentlichen Verschuldung halten. Diese Strafen sind bisher allerdings nie angewandt worden.

Die Gewährung von Hilfen und Subventionen an deutsche Unternehmen unterliegt der strengen Kontrolle durch die Europäische Kommission. Als die deutsche Bundesregierung dem in Schwierigkeiten geratenen Baukonzern Holzmann Ende der 90er Jahre finanziell unter die Arme greifen wollte, stieß sie schnell an die Grenzen, die Europa zulässt. Die deutschen Sparkassen und Landesbanken haben auf Beschluss der EU-Kommission Mitte 2005 ihre privilegierte Stellung durch Anstaltslast und Gewährträgerhaftung aufgeben müssen. Sie können sich nun nur noch zu höheren Zinsen Geld an den internationalen Finanzmärkten besorgen.

Was heute noch national ist

Es gibt eigentlich nur drei Bereiche, in denen die einzelnen EU-Mitglieder unabhängig sind. Das ist einmal alles, was mit der deutschen Sprache zu tun hat. Hier stimmt sich die Bundesrepublik bei Änderungen nur mit den deutsch sprechenden Nachbarn ab. Das wird auch so bleiben. Zum Teil mit der Sprache zu tun hat, dass auch der ganze Bereich der Literatur, des Theaters und des Films in Europa noch relativ national abgeschottet ist. Europa hat die Künstler offenbar noch nicht richtig inspiriert. Es ist auch schwer (und teuer), einen Film für das europäische Publikum zu drehen, wenn er in jedem Land anders synchronisiert werden muss. In vielen, vor allem kleineren Ländern (zum Beispiel Holland oder Finnland), wird daher auch gar nicht mehr so viel synchronisiert, was der Popularität der Filme sicher nicht zugute kommt. Das Gleiche gilt für Bücher und deren Übersetzung. Das ist ein großer Wettbewerbsnachteil gegenüber den USA, wo Hollywood oder amerikanische Bestseller ohne Mehraufwand ein viel größeres Publikum erreichen können.

Freilich gibt es Bemühungen, auch die Kultur zu europäisieren. Das Filmfestival in Cannes gilt als das europäische

Gegenstück zu dem berühmten Oscar. Seit Jahren schon gibt es den europäischen Songcontest Eurovision (bei dem zu den Europäern auch die Israelis und die Ukrainer gehören).

Da ist zum Zweiten alles, was unter das Subsidiaritätsprinzip fällt. Nach diesem Prinzip soll nur das gesamtstaatlich beziehungsweise europäisch geregelt werden, was nicht sinnvoll lokal oder regional getan werden kann. Ladenschlusszeiten, Straßenreinigung, Bebauungspläne oder Schulformen müssen nicht europaweit gleich sein. Aber auch hier wird der Einfluss der Europäischen Union zunehmend spürbar. Wenn jenseits der Grenze die Läden an einigen Sonn- und Feiertagen offen sind (zum Beispiel in Holland oder Belgien), fahren Deutsche dorthin, um die bequemeren Einkaufsmöglichkeiten zu nutzen. Die slowakische Hauptstadt Bratislava, von Wien gerade mal eine Autostunde entfernt, wirbt damit, dass ihre Läden an sieben Tagen in der Woche bis abends um 21 Uhr offen sind. Das setzt natürlich auch den Einzelhandel in Österreich unter Druck.

Wenn die Universität Bocconi in Mailand besser ist als die Universität München, dann „wandern" gute Wissenschaftler und gute Studenten von Bayern in die Lombardei.

Direkt hinter der deutsch-polnischen Grenze gibt es eine Fahrschule, die EU-weit gültige Führerscheine für Alkoholsünder in der Bundesrepublik ausstellt. Der Vorteil für die Kunden: Sie brauchen nach polnischem Recht nur die Fahrprüfung abzulegen, müssen sich aber nicht der für viele unangenehmeren medizinisch-psychologischen Untersuchung („Depperl-Test") unterziehen. Reihenweise kommen Deutsche über die Grenze, um die Dienste der dortigen Fahrschule zu nutzen.

Sozialpolitik wird häufig als drittes nationales Reservat genannt. Der Satz der Sozialhilfe oder des Arbeitslosengeldes kann in Deutschland – ohne Abstimmung mit Brüssel – festgelegt werden. Aber auch hier sind der nationalen Unabhängigkeit Grenzen gesetzt. Denn wenn die Menschen durch die EU volle Bewegungsfreiheit innerhalb der Gemeinschaft haben, dann muss die soziale Sicherung so ausgestaltet werden, dass sie nicht zusätzliche Wanderungsströme auslöst. Es darf keinen – wie man etwas drastisch sagt – „Sozialtourismus“ geben.

Die Sichtweise der einzelnen Generationen

Es ist interessant, dass Europa bei allen Altersgruppen ähnlich unterschätzt wird. Bei den Älteren könnte man das noch verstehen. Wer heute älter als 60 ist, ist lange vor der Unterzeichnung der Römischen Verträge aufgewachsen. Er hat noch das Erlebnis der deutschen Fußballweltmeisterschaft 1954 gegen Ungarn in Erinnerung, das der nationalen Seele in der Bundesrepublik so gut tat. Er kennt die ersten Anfänge des Deutsch-Französischen Jugendwerks und des Schüleraustauschs. Er gehörte zu denen, die, wenn sie Glück hatten, in eine Familie in Frankreich kamen, in der sie Freundschaften schließen konnten. Wenn sie Pech hatten, gerieten sie in Familien mit einem gänzlich anderen Selbstverständnis. Und in diesen Fällen kamen sie nach Deutschland mit dem Bewusstsein zurück: Da will ich nie mehr hin.

Die Generation der heute 40-Jährigen hat schon mehr Affinität zu Europa. Sie kam mitten in den europäischen Erziehungsprozess, vor allem des Deutsch-Französischen Jugendwerks. Sie sah schon erste Erfolge der europäischen Integration, den Abbau der Handelsbeschränkungen, die erste Erweiterung der Gemeinschaft. Pass- und Zollkontrollen gab es noch, sie wurden aber wesentlich weniger akribisch durchgeführt. Man musste nicht mehr so viel Angst haben, auf dem Frankfurter Flughafen mit einer Stange Zigaretten aus dem Amsterdamer Duty-free-Laden erwischt zu werden. Deutsche lernten schon mehr Französisch und Franzosen mehr Deutsch. Englisch galt nicht mehr als die Sprache der Besatzungsmacht, sondern als Medium zur weltweiten Kommunikation. Auch sie sind durch eine deutsche Fußballweltmeisterschaft geprägt, die der deutschen Emotionalität 1974 Auftrieb gab, allerdings weniger als bei dem „Wunder von Bern“. Aber auch die Angehörigen dieser Generation fühlen sich in erster Linie als Deutsche, nicht als Europäer.

Selbst die Generation der heute 20- bis 30-Jährigen bezeichnet sich nicht als Europäer. Europa ist für sie selbstverständlich. Sie denken nicht viel darüber nach. Der bekannte Münchner Politikwissenschaftler Werner Weidenfeld sagt: „Ich sehe in der neuen Generation, dass sie europäisch denkt, dass sie Europa im Alltag lebt und dass sie Chancen hat, die frühere Generationen nicht hatten." In den beiden Bänden „Generation Golf" von Florian Illies wird alles Mögliche über diese Generation geschrieben. Europa kommt im Stichwortverzeichnis nur ein einziges Mal vor – und auch da nicht als politische Einheit, sondern im Zusammenhang mit der Eurocard. Diese Generation ist europäischer als ihre Vorgänger, ihre Angehörigen fühlen sich aber – wenn man das so generalisierend sagen kann – immer noch in erster Linie als Deutsche. Sie begründen das vor allem mit der unterschiedlichen Sprache. Freilich findet man unter den politisch interessierten Angehörigen dieser Generation schon mehr Europäer. Bei regelmäßigen Gesprächen mit jungen Bank-Trainees stelle ich immer wieder die Frage, ob sie sich in erster Linie als Deutsche oder als Europäer empfinden. Die häufigste Antwort ist: als Deutsche.

Dabei kennen diese jungen Frauen und Männer die Zeit vor der Europäischen Gemeinschaft nach dem Zweiten Weltkrieg nur aus dem Geschichtsunterricht. Sie haben Europa nicht durch – erzwungenen – Schüleraustausch, sondern durch – freiwilliges – Interrail „erfahren". Ihre Beziehungen zu Altersgenossen in Frankreich, Italien oder Großbritannien sind kaum mehr durch die Nazi-Zeit belastet. Ihr erstes Taschengeld haben sie noch in D-Mark bekommen, die Aufstockung beziehungsweise das Studiengeld dann aber schon in Euro. Aber all das hat sie in ihrem Herzen nicht zu Europäern machen können. Auch sie haben interessanterweise eine deutsche Fußballweltmeisterschaft erlebt, die von 1990. Aber sie ging für das Nationalgefühl damals in dem Überschwang der Wiedervereinigung unter.

Die Unternehmen reagieren auf das mangelnde europäische Bewusstsein der Menschen damit, dass viele von ihnen vor der Etablierung einer europäischen Identität und Marke zurückschrecken. Sie gehen davon aus, dass der Kunde eher eine nationale als eine europäische Marke bei seinen Geschäften bevorzugt. Das gilt vor allem für Dienstleistungsunternehmen, insbesondere für Kreditinstitute. Bankgeschäft ist nun einmal etwas sehr Persönliches, bei dem man Vertrauen investiert. Das hat viel mit räumlicher und emotionaler Nähe zu tun. Da traut manch einer einer europäischen Marke offenbar noch nicht so ganz über den Weg.

So beließ die HypoVereinsbank beispielsweise beim Erwerb der österreichischen Bank Austria die Marke „Bank Austria" unverändert. Die polnische BPH Bank änderte ihren Namen nicht, auch als sie von der HVB gekauft wurde. Die UniCredit beließ bei der Fusion mit der HVB ebenfalls die nationalen Namen. Die britische Hongkong and Shanghai Banking Corporation kaufte die deutsche Privatbank Trinkaus & Burkhardt und fügte dem Namen nur das Epitheton HSBC bei. Andererseits hat die schwedische SEB Bank beim Erwerb der deutschen B.f.G. den Namen gleich in SEB geändert. Die Deutsche Bank tritt in Italien und Spanien als Deutsche Bank auf. Die Citibank ist mit großem Erfolg mit einer weltweiten Marke tätig.

Warum wir Europa unterschätzen

Von den Fakten her gesehen sind wir Europäer. Deutschland hat die gleiche Bedeutung für Europa wie beispielsweise Nordrhein-Westfalen für die Bundesrepublik. Was aber merkwürdig ist: Die Einwohner von Nordrhein-Westfalen fühlen sich in erster Linie als Deutsche (identifizieren sich also mit dem Oberstaat) und sehen Nordrhein-Westfalen als Teil Deutschlands. Umgekehrt fühlen sich Deutsche zunächst einmal als Staatsbürger der Bundesrepublik und dann erst als Europäer (sie identifizieren sich also zuerst mit dem „Unterstaat"). Woher kommt es, dass wir Europa unterschätzen?

Ein Grund ist, dass die Entwicklung Europas zu schnell gegangen ist. Wir sind dabei zwar mit unserer Vernunft mitgekommen, aber nicht mit den Gefühlen und dem Herzen. Es geht uns wie dem Schwan bei Baudelaire, der nach langer

Abwesenheit wieder nach Paris zurückkommt und angesichts der vielen Veränderungen klagt: „La forme d'une ville change plus vite, hélas, que le coeur d'un mortel" (Die Gestalt einer Stadt ändert sich leider schneller als das Herz eines Sterblichen).

Tatsächlich ist die Veränderung des europäischen Umfelds in dramatisch schnellen Schritten vorangegangen. Noch vor 50 Jahren, also vor nicht viel mehr als einer Generation, hatte sich niemand eine solche Integration vorstellen können. Europa war nur ein Drittel so groß. Es bestand aus nicht mehr als sechs Mitgliedern mit gerade mal 200 Millionen Einwohnern. Von Europa war im Alltagsleben nicht viel zu spüren und von einem europäischen Bewusstsein konnte keine Rede sein. Europa wurde von vielen als Rettungsanker angesehen, der die Deutschen vor Repressionen und Reparationen der Siegermächte bewahrte und der durch die wirtschaftliche Zusammenarbeit mehr Wachstum versprach.

Vor 30 Jahren hatten wir noch Währungskrisen. Das Bretton-Woods-System fester Wechselkurse brach 1972 zusammen. Die Europäer unternahmen danach verzweifelte Anstrengungen, die Wechselkursschwankungen zwischen ihren Währungen nicht zu groß werden zu lassen. Ende der 70er Jahre gab es einen heftigen Streit innerhalb der Gemeinschaft, vor allem auch innerhalb Deutschlands, ob eine stärkere Bindung der einzelnen Währungen aneinander im Rahmen des Europäischen Währungssystems nicht inflationär wirken und die Stabilität in der Bundesrepublik gefährden könne. Großbritannien, Irland und Dänemark waren gerade der Gemeinschaft beigetreten.

Es ist erst zehn Jahre her – man mag es gar nicht glauben –, dass Österreich, Finnland und Schweden zu der Gemeinschaft gestoßen sind. Sowohl innerhalb als auch außerhalb der Gemeinschaft wurde darüber gestritten, ob die Einführung einer gemeinsamen Währung möglich und vorteilhaft sei. Die Göttinger Wirtschaftswissenschaftlerin Renate Ohr verwies darauf, dass die Euro-Zone kein optimaler Währungsraum sei. Renommierte amerikanische Ökonomen machten keinen Hehl daraus, dass sie das Projekt als zum Scheitern verurteilt sahen. Der bekannte amerikanische Notenbankpräsident Alan Greenspan glaubte nicht, dass die Einführung des Euro gelingen könnte. Vier deutsche Professoren (Wilhelm Hankel, Joachim Starbatty, Wilhelm Nölling und Karl Albrecht Schachtschneider) klagten gegen die Einführung des Euro beim Bundesverfassungsgericht – glücklicherweise ohne Erfolg.

Das Tempo der Entwicklung Europas war von keinem so erwartet worden. Es ist auch in historischer Perspektive hoch. Die Vereinigten Staaten brauchten von der Gründung der USA bis zur Einführung einer gemeinsamen Währung fast 150 Jahre. Den US-Dollar in der heutigen Form gibt es erst seit 1913. In Europa dauerte die Einführung des Euro weniger als ein Drittel dieser Zeit. Bis die Verfassung von den Bürgern der verschiedenen US-Staaten akzeptiert wurde, vergingen auch beinahe 100 Jahre einschließlich eines blutigen Bürgerkriegs.

Bei den Befragungen der Wähler bei den Volksabstimmungen über die neue europäische Verfassung zeigte sich immer wieder, dass die Bürger das Tempo der bisherigen und der absehbaren weiteren Entwicklung als zu schnell empfinden. Sie fühlen sich von Europa überfordert. Daher klammern sie sich an den Nationalstaat und verdrängen die Realität Europas.

Das europäische Sprachproblem

Ein weiterer Grund, weshalb Europa gefühlsmäßig unterschätzt wird, sind die Sprachbarrieren. Sie erschweren es, Europa als Gemeinschaft zu empfinden. Sprache wird immer noch als ein die Menschen trennendes Element angesehen. Wir fühlen uns nicht wohl, wenn wir in einem Land sind, in dem wir die Sprache nicht verstehen (auch wenn wir dort mit dem gleichen Geld bezahlen können). Es ist eben unangenehm, wenn man in Madrid im Café ein Eis essen möchte und es aus Sprachgründen nicht bestellen kann. Man versucht es zunächst mit dem englischen „ice“, dann mit dem französischen „glace“, mit dem italienischen „gelato“ und kommt nicht drauf, dass es im Spanischen „helado“ heißt. Wenn die Kellnerin dann alle Versuche nicht versteht, muss man sich schließlich mit einem Kaffee begnügen.

Selbst unter Experten, die sich zurechnen, gut englisch lesen und schreiben zu können, gibt es in Europa Sprachprobleme. Wörter, die vom Stamm her ähnlich sind, haben in den einzelnen Ländern unterschiedliche Nuancierungen. Das erschwert nicht nur die Verständigung zwischen einzelnen Bürgern. Es kann auch im Geschäftsleben zu Missverständnissen führen. Als der Präsident der Europäischen Zentralbank Jean-Claude Trichet die Euro-Aufwertung Ende 2004 als „brutal“ bezeichnete, fand das eine Reihe von Marktteilnehmern vor allem in Deutschland doch etwas übertrieben. Dabei hat das Wort „brutal“ im Französischen eine sehr viel weichere Bedeutung als das englische „brutal“ oder – am schlimmsten – das deutsche „brutal“.

Bei europäischen Verhandlungen und Konferenzen muss man immer mit Dolmetschern arbeiten. Das Englische verstehen die meisten ohne größere Probleme. Aber wenn die Franzosen in ihrer eigenen Sprache zu reden beginnen, sieht man in der Regel viele Verhandlungsteilnehmer einen Kopfhörer aufsetzen. Das erschwert die Kommunikation. Wenn der Redner in der Muttersprache redet, muss er hoffen, dass die Übersetzung gut ist. Wenn er Englisch spricht, dann ist häufig der Sprachschatz beschränkter und die Kommunikation erschwert. Wer kann schon alle Nuancen der Ausdrucksweise auch in Englisch ausdrücken? In Konferenzpausen sieht man Deutsche oft mit den Deutschen reden, Franzosen mit Franzosen etc. Dies nicht etwa, weil sie ihre Mitbürger sympathischer finden, sondern weil sie sich mit ihnen leichter verständigen können.

Europa weckt wenig Gefühle bei den Menschen

Ein anderer Grund für die Unterschätzung Europas ist, dass die Union nicht in einem spektakulären Akt gegründet wurde. Das Deutsche Reich war das Ergebnis eines Krieges mit entsprechenden Siegesfeiern, leuchtenden Uniformen der Soldaten und der Errichtung von Denkmälern. Das prägt sich in die Seele einer Gesellschaft ganz anders ein als ein Vertrag, der von einigen Staatsmännern unterschrieben wird und bei dem man am Anfang gar nicht weiß, was er wirklich bedeutet und wie lange er halten wird. Europa ist gewachsen und die Menschen sind mitgewachsen – und wie im richtigen Leben haben die Menschen die Veränderungen gar nicht so dramatisch wahrgenommen.

Die Vorteile Europas sind auch wenig unmittelbar sichtbar. Wenn die Preise durch den verstärkten Wettbewerb in Europa niedriger sind, dann freuen wir uns darüber, bringen das aber nicht unbedingt mit der EU in Verbindung. Die italienischen Verbraucherverbände haben berechnet, dass die italienischen Bankgebühren um 50 Cent niedriger sein könnten, wenn der italienische Bankenmarkt auch für Kreditinstitute aus anderen EU-Ländern geöffnet werde. Die Bürger nehmen das zur Kenntnis. Es ist aber kein Aufruf, für die Niederlassungsfreiheit der Banken in Europa zu kämpfen.

Europa ist auch zu weit weg und weckt wenig Gefühle bei den Einzelnen. Es gibt eben keine europäische Fußballmannschaft, die eine Weltmeisterschaft gewinnen würde und der man den Daumen drücken könnte. Es gibt lediglich im Golf einen Ryder Cup, bei dem die Europäer gegen die Amerikaner spielen – aber wer begeistert sich schon für Golf? Zudem gehören bei diesem Cup auch beispielsweise die Südafrikaner zu den Europäern.

Mangels emotionaler Aufladung sind wir nicht richtig stolz auf Europa. Im Innersten ist es uns egal, was in Brüssel vor sich geht. Berlin ist für den Durchschnittsdeutschen schon weit weg, aber das sehen wir wenigstens noch jeden Abend im Fernsehen. Aber Brüssel? Das ist noch viel weiter entfernt und davon hören wir noch viel weniger. Fast könnte man das russische Sprichwort bemühen: Russland ist groß und der Zar ist weit.

„Europäer“ gilt nicht als Herkunfts- oder Nationalitätenbezeichnung. Wenn man sich auf internationalen Konferenzen trifft, ist es üblich, sich nicht nur mit dem Namen vorzustellen, sondern auch mit dem Land, aus dem man kommt. Amerikaner erwähnen dabei den Bundesstaat, aus dem sie stammen, also: „George W. Bush, Texas". Die Europäer haben das übernommen und nennen ihren Namen und das Herkunftsland. Der erste Präsident der Europäischen Zentralbank, Wim Duisenberg, erregte daher immer Aufsehen, wenn er seine Kollegen im 35. Stock des Eurotowers nicht mit ihrer nationalen Herkunft vorstellte, sondern mit den Worten: „Otmar Issing, Europe … Tommaso Padoa-Schioppa, Europe … etc.".

Mangelndes Interesse der Nationalstaaten
Ein weiterer Grund, weshalb Europa unterschätzt wird: Die Nationalstaaten haben gar kein Interesse an einer europäischen Identität. Für sie ist Europa ein Vehikel, das ihre Macht und ihren Einfluss auf internationaler Ebene erhöht und das ihnen auf nationaler Ebene Vorteile der wirtschaftlichen Zusammenarbeit garantiert. Sie sind Mitglieder der Europäischen Union. Aber sie wissen auch: Diese Vorteile gibt es nicht umsonst. Sie sind auf Dauer nur zu halten, wenn die Nationalstaaten an die Union Macht und Einfluss abgeben. Der Nationalstaat ist in der EU auf der Verliererstraße. Er befindet sich in einer Sandwich-Funktion. Auf der einen Seite wandern durch das Zusammenwachsen der Märkte und den Bedeutungszuwachs der Union immer mehr Kompetenzen nach Brüssel. Auf der anderen Seite erstarken die Regionen, die sich auf das Subsidiaritätsprinzip berufen können. Wenn Außen-, Verteidigungs-, Wettbewerbs- und Innen- und Justizpolitik europäisch werden, was bleibt dann noch für die Nationalstaaten?

Das wollen sie aber in keiner Weise forcieren. Die Nationalstaaten sind der größte Gegner der europäischen Integration. Sie wehren sich derzeit mit aller Macht gegen eine Aushöhlung ihrer Befugnisse. Die Staats- und Regierungschefs der einzelnen EU-Mitglieder haben aus diesem Grund ein Interesse daran, möglichst schwächere Persönlichkeiten zu EU-Kommissionspräsidenten zu wählen. Einer der letzten wirklich starken Kommissionspräsidenten war der Franzose

Jacques Delors in den 80er Jahren. Von ihm gingen die beiden wichtigen Projekte „Gemeinsamer Binnenmarkt" und „Gemeinsame Währungsunion" aus.

Alle folgenden Präsidenten haben dann nur das ausgeführt, was Delors angestoßen hatte. Das lag aber nicht daran, dass es in Europa keine außergewöhnlichen Persönlichkeiten gegeben hat. Der Grund war, dass die Staats- und Regierungschefs sie nicht in die Spitze der Kommission wählen wollten.

Nach wie vor gelten Europa-Abgeordnete – auch in ihrem eigenen Selbstverständnis – als Abgeordnete minderen Ranges. Wenn ein Politiker zu wählen hätte, ob er in Brüssel oder Berlin ins Parlament einziehen sollte, würde er ohne Zögern Berlin vorziehen. In Deutschland gab es unter Politikern lange Zeit den Spruch: „Haste einen Opa, schick ihn nach Europa." Heute gilt das wohl nicht mehr, weil Europa viel zu kompliziert geworden ist, als dass man es „Opas" überlassen könnte. Aber auch jetzt passiert es noch, dass Berlin Politiker, für die es keine andere Verwendung hat, einfach nach Brüssel schickt. Für viele Europa-Abgeordnete ist Brüssel ein Abstellgleis, das sie am liebsten wieder verlassen würden.

Das schlechte Image der europäischen Amtsinhaber ist übrigens etwas, was sich durch die neuen EU-Mitglieder ändern könnte. Ich vermute, ein slowakischer Abgeordneter wäre lieber im Parlament in Brüssel als in Bratislava – und dies auch nicht nur wegen der höheren Diäten, sondern wegen des höheren Prestiges und wegen der größeren politischen Bedeutung.

Die Fehler von Brüssel

Die europäischen Institutionen haben natürlich auch selbst Fehler gemacht. Es gibt unendlich viele Beispiele für unsinnige Richtlinien und Maßnahmen der EU – von der bekannten Definition der Krümmung einer Banane bis zu den Normen für Baustellengerüste, den Grenzwert für Vibrationen am Arbeitsplatz, die telefonbuchdicke Holzspielzeugverordnung oder die Tomatenvernichtung in Spanien. Behörden in

Brüssel haben wie alle Behörden die Tendenz, möglichst viel zu regulieren. Ihre Direktiven müssen auch immer sehr allgemein sein, damit sie für alle verschiedenen Situationen in Europa passen. Je allgemeiner aber eine Vorschrift, umso weniger versteht sie der Bürger. Die Vorschriften der EU sind auch gar nicht für den einzelnen Bürger in der Union gemacht, sondern für die nationalen Parlamente, die sie in konkretes Recht umsetzen sollten.

Europa ist besser, als wir denken: Die Denkfehler zu Europa

Die Defizite Europas, die immer wieder beklagt werden, sind nicht so erheblich, wie viele meinen. Sie sind jedenfalls kein ausreichender Grund, an Europa zu zweifeln. Zum großen Teil handelt es sich um kollektive Denkfehler.

Günter Verheugen war sichtlich genervt. Als Vizepräsident der EU-Kommission mit Zuständigkeit für Wirtschaft und Industrie musste er sich im Morgenmagazin der deutschen öffentlich-rechtlichen TV-Sender ARD und ZDF die ganze Litanei der populären Vorwürfe gegen Europa anhören. Schließlich platzte es aus ihm heraus: „Ich bin es leid, dass alle deutschen Probleme vor der Haustür der EU-Kommission abgeladen werden", schimpfte er. Dann begann er, die Vorwürfe zu widerlegen.

Jede Gesellschaft braucht ihren Sündenbock. In den Mitgliedsstaaten der EU ist es Europa, zumindest die Brüsseler Kommission. Sie ist zum Watschenmann der Talkshows geworden. Das mag lange Zeit gerechtfertigt gewesen sein, heute ist es nicht mehr richtig.

Sicher ist auch heute in Europa nicht alles Gold, was glänzt. Es hat politisch keine starke, vor allem keine überzeugende Führung. Es hat demokratische Defizite. Es ist in wichtigen Fragen zerstritten. Es hat unnütze Regulierungen. Es weiß noch nicht richtig, was es will. Ein asiatischer

Unternehmer sagte mir: Ich bin gern in Europa, um Urlaub zu machen, um Musik zu hören, Ausstellungen zu besuchen und Altertümer zu besichtigen. Aber Geschäfte mache ich lieber woanders. Die europäische Automobilindustrie, eine der Perlen der deutschen und französischen Wirtschaft, macht ein Drittel der weltweiten Automobilindustrie aus. Aber 70% der Gewinne dieser Branche werden in den USA verdient (nicht so sehr bei den amerikanischen Automobilproduzenten, sondern bei den Japanern, die in den USA tätig sind).

Ärgerlich ist aber, dass der EU viele Dinge in die Schuhe geschoben werden, die tatsächlich gar nicht ihre Schuld sind. Die großen Kritikpunkte an Europa beruhen auf kollektiven Denkfehlern. Sie sind daher kein Grund, das Rad der Geschichte Europas aufzuhalten oder zurückzudrehen. Hier sechs zentrale Denkfehler und ihre Widerlegung:

Der erste Denkfehler: Die EU-Osterweiterung vernichtet Arbeitsplätze

Das wichtigste Argument in der öffentlichen Diskussion gegen die Europäische Union sind angesichts der wirtschaftlichen Schwierigkeiten und der hohen Arbeitslosigkeit heute nicht mehr die überbordende Bürokratie und die technokratische Regelungswut. Es ist die Vernichtung von Arbeitsplätzen. Durch die Öffnung der Grenzen nach Osten, so heißt es vor allem in der Bundesrepublik, habe sich der Wettbewerb der Unternehmen mit Billiglohnanbietern aus dem Osten stark verschärft. Deutsche Firmen würden Produktionsanlagen in die neuen EU-Mitgliedsländer verlagern. Umgekehrt kämen polnische, tschechische oder ungarische Arbeiter in die Bundesrepublik und würden den Einheimischen die Arbeit wegnehmen. Was ist davon zu halten?

Die Osterweiterung der EU und die Aufnahme so vieler Menschen mit niedrigen Löhnen ist für die alte Union ein „Angebotsschock“, wie man in der ökonomischen Theorie sagt. Mit einem Schlag können die Unternehmen durch Produktionsverlagerungen nach Zentral- und Osteuropa sehr viel billiger produzieren als bisher. In Westdeutschland verdient ein Industriearbeiter heute im Durchschnitt 27 Euro pro Stunde (gesamte Arbeitskosten), in Polen sechs Euro, in der Tschechischen Republik und in Ungarn fünf Euro, in der Slowakei vier Euro und in Lettland zwei Euro. Natürlich ist auch die Produktivität in Osteuropa niedriger. Aber selbst unter Berücksichtigung dieses Faktors sind die Kosten im Osten niedriger. Die Lohnstückkosten, das heißt die um die Produktivitätsunterschiede bereinigten Lohnkosten, sind in den neuen Mitgliedsstaaten der Union etwa halb so groß wie in Westdeutschland. Die Osterweiterung der EU gleicht damit wirtschaftlich gesehen einem „technischen Fortschritt", durch den die Kosten deutlich reduziert werden können.

So etwas hat es in der Geschichte schon oft gegeben und es wird auch immer wieder vorkommen. Insofern kann man die Osterweiterung der EU auf eine Stufe stellen zum Beispiel mit der Erfindung der Dampfmaschine im 18. Jahrhundert, der Einführung mechanischer Webstühle im 19. Jahrhundert oder der Verbreitung des Internets in den letzten Jahren.

- In allen Fällen wurden Arbeitsplätze vernichtet beziehungsweise die Nachfrage nach bestimmten Arten der Arbeit ließ nach; die Weber wurden in der ersten Hälfte des 19. Jahrhunderts auf die Straße gesetzt; Siemens hat in den letzten Jahren 3000 Arbeitsplätze in Deutschland durch Produktionsverlagerungen in den Osten gestrichen. In anderen Firmen geschieht Ähnliches.
- Gleichzeitig wurden aber Produktionsverfahren effizienter und billiger, was die Preise für die Verbraucher reduzierte; bei den Webern vor mehr als 150 Jahren hieß das, dass Tuch billiger wurde; heute können Autos um wenigstens 10 bis 20% preiswerter verkauft werden. Das wirkt sich auch auf das allgemeine Preisniveau aus. Wie anders wäre es zu erklären, dass die Lebenshaltungskosten in der Bundesrepublik trotz drastisch steigender Ölpreise praktisch stabil sind?

- Schließlich wurden Erfindungen getätigt oder neue Arten der Arbeitsteilung realisiert, die in den folgenden Jahren neue Absatzmöglichkeiten schufen, Einkommen generierten und damit eine Aufschwungperiode einleiteten, die sich über mehrere Jahre hinzog. Die Erfindung der Dampfmaschine löste einen so genannten Kondratieff-Zyklus aus, das heißt eine Wachstumsperiode von etwa 60 Jahren. Freilich sind diese positiven Effekte erst nach einer gewissen Zeit erkennbar.

Was kann man aus dem Vergleich der Erfindung der Dampfmaschine mit der EU-Osterweiterung schließen? Das Wichtigste ist, dass solche Angebotsschocks zwar eine schwierige Anpassungsperiode hervorrufen (wie wir das derzeit erleben), dass sie am Ende und auf Dauer gesehen aber zu mehr Wohlstand für alle führen. Die schlesischen Weber, die 1844 gegen die Einführung mechanischer Webstühle protestierten, wurden – wenn sie die Übergangszeit überlebt hatten – später in anderen Industriezweigen gebraucht und konnten zu höheren Löhnen arbeiten. Keiner will heute noch mit der Postkutsche fahren, die durch die dampfgetriebene Eisenbahn verdrängt wurde. Keiner würde – bei aller Begeisterung für Handarbeit – heute noch in größerem Umfang Stoffe kaufen, die mit der Hand gewebt wurden. Das sollte uns die Zuversicht geben, dass auch die Probleme mit der EU-Osterweiterung überwunden werden können.

Wenn nicht alle ökonomische Theorie falsch ist, dann führt die neue Arbeitsteilung zwischen Deutschland und den EU-Mitgliedern in Mittel- und Osteuropa am Ende zu einer verbesserten Wettbewerbsfähigkeit der Volkswirtschaften im Westen der Union und schließlich zu einer Mehrung des Wohlstandes aller. Es ist bemerkenswert, dass beispielsweise Spanier die Deutschen um die Vorteile durch die neue Arbeitsteilung mit den Ländern Zentral- und Osteuropas beneiden und sich selbst durch ihre geographische Lage eher zurückgesetzt fühlen. Wenn amerikanische Unternehmen in Europa investieren, wollen sie auch von diesen Entwicklungen profitieren. Da sie das Risiko einer Direktinvestition in den neuen EU-Mitgliedsländern noch scheuen, gehen sie nach Deutschland und, noch wichtiger, nach Österreich und versuchen von hier aus, die neuen Märkte zu bedienen. Jede Regierung würde kurzsichtig und unverantwortlich handeln, wenn sie ihr Land von diesen Vorteilen abschneiden würde.

Auf dem Weg dorthin sind freilich noch schwierige und zum Teil längerfristige Anpassungsprozesse zu durchstehen. Die Regierungen kommen durch die steigende Arbeitslosigkeit in den einzelnen Ländern unter Druck. Wie können sie auf den Angebotsschock reagieren? Letztlich gibt es vier Möglichkeiten:

Erstens könnten sie versuchen, den Angebotsschock rückgängig zu machen, indem sie die Veränderungen verbieten. Das hätte bei den schlesischen Webern bedeutet, dass der Einsatz mechanischer Webstühle untersagt worden wäre. Heute hieße es, dass die Osterweiterung rückgängig gemacht wird. So etwas wurde in der Geschichte immer wieder versucht. Es hat jedoch nie funktioniert. Man wird auch die heute so unbeliebten Erfindungen in der Genforschung nicht verbieten oder rückgängig machen können.

Zweitens könnten sie, wenn sie schon die Erfindungen nicht rückgängig machen können, versuchen, wenigstens die Wirtschaft gegen die Wirkungen abzuschotten. Das wäre im Beispiel der schlesischen Weber die Einführung von „Beschäftigungsgarantien“ und „Mindestlöhnen“ gewesen. Die Unternehmen wären dann gezwungen worden, die Weber zu diesen Löhnen zu beschäftigen, obwohl sie wegen der mechanischen Webstühle gar nicht mehr (zumindest nicht zu diesen Löhnen) gebraucht wurden. Auf heute übertragen heißt dies, dass man die Mobilität der zentral- und osteuropäischen Arbeitnehmer einschränkt, wie es in den Beitrittsverträgen tatsächlich für eine Übergangsphase vorgesehen ist. Ein anderes Beispiel ist die Dienstleistungsrichtlinie in der EU. Die Staats- und Regierungschefs wünschen zwar einen einheitlichen Binnenmarkt, sie versuchen aber, einen Teil – nämlich die Dienstleistungen – davon auszunehmen und ihn von den Folgen des Wettbewerbs in einem gemeinsamen Binnenmarkt abzuschotten.

In die gleiche Richtung geht die Ausdehnung des Entsendegesetzes auf alle Branchen. Nach diesem Gesetz, das derzeit schon im Bau gilt, dürfen Arbeitnehmer in Deutschland nur nach den hier geltenden Mindestlöhnen bezahlt werden. Das führt zwangsläufig dazu, dass die entsprechenden Produktionsstätten, wo immer möglich, ins Ausland verlagert werden. Wenn die Schlachthöfe in Brandenburg polnische Arbeiter nur noch zu den hier geltenden Mindestlöhnen einstellen dürfen, dann sind sie gegenüber ihren Konkurrenten jenseits der Grenze nicht mehr wettbewerbsfähig. Die Folge: Sie werden geschlossen. Neue Schlachthöfe entstehen jenseits der Grenze in Polen. Sie importieren das Vieh aus Deutschland und führen das fertige Fleisch wieder nach Brandenburg aus.

Natürlich können Politiker soziale Schwierigkeiten, die sich durch die Öffnung der Grenzen ergeben, nicht ignorieren. Übergangslösungen, die die Anpassung der Menschen an die neuen Gegebenheiten erleichtern, sind immer hilfreich und auch notwendig. Aber dabei muss man im Auge haben, dass die Vorteile der Integration nicht verloren gehen. Also: Wenn schon ein Entsendegesetz, dann nur für eine begrenzte Zeit.

Dritte Möglichkeit: Die Regierung nimmt die Veränderungen hin und zwingt die Beschäftigten, zu den verschlechterten Bedingungen zu arbeiten. Bei den schlesischen Webern wurde das praktiziert. Das führte dazu, dass sie verarmten und mit ihren Familien zum Teil verhungerten. Auf heute übertragen hieße das, dass die deutschen Löhne auf das Niveau derer in Zentral- und Osteuropa sinken müssten. Auch das ist unmöglich. Nicht nur kann man dies den betroffenen Menschen nicht zumuten. Eine solche Dr.-Eisenbarth-Kur könnte unsere Gesellschaft nicht überstehen. Sie wäre auch ökonomisch unsinnig, weil damit die Nachfrage wegbrechen und die Absatzprobleme in anderen Branchen noch verschärft würden.

Es gibt eine schöne Weisheit von Henry Ford, des Gründers der großen amerikanischen Automobilfabrik. Danach müssen die Arbeiter in seinen Fabriken mindestens so viel verdienen, dass sie sich die Autos, die sie produzieren, auch selbst leisten können. Sicher werden die deutschen Löhne (besser: die Arbeitskosten einschließlich der Lohnnebenkosten) sinken müssen, aber nicht auf das Niveau Zentral- und Osteuropas, sondern lediglich auf das der vergleichbaren Konkurrenten in den westlichen Industrieländern.

Viertens schließlich können die Regierungen die Veränderungen als Chance nutzen, für ihre Länder in der internationalen Arbeitsteilung einen neuen Platz zu suchen. Für das Beispiel der Bundesrepublik (für andere Länder kann man ähnliche Überlegungen anstellen) heißt das: Sie muss sich nach einem Platz in der internationalen Arbeitsteilung umsehen, auf dem die Welt bereit ist, die höheren deutschen Löhne zu bezahlen. Hier gibt es viele Möglichkeiten. Sie kann sich durch Innovationen profilieren und immer wieder neue, kreative Produkte auf den Markt bringen. Das war der Weg, den die Amerikaner in der New Economy Ende der 90er Jahre des vorigen Jahrhunderts gegangen sind.

Sie kann aber auch ihren guten Ruf in Sachen Branding, Qualität, Zuverlässigkeit und Service nutzen, um mehr Geschäfte zu machen. Das tut zum Beispiel die deutsche Automobilindustrie. Sie kann auf Forschung, Entwicklung und Bildung setzen und damit immer bessere Produkte auf den Markt bringen. Siemens hat beispielsweise durch die Lieferung innovativer Produkte nach Mittel- und Osteuropa in den letzten Jahren 4000 neue Arbeitsplätze in Deutschland geschaffen (verglichen mit den erwähnten 3000, die abgebaut wurden). Der Bundesverband des Deutschen Groß- und Außenhandels hat geschätzt, dass mit der EU-Osterweiterung in Deutschland durch die verbesserten Absatzchancen insgesamt 50 000 neue Arbeitsplätze pro Jahr entstehen.

Auf diese Weise kann es auch kürzerfristig gelingen, die Arbeitsplatzverluste durch die Verlagerungen wieder wettzumachen. All das erfordert freilich, dass man den Angebotsschock positiv akzeptiert und daraus Konsequenzen zieht. Jammern, Klagen und die Schuld der EU zuschieben hat noch nie mehr Wachstum und Arbeitsplätze geschaffen.

Keine Angst vor der Basar-Ökonomie

Der renommierte Münchner Wirtschaftswissenschaftler Hans-Werner Sinn hat in diesem Zusammenhang das eingängige Schlagwort der Basar-Ökonomie geprägt. Seine These ist, dass die industrielle Produktion aufgrund der Lohndifferenzen zwischen Deutschland und seinen Nachbarstaaten zunehmend aus der Bundesrepublik abwandere. Den Deutschen bliebe am Ende nicht viel mehr, als die Güter, die andere herstellen, weiterzuverkaufen. Deutschland werde von einem Produzenten zu einem Händler (daher der Begriff Basar).

Dass Kapazitäten aus Kostengründen aus der Bundesrepublik in die neuen EU-Länder abwandern, ist unstrittig. Diskutieren kann man allenfalls über das Ausmaß, in dem dies passiert. Andererseits muss man fragen, was denn so schlimm ist, wenn die Deutschen mehr im Handel und weniger in der Produktion tätig sind. Großbritannien ist diesen Weg lange Zeit und mit Erfolg gegangen. Es hat heute wesentlich höhere gesamtwirtschaftliche Wachstumsraten als die Bundesrepublik (seit Anfang 2000 durchschnittlich 2,5 % pro Jahr, verglichen mit 0,7 % pro Jahr in Deutschland). Basar klingt abwertend. Leider ist niemandem bisher ein positiverer Begriff eingefallen.

Handel ist in Europa keineswegs nur ein Platz in dunklen Straßen, wo die Waren auf Teppichen liegen und um den Preis gefeilscht wird. Im Gegenteil. Der Händler spielt im volkswirtschaftlichen Produktionsprozess eine entscheidende Rolle. Er legt fest, was in welcher Form und zu welchem Preis hergestellt wird. Er tritt dem Verbraucher gegenüber und erkundet dessen Präferenzen. Der Händler bestimmt, ob neue Produkte auf den Markt gebracht werden und ob technischer Fortschritt bei den Produkten verwirklicht wird. Er verdient letztlich das Geld, das die Produzenten zur Finanzierung ihrer Fabriken brauchen. Ohne Handel gibt es keine Produktion. Handel ist Dienstleistung. Alle wissen, dass der Anteil des Dienstleistungssektors im Zuge der wirtschaftlichen Entwicklung immer wichtiger wird.

In diesem Sinne ist Handel nichts Negatives. Es kommt nur darauf an, wie der Händler seine Funktion versteht: ob er sich auf den „Teppichhandel“ beschränkt oder ob er die Fäden der Steuerung der volkswirtschaftlichen Produktion in der Hand behält. Bisher liegt die Steuerungsfunktion noch eindeutig in Deutschland.

Es gibt freilich Ökonomen, die vorhersagen, dass auch diese anspruchsvolleren Tätigkeiten im Marketing, im Produktdesign und in der Produktinnovation in Zukunft aus Kostengründen aus der Bundesrepublik in andere EU-Länder abwandern. Das kann in der Tat geschehen, wenn wir nicht aufpassen. Auf Dauer ist es aber nur in begrenztem Umfang möglich. Verkauf (jedenfalls von anspruchsvolleren Produkten) muss immer in der Nähe des Verbrauchers stattfinden. Sonst besteht die Gefahr, dass am Markt vorbeiproduziert wird. Unternehmen, die sich aus Kostengründen zu weit von der Nachfrage entfernen, gehen das Risiko ein, dass sie am Ende den Kontakt zum Konsumenten verlieren. Die japanischen Automobilproduzenten haben den amerikanischen Markt, auf dem sie so erfolgreich waren, bewusst nicht von Japan aus beliefert, sondern haben auch Fabriken in den USA gebaut, um näher am Markt zu sein und um vom amerikanischen Verbraucher entsprechend akzeptiert zu werden.

Deutschland hat für die Unternehmen daher nicht nur den Nachteil hoher Kosten, sondern auch den Vorteil eines großen Marktes mit 80 Millionen Konsumenten. Wer auf dem Markt der Bundesrepublik erfolgreich sein will, kann nicht von Poudong bei Shanghai, von Bangalore in Indien oder von Bratislava in der Slowakei allein aus operieren. Er kann dort produzieren und von den niedrigen Kosten profitieren. Am Ende muss er aber auf dem deutschen Markt präsent sein, um hier zu verkaufen. Sicher hat der Handel bei homogenen Gütern durch das Internet Konkurrenz bekommen. Aber man kann eben nicht alles über das Web kaufen. Und auch das Angebot über das Web muss marktnah sein.

Man sagt immer wieder, Japan habe nach vielen Jahren Rezession und Deflation in letzter Zeit den Umschwung geschafft, weil es in China investierte und damit an der Expansion in diesem Land partizipiert. Wenn man dies auf die EU überträgt, kann man sagen, dass Europa ein „kleines China“ unmittelbar vor der Haustür hat. Osteuropa ist zwar nicht so groß und nicht so dynamisch wie China, dafür liegt es aber näher. Zudem gibt es im kulturellen und politischen Bereich nicht so viele Hürden wie zwischen Japan und China.

Und was ist mit dem Argument, dass die deutsche Arbeitslosigkeit doch tatsächlich 2005 so hoch wie nie zuvor war? Zeigt dies nicht, dass Arbeitsplätze in Deutschland durch die EU-Osterweiterung verloren gegangen sind? Nein. Denn zum einen wurde die Arbeitslosigkeit im Jahre 2005 in erster Linie durch statistische Umstellungen und die Einbeziehung der Sozialhilfeempfänger in die Zahl der Arbeitslosen auf ein Rekordhoch getrieben. Mit der Verlagerung von Arbeitsplätzen in den Osten der Union hat dies nichts oder nur wenig zu tun. Zum anderen ist der Anstieg der Arbeitslosigkeit in Deutschland ein Prozess, der sich fast kontinuierlich über die letzten 40 Jahre hinzieht. Er hat sich in dieser Zeit weder beschleunigt noch verlangsamt. In den 70er Jahren betrug die Arbeitslosenquote 2,2 %, in den 80er Jahren 6,0 %, in den 90er Jahren 7,7 % und seit dem Jahr 2000 8,5 %. Die Europäische Union mit ihrer Erweiterung um Zentral- und Osteuropa ist daran nicht schuld. Schließlich fand der große Zuwachs an Investitionen in den neuen EU-Mitgliedsländern schon Ende der 90er Jahre statt. Inzwischen ist er abgeflacht. Es wird jetzt in den südosteuropäischen Ländern, vor allem im Gebiet des ehemaligen Jugoslawien, investiert. Aber das findet noch auf einem relativ niedrigen Niveau statt.

Noch ein Letztes: Die Argumentation der Basar-Ökonomie bezieht sich im Wesentlichen auf den industriellen Sektor. Dieser macht heute aber nur noch ein Drittel bis ein Viertel der gesamten Wertschöpfung in einer Volkswirtschaft aus. Der Rest ist Dienstleistung, die von Produktionsverlagerungen wesentlich weniger betroffen ist.

Der zweite Denkfehler: Das europäische Wachstum ist zu gering

Eine andere Klage: Europa ist wachstumsschwach. Während die USA von einem Wachstumsrekord zum anderen springen und zusammen mit China eine Wachstumslokomotive der Weltwirtschaft sind, dümpelt Europa mit mickrigen Expansionsraten weit abgeschlagen hinterher. Im Jahre 2004 hatten die Vereinigten Staaten ein Wirtschaftswachstum von 4,25 %, China eines von 9,5 %, Europa kam dagegen nur auf 1,8 % (Deutschland sogar nur auf 1,6 %).

Von 1991 bis 2004 ist das reale Sozialprodukt in den USA um insgesamt 3 % pro Jahr gewachsen, in der Europäischen Union dagegen nur um 1,9 %. Zeigt dies nicht, dass die Amerikaner wesentlich dynamischer sind?

Man könnte hier sogar noch eine andere Rechnung aufmachen. Wenn man nämlich die Expansionsraten der EU auf die 60er Jahre zurückrechnen würde – also so täte, als hätte es die EU schon damals mit 15 Mitgliedern gegeben –, dann stieße man auf den erstaunlichen Tatbestand, dass das Wachstum damals in Europa größer war als in den USA. Die 15 Länder der EU sind in den 60er Jahren zusammengenommen um 4,8 % pro Jahr gewachsen (USA: 4,2 %). Hat nicht also tatsächlich die zunehmende europäische Integration das Wachstum auf dem Kontinent nicht nur nicht beschleunigt, sondern eher gebremst?

Nein. Ein solcher Schluss ist nicht gerechtfertigt. Umgekehrt wird ein Schuh daraus. Die europäische Integration hat das Wachstum auf dem Kontinent grundsätzlich gefördert. Diese Effekte wurden zeitweise aber von anderen Faktoren überlagert. Unmittelbar nach dem Zweiten Weltkrieg profitierte Europa von dem Wiederaufbau seiner Häuser und der industriellen Strukturen. In den 60er Jahren kam dann der erste große Schub der Integrationseffekte hinzu. Gleichzeitig waren die Amerikaner in den Vietnam-Krieg verwickelt, der die US-Wirtschaft stark belastete. Der Dollar war bis in die 70er Jahre stark überbewertet und einer der Gründe, weshalb die USA nach dem Zweiten Weltkrieg Leistungsbilanzdefizite hatten.

Ganz anders war das dann in den 80er, 90er Jahren. Die USA erlebten durch die Reformen des amerikanischen Präsidenten Reagan eine Art Kulturrevolution, die zum Ende des Jahrhunderts zu höherer Dynamik der US-Wirtschaft führte. Auf der anderen Seite gab es in Europa in dieser Zeit die Diskussion über die Eurosklerose. Der Appell von Jean-Jacques Servan-Schreiber von der „amerikanischen Herausforderung“ verhallte ohne Wirkung. Darüber hinaus schlugen sich in den 90er Jahren zunehmend die Verkrustungen der deutschen Wirtschaft und die Belastungen durch die deutsche Wiedervereinigung nieder.

Es ist also falsch, von negativen Wachstumseffekten der europäischen Integration zu sprechen. Aber die Tatsache, dass die US-Wirtschaft in den vergangenen Jahren um rund 1% pro Jahr schneller gewachsen ist als die europäische, kann man damit nicht wegwischen. Sie ist Grund genug, an der Wachstumsstory der Europäer zu zweifeln. Freilich sollte man hier nicht das Kind mit dem Bade ausschütten. Die Ursache für die Wachstumsdifferenz ist nämlich nicht, dass die Amerikaner so viel dynamischer, kreativer und innovativer sind, wie das vielfach behauptet wird (und wie das die Geschichten rund um die New Economy suggerieren). Es liegt auch nicht daran, dass sie so viel mehr arbeiten und die Europäer ihr Wachstumspotential als Urlaub oder Freizeit „verprassen“.

Die wichtigste Ursache ist vielmehr eine ganz andere: Die USA haben ein größeres Bevölkerungswachstum. In den Vereinigten Staaten erhöht sich die Zahl der Einwohner pro Jahr um über 1%. Ein Viertel kommt dabei durch die natürliche Bevölkerungsentwicklung zustande, stammt also aus dem Saldo von Geburten und Sterbefällen. Der Rest stammt aus der Zuwanderung, vor allem der Immigration aus Mexiko. In Europa wächst die Bevölkerung dagegen nur um 0,5% pro Jahr. In Deutschland nimmt die Zahl der Einwohner derzeit sogar überhaupt nicht mehr zu. Es gibt plakative Schätzungen, nach denen sich die Bevölkerung in den USA bis 2050 um 70 Millionen erhöht, während sie in Europa um 70 Millionen sinkt.

Bevölkerungswachstum ist eine entscheidende, häufig unterschätzte Ingredienz für Wirtschaftswachstum. Es führt nicht nur dazu, dass die Einwanderer Arbeitsplätze suchen und damit – wie in Deutschland oft unterstellt – der einheimischen Bevölkerung ihre Stellen wegnehmen. Es hat auch einen wichtigen Nachfrageeffekt. Die Immigranten brauchen Wohnungen, sie kaufen Kleidung, Autos und Einrichtungen. Sie müssen sich ernähren und ihre Kinder in die Schulen schicken. Durch das Bevölkerungswachstum steigt daher nicht nur das Arbeitsangebot – es kann also mehr produziert werden –, sondern es erhöht sich auch die Nachfrage. Alles in allem steigt das Sozialproduktwachstum in aller Regel etwas mehr als die Zunahme der Bevölkerung.

Berücksichtigt man das Bevölkerungswachstum, so verliert die amerikanische Wirtschaftsentwicklung viel von ihrem Zauber. Zieht man die Zunahme der Zahl der Einwohner von der gesamtwirtschaftlichen Expansion ab, kommt man zur Veränderung des Pro-Kopf-Einkommens. Das ist die eigentlich wichtige Größe für das Wachstum, denn sie zeigt, um wie viel sich der Wohlstand der Menschen erhöht. Das Pro-Kopf-Wachstum ist in den USA immer noch höher als in Europa, aber wesentlich weniger dramatisch (1,9 % verglichen mit 1,5 %). Hier kann man keineswegs mehr von einem Klassenunterschied bei der wirtschaftlichen Dynamik sprechen. Solche Unterschiede lassen sich aufholen, insbesondere wenn man bedenkt, dass in Zukunft ja auch die schnell expandierenden neuen Mitglieder in Zentral- und Osteuropa dazugehören.

Man kann hier aber auch eine andere, zugegeben sehr gewagte und hypothetische Rechnung aufmachen. Warum muss man eigentlich das Wirtschaftswachstum, das sich durch Einwanderung von Bevölkerung ergibt, anders behandeln als die Zunahme, die aus der geographischen Ausweitung des Binnenmarkts resultiert? In jedem Fall kommen zu dem bisherigen Marktpotential neue Kunden und neue Abnehmer hinzu. Im einen Fall durch Einwanderung von Menschen in das bisherige Staatsgebiet. Im anderen Fall durch geographische Erweiterung des Marktgebiets. Der zweite Fall ist für die betroffenen Menschen vielleicht sogar noch angenehmer, weil sie nicht umziehen müssen.

In der Volkswirtschaftslehre wird der Fall der geographischen Markterweiterung normalerweise nicht (oder seltener) behandelt. Das liegt daran, dass sich die Ökonomie vornehmlich mit „Volks"-Wirtschaften oder besser „National"-Wirtschaften befasst, nicht mit Märkten. Der Fall der geographischen Expansion hat vielleicht bei manchen auch noch den Hautgout einer staatlichen (= gewaltsamen) Expansion, was im Falle Europas allerdings nicht unterstellt werden kann.

Wenn man gleichwohl einmal das Wachstum der Märkte sowohl durch Bevölkerungszunahme als auch durch geographische Markterweiterung betrachtet, sieht Europa gar nicht so schlecht aus. In den 90er Jahren stieg das Bruttoinlandsprodukt durch die Erweiterungen (Österreich, Schweden, Finnland) um 22%, in den Jahren 2000 bis 2004 (Osterweiterung) um noch einmal 5%. Die Europäische Union (inklusive der Erweiterungen) kommt damit in den 90er Jahren auf ein reales Wachstum des Binnenmarktes von rund 4% pro Jahr (USA 3,3%; Japan 1,4%). In der Zeit von 2000 bis 2004 ergibt sich für Europa eine preisbereinigte Expansion von 2,6% pro Jahr, genauso viel wie in den USA und deutlich mehr als in Japan (1%). Natürlich ist das eine künstliche Rechnung, weil damit für den Einzelnen nicht mehr Wohlstand entstanden ist. Aber das ist nicht anders als bei einem Wachstum, das allein durch Immigration zustande kommt. Für die üblichen Ranglisten der Wachstumsraten der einzelnen Regionen kommt es auch nicht auf Wohlstand, sondern auf die relative Performance an. Und da muss sich Europa international keineswegs verstecken, wie oft behauptet wird.

Wenn man die Produktivitätsentwicklung in den USA, Japan und Europa vergleicht, so schneidet Europa (jetzt wieder ohne die Erweiterungen) gar nicht so schlecht ab. Von 1990 bis 2004 ist die Produktivität in der EU insgesamt um 1,5% pro Jahr gestiegen, verglichen mit 1,9% in den USA und 1,1% in Japan. Der gesamte Unterschied zwischen den USA und Europa ergibt sich dabei aus der Tatsache, dass die USA in den Jahren 2002 bis 2004 sehr viel schneller gewachsen sind (was damit zusammenhängt, dass dort der Konjunkturaufschwung früher eingesetzt hat). Von 1990 bis 2000 war die Produktivitätsentwicklung in Europa und in den USA gleich (1,7%), aber deutlich höher als in Japan (1,0%).

Das ist kein Plädoyer für wachstumspolitisches Nichtstun in Europa. Es gibt keinen Anlass zur Selbstgefälligkeit. Europa braucht mehr Wachstum, um bei der zu erwartenden Produktivitätssteigerung mehr Arbeitsplätze zu schaffen. Und es braucht angesichts der absehbaren demographischen Entwicklung – also der Tatsache, dass die EU-Bevölkerung ohne Wanderungen absolut zurückgehen wird – mehr Immigration, um die finanziellen Mittel zu erwirtschaften, die es zur Aufrechterhaltung seiner Sozialsysteme benötigt. Nur: Es muss dabei keine Minderwertigkeitskomplexe gegenüber dem Wachstum in den Vereinigten Staaten haben. Europa ist also auch in puncto Wachstum besser, als wir denken. Wo die Europäer hinterherhinken, ist bei der Bevölkerungsentwicklung. Hier muss die EU im Hinblick auf die demographischen Belastungen, die sich in Europa in den kommenden Jahren ergeben, umdenken.

In der Wachstumsdiskussion wird speziell auf deutscher Seite noch ein anderer Vorwurf gegen die EU erhoben. Die Einführung des Euro habe die Expansion der Wirtschaft in der Bundesrepublik gebremst. Denn dadurch, dass die anderen Mitglieder der Euro-Zone durch den Euro mit einem Mal die gleichen Zinsen wie die Deutschen hatten, hätte die Bundesrepublik einen entscheidenden Wettbewerbsvorteil verloren. Vor der Einführung des Euro hatten die Italiener beispielsweise einen Zins von 13%, Portugal von sogar 14%, Spanien von 12% verglichen mit 8% in dieser Zeit in Deutschland. Die Verminderung der italienischen Zinsen von diesem Niveau hatte natürlich erhebliche expansive Effekte auf das Wachstum und hat Deutschland in der relativen Wachstumsperformance deutlich zurückgeworfen. Ganz abgesehen davon zahlen die Italiener inzwischen auch niedrigere Zinsen auf ihre Staatsschulden, was die Höhe des öffentlichen Defizits verringerte.

Es ist richtig, dass Deutschland bei der Euro-Einführung zinspolitisch zunächst einmal vergleichsweise benachteiligt war. Aber das ist schon sehr lange her – die zitierten Unterschiede in den Zinssätzen betrafen die Zeit Anfang der 90er Jahre. Danach setzte die Konvergenz ein, das heißt die Zinssätze näherten sich in Erwartung der Währungsunion aneinander an und waren schon in den Jahren 1997 und 1998 nicht mehr sehr unterschiedlich. Die Angleichung der Zinsen war auch ein einmaliger und vorübergehender Effekt. Als er ausgelaufen war, stellten sich die vorher begünstigten Länder relativ schlechter dar (weil sie keine neuen Impulse erhielten). Die italienische Wirtschaft bekam um die Mitte der ersten Dekade des neuen Jahrhunderts zunehmend Probleme. Auch Spanien, Portugal und später Griechenland litten beziehungsweise werden nach dem Auslaufen dieses Effekts darunter leiden, dass diese Wachstumsstütze fehlt. Zudem erhielt die Bundesrepublik in dieser Zeit von anderer Seite Schützenhilfe für das Wachstum. Es profitierte mehr von der EU-Osterweiterung als andere Mitglieder der Union. Es erhielt von der EU-Kommission „das Geschenk" der Deregulierung des öffentlich-rechtlichen Bankensektors (also der Abschaffung der Subventionen an Sparkassen und Landesbanken). Das wird zum Beispiel von dem US-Ökonomen Adam Posen als entscheidende Verbesserung der Angebotsbedingungen in Deutschland gesehen. Und schließlich profitierte Deutschland von dem Immobilienboom in Frankreich und Spanien in der ersten Hälfte des laufenden Jahrzehnts in Form von höherer Nachfrage nach seinen Produkten. In jedem Fall haben die dortigen Preissteigerungen eine Deflation in der Bundesrepublik aufgrund des niedrigen Wachstums verhindert. Deutschland hat also keinen Grund, sich übermäßig zu beschweren.

Der dritte Denkfehler: Der Euro hat die Preise nach oben getrieben

Die große Mehrheit der Bevölkerung in Deutschland glaubt, dass durch die Einführung des Euro „alles" teurer geworden ist. Viele meinen sogar, die heutigen Euro-Preise seien gleich den früheren D-Mark-Preisen. Die Preise hätten sich also fast verdoppelt. Besonders stark ausgeprägt ist das Gefühl bei Restaurantbesuchen. Vor allem die Pizza beim „Italiener nebenan" kostet jetzt deutlich mehr, aber auch Dienstleistungen wie das Haarschneiden. Dieses Phänomen ist in die Geschichte mit dem Namen „Teuro" eingegangen. Ist der Eindruck richtig, dass der Euro das Leben der Menschen verteuert hat und daher ein Verlustgeschäft für den Verbraucher ist?

Glaubt man den offiziellen Preisstatistiken, so ist die Antwort ein klares Nein. Denn diese Statistiken weisen auch nach der Euro-Einführung eine außerordentliche Stabilität aus. In den Jahren 2002 bis 2004 (also in den drei Jahren nach der Einführung des Euro-Bargeldes) lag die jährliche Geldentwertung in Deutschland insgesamt unter 1,5 % (und dies trotz zeitweise erheblicher Ölpreissteigerungen). In Europa insgesamt war sie mit 2,2 % etwas höher, hielt sich aber immer noch in vertretbaren Grenzen.

Aber mit Fakten hat man Gefühle noch nie abschaffen können. Divergenzen zwischen offiziellen Statistiken und dem persönlichen Eindruck und Empfinden der Menschen sind nicht selten. Das gilt für das Wirtschaftsleben genauso wie beispielsweise für die Meteorologie. Wie oft treten wir aus dem Haus, und es schauert uns vor Kälte, obwohl das Thermometer eigentlich angenehme Temperaturen anzeigt? Im ersten Quartal 2005 beschwerten wir uns alle über das langsame Wachstum der Wirtschaft – dabei erhöhte sich das reale Sozialprodukt mit einer annualisierten Wachstumsrate von 4 % und stieg damit stärker als die US-Wirtschaft und so schnell wie schon lange nicht mehr. Dass die Unterschiede zwischen der gefühlten und der tatsächlichen Realität aber so groß werden und sich vor allem so lange halten wie beim „Teuro", ist schon auffällig. Es muss zu denken geben.

Am Anfang haben Experten, auch Zentralbanker, das Phänomen schlicht unter Hinweis auf die Zuverlässigkeit der amtlichen Statistik geleugnet. Immerhin ermitteln 600 Mitarbeiter der Statistischen Ämter Monat für Monat insgesamt 350000 Einzelpreise und errechnen daraus die offiziellen Inflationszahlen. Das kann nicht falsch sein.

Als das Leugnen nicht mehr half (und als vielleicht auch die Ehefrauen der Zentralbanker Druck machten), suchte man nach Erklärungen. Eine war, dass es für die Menschen natürlich einen Unterschied macht, welche Güter teurer werden. Nach der Euro-Einführung mussten für so sensible Produkte wie Kino-, Friseur-, Restaurant- und Kneipenbesuche sowie Autoreparatur und Autowäsche mehr bezahlt werden. Dagegen wurden Mieten und Telefongebühren – die für die Menschen gewissermaßen Fixkosten sind – eher billiger. Selbst wenn in einer solchen Konstellation der Preisindex nur wenig steigt, empfinden die Menschen trotzdem eine starke Geldentwertung.

So entfernte man aus dem Warenkorb des Preisindex für die private Lebenshaltung alle Waren, die für das „Preisgefühl" des Verbrauchers nicht so wichtig sind. Das waren zum Beispiel Ausgaben, die automatisch vom Konto abgebucht werden (wie Mieten oder Strom- und Gaspreise), oder Güter, die nicht so oft gekauft werden (wie Autos, Waschmaschinen oder Pauschalreisen), oder Güter, die ganz einfach als nicht so wichtig angesehen werden.

Gleichzeitig verwiesen Psychologen darauf, dass Preissteigerungen in den Köpfen der Menschen eine größere Aufmerksamkeit verursachen als Preissenkungen. Wenn Pizza und Bier beispielsweise um 10% teurer werden, dann wiegt das in den Augen der Menschen stärker, als wenn das für das Bewusstsein genauso wichtige Brot um 10% billiger wird. Die Menschen empfinden es als Inflation, obwohl der Statistiker die beiden gegeneinander saldiert und keine Geldentwertung diagnostiziert.

Aus all diesen Überlegungen ermittelte man die so genannte „gefühlte Inflation". Am Anfang kam man mit sehr groben Berechnungen auf Raten von 3 bis 4%, maximal 5%.

Das war schon wesentlich höher als die statistisch ausgewiesene Inflation. Aber sie war immer noch viel niedriger als alles, was die Verbraucher selbst im Kopf hatten. Im Herbst 2005 veröffentlichte dann das Statistische Bundesamt einen amtlichen „Index der wahrgenommenen Inflation“ (IWI), der in Zusammenarbeit mit wissenschaftlichen Instituten ermittelt worden war. Er wies eine gefühlte Preissteigerung von 7% für die Jahre 2001/2002 aus. Das kommt der Wahrheit schon näher, obwohl viele Menschen immer noch den Eindruck haben, als seien die heutigen Euro-Preise noch wesentlich stärker gestiegen.

In den amtlichen Index der gefühlten Inflation geht auch die psychologische Erklärung ein, dass sich Urteile, die sich die Menschen einmal gebildet haben, nur schwer ausrotten lassen. Natürlich haben manche Verkäufer in der Anfangszeit der Umstellung von D-Mark auf Euro versucht, ihre Preise zu erhöhen. Volkswirtschaftlich gesehen konnte das aber nur gelingen, wenn andere Anbieter ihre Preise entsprechend senkten (oder auf ihren Waren sitzen blieben). Denn das Einkommen in der Volkswirtschaft hatte sich nicht erhöht. Insofern mussten einige Anbieter ihre Preise dann wieder zurücknehmen. Tatsächlich haben einige Pizza-Restaurants Preiserhöhungen nach ein paar Tagen oder Wochen wieder rückgängig gemacht. Geblieben ist aber beim Verbraucher der Eindruck, dass die Preise mit der Einführung des Euro gestiegen sind.

Ein Team von wissenschaftlichen Psychologen im Institut des Münchner Professors Dieter Frey fand noch eine andere, originelle Erklärung. Sie legte einer Gruppe von Probanden unterschiedliche Speisekarten eines italienischen Restaurants vor. Die eine enthielt D-Mark-Preise, die andere Euro-Preise. Nun wurden drei Tests durchgeführt. In einem ersten Fall waren die Euro-Preise tatsächlich um 15% höher als die entsprechenden D-Mark-Preise. Die Probanden, die die beiden Speisekarten miteinander verglichen, gaben dabei an, nach ihrem Gefühl seien die Preise in der Euro-Karte um 18% höher. In einem zweiten Fall wurden die Euro-Preise korrekt umgerechnet – die Probanden hatten in diesem Fall das Gefühl, die Pizzas seien um 7% teurer geworden. In einem dritten Fall wurden die Euro-Preise gegenüber den D-Mark-Preisen um 15% gesenkt – in diesem Fall gaben die Probanden, die sich die beiden Karten anschauten, an, dass die Preise nach ihrem Gefühl auf beiden Speisekarten in etwa gleich groß waren.

Woher kommen diese Fehlschlüsse? Die Autoren (Eva Traut-Mattausch, Stefan Schulz-Hardt und Tobias Greitemeyer) führten das unter anderem darauf zurück, dass anfängliche Erwartungen oder Hypothesen die Wahrnehmung nachfolgender Ereignisse beeinflussen. Wenn die Menschen also durch den Euro einen inflationären Effekt erwarten – und das war vor der Euro-Einführung tatsächlich der Fall –, dann nehmen sie später auch eine Preissteigerung wahr, ob diese nun eintritt oder nicht.

Bei der Diskussion über den „Teuro" spielt sicher auch eine Rolle, dass Europa beim Bürger bisher leider noch kein gutes Image hat und alles, was aus Brüssel kommt, eher mit Misstrauen gesehen wird. Dieses „Image-Problem" der neuen Währung wurde bei der Einführung nie angegangen. Das hängt unter anderem damit zusammen, dass Notenbanker, die die Einführung der Währung organisierten und dies technisch hervorragend taten, keinen Sensor für solche psychologischen Dimensionen haben. Was den Menschen oft hilft, ist eine genaue Umrechnung der neuen Euro-Preise auf den Kassenzetteln in die Preise der alten Währung. Solch eine Umrechnung gibt es noch heute in einigen Mitgliedsländern der EU, zum Beispiel in Frankreich. In Deutschland – wo die Umrechnung allerdings auch besonders leicht war – ist sie schon sehr schnell abgeschafft worden.

Die Schlussfolgerung aus all dem müsste eigentlich sein: Die Inflation, die durch den Euro eingetreten ist, bilden wir uns nur ein. Sie ist eine Chimäre. Wie gern würden wir das glauben! Tatsächlich geben jetzt auch Experten und Zentralbanker zu, dass auch sie beim Einkaufen manchmal den Eindruck haben, als seien einige Güter heute teurer, als sie es aus der D-Mark-Zeit in Erinnerung haben. Vermutlich werden wir diesen Teil des Europa-Paradoxes nie ganz lösen.

Andererseits brauchen wir das auch nicht. Der „Teuro“ wird in die Geschichte eingehen, allerdings als einmaliges Ereignis. Denn seit der Euro-Einführung haben die Menschen nicht mehr den Eindruck, als gäbe es in der Euro-Zone Inflation. Sie haben breites Vertrauen in die Europäische Zentralbank – in Deutschland nach kurzer Zeit schon fast so viel wie in die alte Deutsche Bundesbank. Der frühere Bundesbankpräsident Tietmeyer wies darauf hin, dass „das Teuro-Gefühl erst nach einer längeren Gewöhnungszeit abgebaut werden kann, insbesondere dann, wenn der alltägliche Vergleich mit der früheren nationalen Währung nachlässt“. Vor allem bei der jungen Generation, die nicht mehr so von der D-Mark-Zeit geprägt ist, ist dies zunehmend der Fall. Sie lebt schon voll mit dem Euro und vergleicht nicht mehr mit der D-Mark.

Der vierte Denkfehler: Europa ist ein bürokratisches Monster

Sonntagabend, die bekannte Fernseh-Talkshow von Sabine Christiansen in Deutschland. Diesmal ging es um die Zukunft Europas nach dem französischen Referendum zur europäischen Verfassung. Einer der Gesprächsteilnehmer ergriff das Wort, schimpfte über den bürokratischen Moloch in Brüssel und hielt das Abstimmungsergebnis in Frankreich für ein klares Votum gegen die Regulierungswut der EU-Beamten. Rauschender Beifall der in der Sendung anwesenden Zuschauer. Der Berliner Bürgermeister Klaus Wowereit setzte noch eins drauf, indem er die Frage stellte, warum die deutsche Hauptstadt eine EU-Seilbahnverordnung realisieren müsse, wo es doch in Berlin keine Berge und daher auch keine Seilbahnen gebe. Das entsprach dem allgemeinen Gefühl der Menschen. Sie halten Brüssel für schlecht, weil es alles überreguliert.

Fragen Sie den Bürger auf der Straße aber einmal, was mit diesen Vorwürfen konkret gemeint ist. Die meisten werden dabei etwas ins Stocken kommen, denn es gibt in den

Mitgliedsländern der EU keine Vorschriften der EU, die den Bürger unmittelbar betreffen. Wir kennen nur die Standardbeispiele aus der Zeitung, zum Beispiel die absurde Definition der Krümmung einer Banane oder Gurke. Ich habe daher etwas im Amtsblatt der Europäischen Union geblättert. Hier ein Beispiel, willkürlich herausgegriffen aus der Ausgabe April/Mai 2005 der Rechtsvorschriften der EU. Als Erstes findet der Leser sieben Dokumente, die in letzter Zeit verabschiedet wurden:

Am 16. April 2005 wurde eine Empfehlung der Kommission vom 12. Juli 2004 zur Umsetzung binnenmarktrelevanter Richtlinien in innerstaatliches Recht beschlossen. Das ist gut verständlich und sicher auch wichtig.

Am 20. April 2005 wird es schon etwas schwieriger. Da findet man die „Verordnung (EG) Nr. 607/2005 der Kommission vom 18. April 2005 zur vierten Änderung der Verordnung (EG) Nr. 1763/2004 des Rates über die Anwendung bestimmter restriktiver Maßnahmen zur Unterstützung der wirksamen Ausführung des Mandats des Internationalen Strafgerichtshofs für das ehemalige Jugoslawien (ICTY)". Das ist schon schwieriger, aber, so vermutet der geneigte Leser, ebenfalls sehr wichtig. Juristische Formulierungen müssen manchmal kompliziert sein, weil es auf besondere Genauigkeit ankommt.

So geht es dann weiter. Nach drei weiteren Absätzen stößt man dann auf eine „Entscheidung der Kommission vom 14. April 2005 zur Festlegung der Umweltkriterien zur Vergabe des EG-Umweltzeichens für Campingdienste (bekannt gegeben unter Aktenzeichen K(2005)1242)." Dieses Dokument bestätigt alle Vorurteile gegen die Rechtsetzungspraxis und die Arbeit der Kommission.

Das ganze Dokument umfasst 20 eng bedruckte Seiten. Zunächst erläutert die Kommission die Gründe, die sie zum Erlass dieser Entscheidung geführt haben. Da ist nicht etwa einfach davon die Rede, dass der Umweltschutz in der Gemeinschaft gefördert werden soll (wie dies ein unbefangener Beobachter erwarten würde). Nein, da heißt es vielmehr unter Ziffer 2: „Gemäß der Verordnung (EG) Nr. 1980/2000 kann das EU-Umweltzeichen für Produkte vergeben werden, deren Eigenschaften wesentlich zur Verbesserung in wichtigen Umweltaspekten beitragen können."

In Ziffer 3 wird fortgefahren: „Im Fall der Campingdienste ist es sinnvoll, eine Unterscheidung zwischen unbedingt zu erfüllenden Kriterien und solchen Kriterien zu treffen, von denen nur eine bestimmte Anzahl erfüllt sein muss."

Und so geht es weiter. Endlich kommt die Entscheidung selbst, die die Kommission erlassen hat. Im Artikel 1 wird zunächst definiert, um was es geht: „Die Produktgruppe ‚Campingdienste' enthält als wesentliche entgeltliche Dienstleistung die Bereitstellung von für mobile Unterkünfte ausgestatteten Stellplätzen auf einem festgelegten Gelände. Sie umfasst auch die Bereitstellung von Räumlichkeiten, die der Beherbergung von Gästen dienen können, sowie von Räumen zur gemeinschaftlichen Nutzung, sofern sie sich auf dem festgelegten Gelände befinden."

Im Artikel 2 heißt es dann: „Um das Umweltzeichen der Gemeinschaft gemäß der Verordnung (EG) Nr. 1980/2000 zu erhalten, muss der Campingdienst unter die Produktgruppe ‚Campingdienste' fallen und den im Abschnitt A des Anhangs dieser Entscheidung festgelegten Kriterien genügen."

Und so geht es weiter. Wie viele qualifizierte Beamte, wie viele Ausschüsse haben an diesem Dokument wohl mitgearbeitet! Wie viele Menschen sind deshalb nach Brüssel gereist, um den Text zu verhandeln?

Die Vorwürfe, die an die Adresse Brüssels im Hinblick auf Überregulierung gemacht werden, sind also so ungerechtfertigt nicht. Trotzdem sind sie kein Grund, die EU in Bausch und Bogen zu verdammen oder auch nur sich überhaupt darüber übermäßig aufzuregen. Denn letztlich sind es bürokratische „Stilblüten". Sie sind unnütz, aber sie beeinträchtigen in keiner Weise die Freiheit oder das Handeln der Bürger. Wenn wir davon nicht in der Zeitung lesen würden, würden wir davon überhaupt nichts merken (es sei denn, wir wären regelmäßige Leser des Amtsblatts der Europäischen Union oder wir würden uns um das Umweltzeichen der Gemeinschaft für Campingdienste bewerben).

Die Brüsseler Regeln entstehen stets unter intensiver Mitwirkung der nationalen Behörden. Es gibt nichts, was etwa die Kommission zusammen mit dem Europäischen Parlament allein „aushecken“ könnte. Alle Richtlinien werden in Anhörungen mit den nationalen Verwaltungen diskutiert. Sie liegen den Ministerräten vor und sie werden schließlich vom Europäischen Rat, also den Staats- und Regierungschefs verabschiedet. Es wäre nicht fair, bei Überregulierungen nur der EU-Kommission den schwarzen Peter zuzuschieben.

Wo der Bürger von EU-Regeln betroffen ist, ist da, wo er es normalerweise gar nicht merkt, nämlich über den Umweg über Gesetze und Verordnungen der nationalen Regierungen, der Bundesländer oder der Gemeinden. Hier ist aber immer schwer zu entscheiden, was eigentlich von Brüssel verlangt wird und was dann wirklich in den nationalen Gesetzen und Verordnungen drinsteht. Wie leicht ist es für den nationalen Gesetzgeber, die Schuld auf Brüssel zu schieben für Dinge, die er eigentlich selbst verbockt hat. Die Wut der Menschen sollte sich – wenn überhaupt – also nicht gegen Brüssel richten, sondern gegen die Ministerien in Berlin beziehungsweise in den Hauptstädten der Bundesländer und die Verwaltungen in den Städten.

Ein Beispiel aus jüngerer Zeit ist die Anti-Diskriminierungs-Richtlinie, die von der Kommission 2004 erlassen und 2005 in deutsches Recht umgesetzt werden sollte. Bei der Übertragung der Richtlinie in ein Bundesgesetz wurden die Diskriminierungstatbestände deutlich erweitert. Statt der Benachteiligung allein durch Rasse und ethnische Herkunft, wie dies in der EU-Richtlinie vorgesehen war, gibt es im Gesetzentwurf der Bundesregierung nunmehr auch eine Diskriminierung nach Religion, Weltanschauung, Behinderung, Alter, sexueller Identität und Geschlecht. Die EU hatte nur ein Beteiligungsrecht der Antidiskriminierungsverbände bei Klagen vorgesehen. Die Bundesregierung erweiterte das und führte auch ein Verbandsklagerecht ein. Solche Ausweitungen von europäischen Richtlinien sind per se nichts Schlechtes. Es steht jedem nationalen Parlament frei, weiter gehende Vorschriften zu verabschieden, als die EU es vorsieht. Die EU-Richtlinien sind immer nur Mindestregelungen. Nur darf man solche Erweiterungen nicht der EU in die Schuhe schieben.

Ein Beispiel, wo Deutschland weniger umsetzte, als die EU-Richtlinie vorsah, war die so genannte Entsende-Richtlinie aus dem Jahr 1996. Durch sie können Arbeitsbedingungen wie Mindestlöhne, Ruhezeiten, bezahlter Jahresurlaub und Sicherheitsstandards festgelegt werden, an die sich ausländische Anbieter halten müssen. Diese Richtlinie galt seinerzeit von der EU aus grundsätzlich für alle Branchen. Sie ist in Deutschland aber nur für die Bauwirtschaft und Innendekorateure umgesetzt worden. Erst im Jahr 2005 griff die Bundesregierung auf die erweiterte Richtlinie zurück, um sie zu erweitern.

Die Europäische Kommission selbst ist – zwangsläufig – zu weit vom Bürger weg, weil sie Vorschriften formulieren muss, die sowohl für Sizilianer als auch für Westfalen und Schotten gelten müssen. Sie hat auch wenige Möglichkeiten, sich an den nationalen Diskussionen zu beteiligen, sich zu rechtfertigen und die Stimmungen der Menschen aufzunehmen (was für eine bürgernahe Verwaltung wichtig ist). Sie ist keine dem Bürger verantwortliche Behörde, sondern in ihrer gegenwärtigen Form eigentlich nur ein Dienstleister für die nationalen Regierungen. Wenn man so will, eine Stabsstelle. Bei der künftigen Ausgestaltung Europas muss überlegt werden, ob dies wirklich so sinnvoll ist.

Das Europäische Parlament könnte, weil direkt vom Volk in Europa gewählt, die Erklärung der Brüsseler Handlungen in der Öffentlichkeit übernehmen. Die Abgeordneten haben aber natürlich kein besonderes Interesse an einer solchen unangenehmen und undankbaren Aufgabe. Zudem ist die Brüsseler Kommission nicht vom Parlament ernannt – es ist also nicht die Regierung der Abgeordneten –, sondern sie wird vom Parlament nur bestätigt. Das mindert das Engagement der Abgeordneten, sich für die Kommission einzusetzen. Schließlich finden die Europa-Abgeordneten bisher auch nicht so viel Interesse in der Öffentlichkeit. Sie haben eine sehr viel größere Klientel zu „bedienen“. Während ein Bundestagsabgeordneter für 130 000 deutsche Einwohner da ist, muss sich ein deutscher Europa-Abgeordneter im Schnitt an über 700 000 Einwohner wenden. Bei solchen Größenordnungen ist es schwierig, genügend Gehör in der Öffentlichkeit für solche Überzeugungsarbeit zu finden.

Schaut man sich das „Kleingedruckte“ in Europa einmal genauer an, so zeigt sich ein wichtiger Unterschied zu den Nationalstaaten. In Europa findet man – im Gegensatz zu dem, was viele eigentlich erwarten würden – weniger Vorschriften, die die Handlungsmöglichkeiten der Unternehmen beengen. Europa ist – wer hätte das gedacht – wettbewerbsfreundlicher. Es setzt mehr auf Marktkräfte. Das ist sicher dem positiven Einfluss etwa der Briten und der Holländer zu verdanken.

Einzige, allerdings ganz wichtige Ausnahme ist der europäische Agrarmarkt. Wenn man das Amtsblatt der Europäischen Union durchgeht, findet man in der überwiegenden Anzahl der Fälle Rechtsvorschriften für den Agrarmarkt. Sie zeigen, in welcher erschreckenden Detailliertheit die Kommission dies alles regelt. Schon der gemeinsame Agrarmarkt an sich ist ökonomisch nicht sinnvoll, weil er nicht auf die Kräfte des Marktes vertraut. Aber wenn man sich überlegt, wie viel wertvolle Arbeitskraft dazu gebraucht wird, um einen Sektor zu steuern, der nur 2 % des europäischen Bruttoinlandsprodukts ausmacht, kommt man schon ins Grübeln. Deregulierung hätte sicher beim europäischen Agrarmarkt anzufangen – allerdings geht dies nicht einfach durch Streichen dieser oder jener Vorschrift. Es muss vielmehr das gesamte System in Frage gestellt und neu formuliert werden.

Auch wenn die EU-Kommission also nicht so viel Schuld hat, wie immer wieder behauptet wird: Deregulierung ist auch in Europa notwendig. Sie befreit die Unternehmen und die Bürger von unnötigen Vorschriften. Sie senkt die Kosten, weil weniger Regeln zu verabschieden und weniger Vorschriften zu beachten sind. Und sie ist beim Bürger populär. So, wie es bei zu viel Autos in der Welt einen Verkehrsstau gibt, so gibt es bei zu vielen Vorschriften auch eine Überforderung der Bürger und der Unternehmen. Ein Deregulierungsprogramm der EU würde dem Image der Gemeinschaft gut tun. Dabei sollte man nicht nur Vorschriften streichen, die ganz einfach überflüssig sind, sondern auch Regeln, die nicht zwangsläufig zur Kompetenz der EU gehören. Warum etwa muss sich die EU um das Verbot der Tabakwerbung kümmern, wo es doch gar keinen EU-weiten Werbemarkt gibt? Inzwischen wird sogar darüber nachgedacht, den Zigarettenkonsum in Europa zu verbieten. Ist dies nicht ein Prototyp für eine Maßnahme, die am besten bürgernah in den Regionen getroffen werden sollte?

Der CDU-Politiker Wolfgang Schäuble hat vorgeschlagen, die kaum noch übersehbare Fülle von europäischen Fonds, Beihilfen, Modellvorhaben und Ähnlichem durch ein europäisches Finanzausgleichssystem zu ersetzen. Das wäre eine erhebliche Vereinfachung europäischer Normsetzung und Bürokratie. Vor allem würde dadurch die immer mehr zunehmende Einflussnahme Brüssels auf alltägliche Entscheidungen in den Mitgliedsstaaten, Regionen und Kommunen verringert.

Es ist erfreulich, dass der neue Vizepräsident der EU-Kommission für Unternehmen und Industrie, Günter Verheugen, angekündigt hat, dass er 900 Rechtsinitiativen im Rat und im Parlament darauf prüfen wolle, ob sie geändert oder aufgehoben werden sollten. Als Beispiele nannte er Regelungen für medizinische Geräte, den Pflanzenschutz und die Abfallentsorgung. Im Herbst 2005 verkündete die Kommission dann, dass rund 60 Richtlinienvorschläge zurückgezogen werden sollten.

Kritisieren der Fakten ist eine Sache. Wichtiger aber ist, solche Überregulierungen in Zukunft zu vermeiden. Das Grundproblem ist, dass Parlamente und Verwaltungen ihren Erfolg vielfach daran messen, wie viele und wie gute Gesetze, Verordnungen oder Direktiven sie in einer bestimmten Zeit erlassen. In der Unternehmenssprache würde man sagen: Sie werden dafür bezahlt, dass sie Regulierungen machen. Dann sollte man sich aber auch nicht wundern, wenn die Zahl der Regulierungen immer größer wird.

Um Überregulierung zu vermeiden, muss man an dieses Grundproblem gehen. Das ist insgesamt sehr komplex. Hier nur eine marginale Anmerkung: Vielleicht kann man Parlamenten und Verwaltungen eine Regel verordnen, dass es in einer Legislaturperiode nicht mehr als eine bestimmte Anzahl von Gesetzen geben darf. Oder dass die Regierung eine neue Verordnung oder das Parlament ein neues Gesetz nur erlassen darf, wenn etwas anderes dafür gestrichen wird.

Das ist freilich kein europäisches Problem. Es trifft alle modernen Parlamente und Verwaltungen. Im Gegenteil: Im Fall Europas, das zum Teil noch ein vereinheitlichtes Regelwerk aufstellt, müsste man den Institutionen einen Bonus einräumen. Sie dürfen mehr Direktiven erlassen.

Der fünfte Denkfehler: Europa ist bei Entscheidungen zu langsam

Viele beklagen sich, in Europa gehe es alles so langsam voran und man müsse überall Kompromisse schließen. Wichtige Termine würden nicht eingehalten, weil sich die Vertreter der Mitgliedsländer nicht einigen können. Häufig würden um Mitternacht „die Uhren angehalten“, um doch noch einen Kompromiss zu finden. Europa sei politisch eine Schnecke. Ist dieser Vorwurf gerechtfertigt?

Auch hier gilt: nein. Wir machen uns gar nicht klar, was in den letzten 15 Jahren in Europa alles geschehen ist:

- 1992 wurde unter großer Aufmerksamkeit der europäische Binnenmarkt etabliert.
- 1995 traten drei neue Länder der Union bei (Österreich, Schweden, Finnland).
- 1998 wurde eine gemeinsame Zentralbank geschaffen, die heute zu den weltweit renommiertesten ihrer Profession gehört.

- 2002 wurde das Bargeld in den Ländern der Euro-Zone auf Euro umgestellt (ein logistisches Projekt ohnegleichen, das ohne Reibungsverluste über die Bühne ging).
- 2004 traten zehn neue Länder der EU bei, darunter acht, die bis zum Fall des Eisernen Vorhangs noch keine Marktwirtschaften gewesen waren.
- Im gleichen Jahr verabschiedete der Europäische Rat nach langem Ringen den Entwurf einer europäischen Verfassung – verschämt Konvent genannt –, in der sich die Mitglieder über Mehrheitsabstimmungen einigten (die es vorher nicht gegeben hatte).
- Die Beitrittsverhandlungen mit Bulgarien und Rumänien, auch mit Kroatien, sind so weit gediehen, dass sie 2007 beitreten können (wenn sie die entsprechenden Kriterien erfüllen).

Dazwischen wurde dann noch ein europäischer Außenminister installiert (der „Hohe Repräsentant des Europäischen Rats für Außen- und Sicherheitspolitik“). Auf der Ratssitzung in Lissabon wurde im Jahre 2000 beschlossen, die EU innerhalb von zehn Jahren zu einer der dynamischsten und wettbewerbsfähigsten wissensbasierten Regionen zu machen. Das Vorhaben wurde am Anfang zwar nicht sehr ernst genommen. Nachdem man zur Halbzeit der Dekade aber merkte, dass hier nicht viel passiert war, packte die europäischen Regierungen der Ehrgeiz und sie versuchten, das Verfahren des „Lissabon-Prozesses“ zu beschleunigen.

All das sind „Jahrhundert-Projekte“. Ich kenne keine Region der Welt, in der sich in so kurzer Zeit so viel bewegt hat und in der so viele Projekte auf den Weg gebracht wurden. Wenn man diese lange Liste sieht, kann man sicher nicht sagen, dass Europa auf der Stelle treten würde. Die EU des Jahres 2005 hat nicht mehr viel mit der EU des Jahres 1990 zu tun. Das Tempo der Veränderungen ist so groß, dass es viele Bürger überfordert. Das wurde vielfach auch als ein Grund für die Ablehnung des Verfassungsentwurfs durch die französische und niederländische Bevölkerung genannt. Es gibt bei den Bürgern also zwei sich widersprechende Gefühle: Auf der einen Seite klagen sie über die „ewigen Abstimmungsprozesse“ innerhalb der EU, die so lange dauern. Auf der anderen Seite ist ihnen das Tempo der Veränderungen dann doch zu groß.

Woher kommt es, dass Europa trotz aller Klagen und Schwierigkeiten doch so viel bewegt? Um es gleich vorweg zu sagen: Es ist nicht der Eifer der Europa-Politiker. Es ist auch nicht der Fleiß und das Engagement der europäischen Beamten. Und es ist auch nicht die Begeisterung der europäischen Bevölkerung, die partout mehr Integration will. Es ist eher der Zwang der Fakten.

Bei den Erweiterungen ging die Initiative nicht von der EU, sondern von den Kandidaten selbst aus. Was die EU zu leisten hatte, war, die entsprechenden Verhandlungen zu führen. Das war schwer genug, denn manche der neuen Mitglieder wollten auch von den Töpfen der europäischen Haushalte profitieren. Eines der Hauptprobleme der Erweiterungsverhandlungen ist immer, dass die EU finanziell nicht mehr versprechen kann. In jedem Fall: Wenn die EU selbst bei den Beitrittsverhandlungen aktiv hätte werden müssen, wären sicher nicht so viele neue Länder der Union beigetreten.

Bei der Vertiefung der Integration waren es im Wesentlichen „externe Schocks“ (wie der Ökonom sagen würde), auf die die Europäer reagieren mussten. Ein solcher „Schock“ war beispielsweise die deutsche Wiedervereinigung, die die Machtbalance in der EU störte. Er führte zu einer Intensivierung der Integration.

Ein anderer „Schock“ waren der Irak-Krieg der Vereinigten Staaten im Jahre 2003 und die unterschiedlichen Reaktionen einzelner EU-Mitglieder darauf. Er machte eine gemeinsame Außenpolitik noch dringlicher und beförderte sicher auch das Projekt der Mehrheitsentscheidungen.

Externe Schocks dieser Art wird es auch in Zukunft immer wieder geben. Das gibt die Hoffnung, dass sich Europa auch in Zukunft schnell entwickeln wird, unabhängig von der Stimmung der Politiker. Vielleicht müssen wir eher aufpassen, dass es nicht zu schnell geht und die Bürger überfordert werden. Vor allem müssen wir darauf achten, dass die Entwicklung den Bürgern ausreichend erklärt und vermittelt wird.

Der sechste Denkfehler: Europa ist unflexibel und reformunfähig

Häufig wird beklagt, Europa habe zu starre Strukturen und sei reformunfähig. Anders als auf EU-Ebene sind in den letzten Jahren in einzelnen Nationalstaaten mehrere Male große Veränderungen in Gang gesetzt worden. Siehe etwa die radikalen Wirtschaftsreformen in Großbritannien in der Thatcher-Ära, die Durchsetzung des Polder-Modells in den Niederlanden oder die Kürzung des Sozialstaats in Schweden. In Europa insgesamt sind solche spektakulären Projekte nie gelungen.

Auch in diesen Klagen schwingen Vorurteile, die nicht den Fakten entsprechen. Europa ist reformfreudiger, als viele denken. Europa ist manchmal sogar in der Lage, Reformen durchzuführen, die in Nationalstaaten nicht möglich sind. Ein Beispiel ist die Liberalisierung des Telekomsektors, die den Telefonkunden in der Gemeinschaft niedrigere Telefonkosten brachte. Oder die Teilliberalisierung des Energiesektors, die die Stromkosten in der Gemeinschaft verbilligte – nicht so weit, wie sich die Menschen dies wünschten und wie es möglich gewesen wäre, aber sicher mehr, als dies ohne die EU in den einzelnen Nationalstaaten erreicht worden wäre. Die Nationalstaaten haben im Gegenteil durch zusätzliche Abgaben dem Verbilligungseffekt entgegengewirkt (steigende Ökosteuer in der Bundesrepublik, höhere Abgaben durch das Erneuerbare-Energien- und das Kraft-Wärme-Kopplungs-Gesetz sowie die Konzessionsabgabe).

Anstaltslast und Gewährträgerhaftung der Landesbanken und Sparkassen haben in Deutschland jahrelang den Wettbewerb zwischen öffentlich-rechtlichen und privaten Banken verzerrt. Ihre Abschaffung war in der Bundesrepublik lange Zeit versucht worden. Sie gelang aber nicht, weil sich die Parteien nicht auf einen Kompromiss einigen konnten. Der Streit wurde dann nach Brüssel getragen und dort gegen viele Widerstände zugunsten einer Konkurrenzlösung entschieden.

Diese Reformfähigkeit von Brüssel ist erstaunlich. Die EU steht eigentlich für Kompromisse und Interessenausgleich, nicht für Prinzipientreue auf dem Gebiet der Marktwirtschaft. In Brüssel laufen mehr Lobbyisten der Unternehmen und der gesellschaftlichen und wirtschaftlichen Verbände herum als in den einzelnen nationalen Hauptstädten. Nach Angaben der Kommission gibt es in Brüssel derzeit 2600 Lobbygruppen und 15 000 Interessenvertreter. Sie müssten Reformen eigentlich verhindern können. In jedem Fall stehen sie in dem Geruch, mehr für den Produzenten als den Konsumenten zu tun. Zu Europa passen eher eine unflexible Agrarpolitik und bürokratische Auswüchse als Reformen. Warum ist Europa trotzdem so reformfähig, jedenfalls mehr, als alle das der Union zutrauen?

Ein Grund liegt sicher darin, dass nationale Regierungen in einer demokratischen Gesellschaft immer um einen Interessenausgleich zwischen Gewinnern und Verlierern von Reformpolitik bemüht sein müssen. Dieser Ausgleich endet in der Regel mit einer Einigung auf dem kleinsten gemeinsamen Nenner, also entweder Nichtstun oder Minimallösung. Nur ganz besonderen Führungspersönlichkeiten ist es bisher in außergewöhnlichen Zeiten gelungen, sich über diese Mechanismen hinwegzusetzen.

Auch auf europäischer Ebene gibt es natürlich die Notwendigkeit des Interessenausgleichs. Auch hier besteht die Gefahr, dass sich Gewinner und Verlierer gegenseitig paralysieren. Die Einführung des Euro etwa wäre in Deutschland auf demokratischem Weg, also durch Volksabstimmung, nicht durchsetzbar gewesen. Der große Vorteil Europas ist aber, dass Gewinner und Verlierer häufig in verschiedenen Nationen sitzen. Der Ausgleich muss dann nicht in einem schwierigen demokratischen Ausgleichsprozess der gesellschaftlichen Gruppen erfolgen, sondern durch „außenpolitische“ Verhandlungen. Diese erfolgen aber nach ganz anderen Regeln. Es ist leichter, eine Einigung zwischen 25

Ministern oder Staats- und Regierungschefs herzustellen als unter 450 Millionen Bürgern.

In Europa ist Reformpolitik also nicht Innenpolitik mit all den Niederungen der Auseinandersetzung zwischen verschiedenen gesellschaftlichen Gruppen. Es ist immer noch „Außenpolitik“, die über diese Dinge „erhaben“ ist. Wer den Begriff Außenpolitik nicht mag, kann auch von „intergouvernementaler“ Politik sprechen, also einer Politik, bei der die Regierungen unter sich sind. Man kann eine Analogie zu den Verhandlungen innerhalb einer Regierung herstellen. Auch in einer Regierung ist das gesamte Spektrum der gesellschaftlichen Gruppen in der einen oder anderen Weise vertreten. Die Einigung ist aber einfacher, weil sich am Ende „nur“ die Minister beziehungsweise Staatssekretäre am Kabinettstisch einigen müssen. Es wird nicht das ganze Volk beziehungsweise werden nicht seine Repräsentanten im Parlament miteinbezogen. Das ist zwar im Hinblick auf die demokratische Legitimation Europas bedauerlich. Es erklärt aber die größere Handlungsfähigkeit in Sachen Reformen. Insofern ist dieser Vorteil wohl nur von vorübergehender Natur.

Je weiter der Demokratisierungsprozess und die Integration in Europa voranschreiten, umso mehr geht der Vorteil Europas in der Reformpolitik verloren. Wenn Europapolitik von der Außen- zur Innenpolitik mutiert – und das ist das erklärte Ziel und wird auch so geschehen –, dann kommen auch hier die Mechanismen ins Spiel, die wir aus den Nationalstaaten kennen. Die Volksabstimmungen in Frankreich und Holland angesichts der Ratifizierung der Verfassung haben gezeigt, dass die Bürger Europa nicht mehr als Domaine der Regierungen und Minister betrachten, sondern dass sie auch hier ihr Recht fordern. Sie möchten in den Willensbildungsprozess einbezogen werden. Dann wird es auch mit den Vorteilen bei der Reformpolitik bald zu Ende sein. Wer Europa als Reformmotor nutzen will, muss sich also beeilen.

Europa ist in Bewegung gekommen: Indizien für den Aufstieg

Es mehren sich die Indizien für den Wiederaufstieg Europas. Sie sind insbesondere auf den Finanzmärkten, in der Politik und in den Unternehmen zu beobachten. Vor allem Ausländer treiben die Bewegung. In Europa selbst herrscht vielfach noch Eurosklerose.

Im Jahre 1990 veröffentlichte der bekannte amerikanische Wirtschaftswissenschaftler Paul Krugman ein Buch über die Wirtschaftspolitik der Vereinigten Staaten in den 90er Jahren. Es erschien unter dem Titel „The Age of Diminished Expectations" und stieß auf außerordentliche Resonanz bei den Lesern. Offenbar hatte es einen Nerv getroffen. Amerika, so hieß es in dem Buch, werde in den 90er Jahren weder einen Crash noch einen Boom erleben. Es stünde vor einer eher langweiligen Zeit mit bescheidenem Wirtschaftswachstum, mit etwas Arbeitslosigkeit und mit etwas mehr Inflation.

Das war logisch und für jedermann einsehbar abgeleitet. Amerika hatte in den 80er Jahren turbulente Zeiten erlebt. Es gab die innenpolitischen Reformen des Präsidenten Reagan mit Steuersenkungen und riesigen Budgetdefiziten, es gab die Aufregungen auf den Finanzmärkten im Zuge der Eindämmung der Inflation (mit zweistelligen Zinssätzen). Es gab die extremen Schwankungen an den Devisenmärkten (mit einer Aufwertung des Dollar bis auf 3,47 D-Mark je Dollar) und es gab schließlich am Ende des Jahrzehnts den Fall der Mauer, der das ganze außenpolitische Spektrum neu aufstellte. Nach so vielen Veränderungen war es Zeit, zu konsolidieren. Kein Land verträgt auf Dauer so massive Veränderungen. Die Menschen brauchten eine Pause zum Durchatmen.

Gleichwohl kam alles ganz anders. Es gab keine Pause in der Geschichte. Krugmans Buch erwies sich als eine der größten Fehlprognosen der jüngsten Vergangenheit. Amerika erlebte in den 90er Jahren einen der längsten und ausgeprägtesten konjunkturellen Booms der Nachkriegszeit. In

Kalifornien, später auch in Massachusetts, entstand rund um die neue Informationstechnologie die New Economy mit außerordentlicher wirtschaftlicher Dynamik. Firmen, die in Garagen entstanden waren, stiegen zu Weltkonzernen auf mit gigantischem Reichtum. Es gab die „irrationalen Übertreibungen" am Aktienmarkt. Sie mündeten zuerst in eine Krise des Hedgefonds Long Term Capital Management und schließlich im März 2000 in einen allgemeinen Crash, der drei Jahre lang dauerte. Die Inflation war nicht höher als zuvor, sondern ging tendenziell zurück.

Das zeigt, wie vorsichtig man mit Prognosen sein muss. Heute stehen wir erneut vor der Gefahr falscher Vorhersagen, diesmal in Europa. Wir neigen derzeit dazu, herrschende Meinungen und Tendenzen der Gegenwart in die Zukunft fortzuschreiben. Die EU hat sich durch die vielen Erweiterungen nach außen und nicht gut vorbereitete Integrationsschritte nach innen in eine Sackgasse manövriert, so sagen viele. Die Bürger revoltieren gegen die zunehmende Vereinnahmung durch eine nicht genügend demokratisch legitimierte Kommission. Europa ist gegenüber anderen Wachstumszentren der Welt zurückgefallen. Nirgendwo ist erkennbar, dass sich das ändern wird. Die Europäer haben, so heißt es, lieber mehr Freizeit als ein hohes Sozialprodukt. Insgesamt würde man daraus schließen, dass sich in den kommenden Jahren in Europa nicht viel tun wird. Die Europäer verabschieden sich – wenigstens zeitweise – von der Geschichte.

Aber das ist falsch. Es ist die Schlussfolgerung aus einer Momentaufnahme der Gegenwart und deren Projektion in die Zukunft. Langfristige Prognosen dürfen jedoch nie die gegenwärtigen Trends in die Zukunft verlängern, sondern müssen Strukturbrüche erkennen und berücksichtigen. Sie erfordern Phantasie, Kombinationsgabe und ein genaues Beobachten fundamentaler Veränderungen. Aus jahrelanger Erfahrung mit dem Erstellen von Prognosen habe ich gelernt, dass gut gemachte Langfristprognosen meist besser und zuversichtlicher sind als kurzfristige Vorhersagen, die sich zu sehr vom Heute und Jetzt beeinflussen lassen.

Schon jetzt ist erkennbar, dass Europa vor einem grundlegenden Kurswechsel steht. Es ist wie bei einem Indizienprozess. Der stringente Beweis ist mangels eines Geständnisses des „Beschuldigten" nicht zu führen. Gleichwohl gibt es eine zunehmende Zahl von Hinweisen.

Die Kapitalströme drehen sich

Am offensichtlichsten sind die Veränderungen bei den internationalen Kapitalströmen. Noch Ende der 90er Jahre des vorigen Jahrhunderts gingen 21% der weltweiten Direktinvestitionen in die USA. Die Vereinigten Staaten waren die große Attraktion für weltweite Investoren. Europa bekam eher die Brosamen ab. Deutsche Unternehmen investierten in den Vereinigten Staaten, um von der Dynamik und dem großen Potential der amerikanischen Märkte zu profitieren. Daimler kaufte den Konkurrenten Chrysler in Auburn Hills bei Detroit. Die Deutsche Telekom erwarb Voicestream. BMW baute ein Werk in Spartanburg in South Carolina.

Seitdem haben sich die Verhältnisse dramatisch verändert. Es gehen viel weniger Direktinvestitionen nach Amerika, dafür aber erheblich mehr nach Europa. Der Anteil der gesamten Direktinvestitionen, der 2003/2004 in die Vereinigten Staaten floss, ist von den genannten 21% auf gerade mal etwas mehr als die Hälfte (12%) gesunken. Gleichzeitig stieg der Anteil der Gelder, die nach Europa kamen, drastisch an. Er liegt inzwischen (2003/2004) bei 43%. Das so hoch gelobte China erhielt von den gesamten weltweiten Direktinvestitionen nur 13%. Konkret handelt es sich um einen Betrag von 280 Milliarden Dollar, der im Schnitt der Jahre 2003/2004 in Europa investiert wurde. In die Vereinigten Staaten flossen nur 75 Milliarden Dollar. Nach China waren es 80 Milliarden Dollar.

Natürlich sind diese Zahlen – wie jede Statistik – mit Vorsicht zu genießen. Angaben über Direktinvestitionen sind immer mit großen Unsicherheiten verbunden. Sie schwanken sehr stark von Jahr zu Jahr. Im Jahre 2004 sind beispielsweise die Direktinvestitionen nach Deutschland stark zurückgegangen, weil Tochtergesellschaften amerikanischer Firmen in der Bundesrepublik aus steuerlichen Gründen Kredite an ihre Mütter zurückbezahlt haben. Hinzu kommt, dass in den genannten Zahlen auch die innereuropäischen Transaktionen erfasst werden. Wenn also ein New Yorker Unternehmen eine Beteiligung in Chicago erwirbt, dann ist das in den Zahlen nicht enthalten. Wenn aber eine Hamburger Firma in Mailand investiert, dann ist dieses in den Zahlen erfasst. Wenn man die Statistik um die innereuropäischen Direktinvestitionen bereinigen würde, wären die Werte für Europa sicher erheblich niedriger. Aber der Trend, dass nämlich zunehmend mehr in Europa und weniger in den USA investiert wird, würde sich vermutlich nicht ändern.

Es sind vor allem die Amerikaner, die in großem Stil in Europa investieren. Der Bestand an Direktinvestitionen der USA in der EU betrug Ende 2003 insgesamt 960 Milliarden Dollar. Das sind über die Hälfte aller Direktinvestitionen der USA im Ausland. Sie sind in den letzten drei Jahren um 40% gewachsen, deutlich schneller als die gesamten Direktinvestitionen der USA. Die Direktinvestitionen der Vereinigten Staaten beispielsweise in Irland sind heute zweieinhalb Mal so groß wie die entsprechenden US-Anlagen in China (ohne Hongkong). Die oft zu hörende Vorstellung, dass sich das Wirtschaftsinteresse der Amerikaner zunehmend vom Atlantik zum Pazifik, also zu den asiatischen Ländern wende, lässt sich durch Zahlen der Direktinvestitionen nicht belegen.

Tochterfirmen von US-Unternehmen in Europa kamen 2004 auf einen Rekordgewinn von 100 Milliarden Dollar. Das waren über 20% mehr als ein Jahr zuvor. Zwischen 2001 und 2004 haben sich die Gewinne von US-Töchtern in Europa fast verdoppelt.

Hinter diesen Statistiken stehen konkrete Transaktionen, von denen jeder in den letzten Jahren in der Zeitung lesen konnte. So hat das amerikanische Unternehmen Procter & Gamble die deutsche Kosmetikfirma Wella gekauft. Der amerikanische Medienmogul Haim Saban erwarb den deutschen Fernsehsender ProSiebenSat.1. Das arabische Scheichtum Abu Dhabi wollte eine Milliarde in Aktien des Volkswagen-Konzerns investieren; das Geschäft scheiterte in letzter Minute am Preis. Dafür erwarb das Emirat Dubai für eine Milliarde Euro eine Beteiligung am Daimler-Konzern. All diese Transaktionen entstanden nicht aus einer kurzfristigen Laune und können daher morgen wieder rückgängig gemacht werden. Es sind langfristige Investitionen, die in Europa bleiben sollen. Die Investoren haben sich ihre Sache also – hoffentlich – gut überlegt.

Das Ganze passiert aber nicht nur in Deutschland. In Frankreich kaufte 2005 der amerikanische Immobilienkonzern Starwood Capital Group Global LLC das Traditionsunternehmen Taittinger. Pepsi-Cola interessierte sich für den Nahrungsmittelhersteller Danone.

Es steigen nicht allein die Direktinvestitionen von großen internationalen Firmen in Europa. Aktiv sind auch die so genannten Private Equity und Venture Capital Fonds (vornehmlich in Amerika). Es handelt sich dabei um Fonds, die nicht wie Investmentfonds einfach in Aktien investieren und Risiken streuen. Sie erwerben vielmehr ganze Unternehmen, um sie später zu einem höheren Preis wieder zu verkaufen. Sie rechnen damit, dass die Unternehmen in der Zwischenzeit entweder von sich aus besser geworden sind oder dass die Fonds sie umstrukturieren und produktiver machen können.

Diese Fonds kommen jetzt in großer Zahl nach Europa. Fast wöchentlich kann man von neuen Transaktionen lesen. Der US Private Equity Fonds KKR beispielsweise kaufte die Raumfahrtfirma MTU, ferner die Unternehmen Auto-Teile Unger, Wincor Nixdorf und Ende 2004 das Duale System zur Abfall-Entsorgung. Ein anderer Private Equity Fonds, Blackstone, erwarb unter anderem die Chemiefabrik Celanese und das Unternehmen Gerresheimer Glas. In den Jahren 2003 und 2004 haben Private Equity Fonds mehr als 35 Milliarden Euro für Beteiligungen an deutschen Unternehmen ausgegeben. In anderen europäischen Ländern ist es nicht viel anders.

Das wurde in Deutschland vielfach nicht so gern gesehen. In der „Kapitalismusdebatte", die Anfang 2005 vom SPD-Vorsitzenden Müntefering in Deutschland angestoßen wurde, wurden diese Fonds als „Heuschrecken" verteufelt. Man warf ihnen vor, sie wollten sich ungerechtfertigt bereichern. Sie kämen wie Heuschrecken, fräßen alle Blätter ab und zögen dann zu anderen rentierlichen Gebieten weiter. Was immer man von solchen Vergleichen halten mag: Wichtig ist in unserem Zusammenhang, dass es für diese „Heuschrecken" hier offenbar etwas zu „fressen" gibt. Europäische Unternehmen sind attraktiv. Solche Fonds kommen nicht aus karitativen Gründen. Sie setzen auf künftige Gewinnchancen in Europa und in Deutschland. Wie schlimm wäre es um die Bundesrepublik bestellt und wie sehr würde sich der SPD-Vorsitzende beschweren, wenn diese Fonds um Deutschland und Europa einen Bogen machen würden, weil es hier nichts zu holen gäbe.

Ganz abgesehen davon waren die Fonds mit ihren Aktivitäten für die betroffenen Unternehmen oft hilfreich. Bei Wincor Nixdorf beispielsweise hat sich die Zahl der Beschäftigten seit der Übernahme durch KKR und die Investmentbank Goldman Sachs von 3406 auf 6595 nahezu verdoppelt. Mehr als 1000 der neuen Arbeitsplätze entstanden in Deutschland. Bei Auto-Teile Unger hat sich die Zahl der Filialen seit dem Einstieg der ausländischen Investoren von 390 auf 504 erhöht. Auch hier wurden neue Arbeitsplätze geschaffen. Freilich gab es wie überall auch „schwarze Schafe", die die Unternehmen lediglich ausbeuteten, um Gewinne zu machen.

Besonders interessant ist die Situation auf dem deutschen Immobilienmarkt. Jeder weiß, dass dieser Markt schon seit Jahren arg gebeutelt daniederliegt. Die Preise steigen nicht, sondern stagnieren oder fallen sogar. Niemand in Deutschland rechnet mit einer nachhaltigen Wende. Die großen deutschen Immobilienbesitzer sind daher gerne bereit, sich von Objekten zu trennen. Lange Zeit fanden sie keine Käufer. Und jetzt? Mit einem Mal sind ausländische Käufer aufgetaucht, die deutsche Grundstücke und Wohnungen erwerben. Das größte Geschäft des Jahres 2004 war der Kauf der Wohnungsgesellschaft Gagfah durch die amerikanische Fortress. Der Preis betrug 3,7 Milliarden Euro. Gagfah gehörten rund 80000 Wohnungen der Berliner Bundesversicherungsanstalt für Angestellte. In einer anderen Transaktion erwarben mehrere Private-Equity-Unternehmen für fast zwei Milliarden Euro die größte Berliner Wohnungsgesellschaft GSW. 2005 gab es dann noch einen größeren Deal. Der britische Fonds Terra Firma kaufte für sieben Milliarden Euro die Immobilientochter Viterra des deutschen Energiekonzerns E.ON mit insgesamt 138000 Wohnungen. Im gesamten Jahr 2004 erwarben ausländische Investoren deutsche Wohnungen für insgesamt elf Milliarden Euro. Im ersten Halbjahr 2005 waren es noch einmal genauso viel.

Die Käufer kaufen diese Immobilien sicher nicht, um den Deutschen zu helfen. Sie wollen damit vielmehr Geld verdienen. Dabei sind sie nicht mit Renditen von 4 bis 5% aus den Mieteinnahmen zufrieden, sondern erwarten 10% und mehr. Dies lässt sich nicht allein durch Renovierung, Verkauf, brutalere Methoden beim Eintreiben von Mietforderungen oder durch Leveraging erreichen. Das geht nur, wenn es auch entsprechende Preissteigerungen bei deutschen Immobilien gibt. Die Käufer müssen davon ausgehen, dass der deutsche Immobilienmarkt seinen Tiefpunkt erreicht hat und es in Zukunft wieder aufwärts gehen wird.

Auf dem gleichen Markt sind also Fachleute mit ganz unterschiedlichen Preiserwartungen tätig. Natürlich funktioniert ein Markt immer nur dann, wenn Anbieter und Nachfrager verschiedene Erwartungen für die Zukunft haben. Aber so große Unterschiede – und das auch noch unter Profis – kommen selten vor. Sie deuten darauf hin, dass sich auf diesem Markt etwas Grundlegendes verändert.

Europas Börsen werden interessanter

Es gibt noch einen anderen Bereich der Finanzmärkte, wo sich die Kapitalströme drehen: Internationale Portfoliomanager, die das Geld von großen Vermögen auf den Kapitalmärkten anlegen, hegten in den letzten Jahren zunehmend eine besondere Präferenz für Europa. Auch wenn jeder über den hervorragenden Zustand der amerikanischen Wirtschaft und japanischer Unternehmen spricht – angelegt wird das Geld vor allem in europäischen Werten. Diese werden – wie es im Fachjargon heißt – in der Allokation „übergewichtet“.

Entsprechend haben sich die Börsen in Europa in den vergangenen Jahren besser entwickelt als viele Börsen in Amerika und Asien. Der EURO STOXX 50 mit den wichtigsten europäischen Werten stieg von Mitte 2003 (also nach dem großen Crash Anfang dieser Dekade) bis Mitte 2005 um insgesamt 35%. Der amerikanische Standard & Poor’s 500 legte demgegenüber nur um 22% zu, der chinesische Shanghai Composite Index sank in dieser Zeit per saldo um 32%. Der koreanische Composite Index ermäßigte sich um 16%. Lediglich der japanische Nikkei-Index stieg in etwa so stark wie der EURO STOXX.

Einzelne europäische Börsen gehörten in den vergangenen Jahren zu den besten Anlageplätzen in der Welt. Man denke nur an den relativ kleinen und oft unbeachteten Markt Österreich, dessen Index von Mitte 2003 bis Mitte 2005 um ganze 133% gestiegen ist. Selbst der Deutsche Aktienindex DAX, der immer noch unter der unterentwickelten Aktienkultur in der Bundesrepublik leidet, schaffte es in den letzten zwei Jahren auf ein Plus von beachtlichen 47%.

Noch beeindruckender ist das Bild der Aktienmärkte, wenn man die zentral- und osteuropäischen Börsen betrachtet. Der polnische Index stieg von Mitte 2003 bis Mitte 2005 um insgesamt 106%, der ungarische um 142%, der tschechische um 147%.

Freilich sind solche hohen Kurssteigerungen im Osten Europas auch mit höheren Schwankungen (und damit einem größeren Risiko der Anleger) verbunden. Das ist angesichts des hohen Wachstums, der Anfälligkeit der Volkswirtschaften für externe Schocks, der politischen Unsicherheiten und der Enge der Märkte verständlich. Die osteuropäischen Aktienmärkte unterscheiden sich hier wenig von den Schwellenländern in Asien und in Lateinamerika.

Es gibt Kritiker, die die Kapitalströme nach Europa nicht mit einer grundsätzlich positiveren Einstellung der internationalen Finanzwelt gegenüber dem alten Kontinent in Verbindung bringen. Sie sagen, es seien allein die niedrigen Preise beziehungsweise Unternehmensbewertungen, die das Kapital anlocken. Sicher sind europäische Unternehmen im internationalen Vergleich, gemessen an der Marktkapitalisierung, relativ billig. Die Deutsche Bank hat heute eine Marktkapitalisierung von 30 Milliarden Euro, verglichen mit 240 Milliarden Euro der amerikanischen Citibank.

Aber niemand kauft europäische Unternehmen, nur weil sie billig sind. Am Schluss des Tages wollen die Investoren Geld verdienen. Sie engagieren sich daher lediglich dann, wenn sie auch wirklich Gewinne erzielen können, wenn sie also eine gute Zukunft der Unternehmen (und damit der Volkswirtschaft insgesamt) erwarten. Zudem sind die Preise unter Einrechnung des Wechselkurses für ausländische Investoren inzwischen gar nicht mehr so niedrig. Schließlich sorgt die auf längere Sicht weiter zu erwartende Euro-Aufwertung dafür, dass die Preise – aus der Sicht des Auslandes – auch in Europa steigen und dass damit Akquisitionen in Europa teurer und risikoreicher für die Investoren werden.

Es gibt noch weitere Indizien für das steigende Interesse der Welt am alten Kontinent. Die neue Währung Euro, die Ende der 90er Jahre unmittelbar nach ihrer Einführung zunächst auf den Märkten auf breite Ablehnung stieß, ist seit Anfang 2001 zunehmend attraktiv. Ihr Preis in Dollar gerechnet ist von 0,82 Dollar Ende 2000 bis auf 1,35 Dollar Ende 2004 gestiegen, also um über 60%. Das ist ein Zeichen für die hohe Nachfrage nach Euros in dieser Zeit. Im Jahre 2005 gab es hier freilich im Zusammenhang mit den politischen Unsicherheiten mit der Ratifizierung der europäischen Verfassung und mit dem Streit um die Finanzen der EU in Zeitraum 2007 bis 2013 eine Atempause.

Die Attraktivität des Modells Europa

Um nicht nur vom Geld zu reden: Schon seit einiger Zeit gibt es in der Welt großes Interesse an dem europäischen Modell der Integration. Dieses Interesse hat sich in den letzten Jahren eher noch verstärkt.

Im Frühjahr 2005 unternahm die Asiatische Entwicklungsbank einen neuen Anlauf zur Integration in Asien. Sie schlug vor, die Finanzmärkte der asiatisch-pazifischen Region (einschließlich Chinas, Japans und Südkoreas) zusammenzufassen, um ein Gegengewicht zum Dollar und Euro zu schaffen. Ziel ist es, die heimischen Ersparnisse der Region nicht in andere Gegenden der Welt abwandern zu lassen, sondern auch im asiatisch-pazifischen Raum ausreichende und attraktive Anlagemöglichkeiten anzubieten. Freilich sind dazu noch schwierige Hürden zu überwinden. Ein Handicap der Asiaten sind die zum Teil erheblichen politischen Spannungen zwischen den Ländern. Siehe die immer wieder an Schärfe gewinnenden Auseinandersetzungen zwischen Japan und China. Es wäre verwunderlich, wenn der Euro bei diesen Vorschlägen der Asiatischen Entwicklungsbank nicht direkt oder indirekt geistig Pate gestanden hätte.

Schon seit fast 40 Jahren existiert in Asien die so genannte ASEAN (Association of South East Asian Nations). Sie wurde 1967 gegründet. Ihr gehörten ursprünglich die Länder Indonesien, Malaysia, Singapur, die Philippinen und Thailand an. Inzwischen sind auch noch Brunei, Vietnam, Laos, Myanmar und Kambodscha beigetreten. ASEAN zielt wie die Europäer nicht nur auf stärkere politische Zusammenarbeit („in Frieden zusammen leben"), sondern auch auf eine intensivere wirtschaftliche Verflechtung.

Die Asiaten haben mit ASEAN den Weg der Europäer für ihre Region übernommen. Sie geben dies auch offen zu – was für so stolze Menschen wie die Bürger dieser Länder sicher nicht leicht ist. Es gibt aber in der Welt kein anderes Modell für eine erfolgreiche Integration. Was das europäische Modell so einmalig macht, ist der freiwillige Souveränitätsverzicht unabhängiger Länder zugunsten multinationaler Institutionen. Das hat es noch nicht gegeben.

Wie die Europäer vertrauten die Asiaten bei ihren wirtschaftlichen Integrationsbemühungen lange Zeit allein auf das Wirken der Marktkräfte, den so genannten „open regionalism". Sie waren davon überzeugt, dass die Märkte quasi automatisch zusammenwachsen, wenn man nur die entsprechenden Handelsbarrieren abschafft. Das hat sich als Illusion erwiesen. Märkte brauchen institutionelle Hilfestellung. Sie benötigen eine Vereinheitlichung von Produktstandards, von Rechtsnormen etc. Nach der großen Asienkrise 1997/98, die den Ländern zeigte, wie allein und verletzlich sie am Ende dastanden, hat sich das Denken verändert. Inzwischen streben die Asiaten – wiederum wie in Europa – einen Weg an, in dem die Politik bei dem Zusammenwachsen der Märkte eine größere Rolle spielen soll. Eine Überwindung der nationalen Grenzen ist allerdings nicht geplant.

Der indische Ölminister Mani Shankar Aiyar hat vor kurzem vorgeschlagen, in Asien nach dem Vorbild der Europäischen Montanunion in den 50er Jahren eine „Asiatische Öl- und Gas-Union" zu gründen. Das solle dann der Beginn weiterer Integrationsmaßnahmen in Asien sein.

Wie stark die Europäer inzwischen auch politisch in der Welt beobachtet und als Argument für andere Regionen verwandt werden, zeigt eine Rede, die der südkoreanische Präsident Roh Moo-Hyun Anfang 2005 hielt. Er zitierte auf der Zeremonie zum Unabhängigkeitstag seines Landes die europäischen Erfahrungen als Beispiel für seine Beziehungen zu Japan. So, wie Frankreich und Deutschland nach dem Zweiten Weltkrieg durch „entscheidende moralische Handlungen" ihre Feindschaft begruben, so müssten dies auch Südkorea und Japan tun. Bemerkenswert ist, dass er dies auf einer öffentlichen Veranstaltung in Seoul sagte, also weit, weit weg von Europa. Er ging also davon aus, dass seine Zuhörer über die Verhältnisse in Europa informiert waren und die Bedeutung der Worte ihres Präsidenten richtig verstanden. Er hätte das sicher nicht gesagt, wenn er nicht gewusst hätte, dass Europa auch in dieser Region als Erfolgsmodell gilt.

Die *International Herald Tribune* berichtet von Demokratisierungstendenzen in einzelnen Provinzen von China. Sie werden von den örtlichen Parteifunktionären mit Hinweisen auf die europäischen Staatsphilosophen Rousseau, Voltaire und Montesquieu begründet.

Es ist interessant, dass sich inzwischen auch China und Indien, zwei Länder, von denen derzeit großer Druck auf das Geschehen in der Weltwirtschaft ausgeht, näher aufeinander zubewegen. Richard Tomlinson, der Internationale Editor des amerikanischen *Fortune Magazine* stellte hierzu die Frage: „Sind China und Indien ‚die Deutschlands' der Zukunft?" Ein Europäer oder ein Deutscher hätte sich so eine Frage sicher nicht getraut, weil es als übermütig ausgelegt werden könnte.

Neben ASEAN gibt es auch noch die APEC (Asia-Pacific Economic Cooperation), der neben den asiatischen Ländern auch Australien, Neuseeland, aber auch Russland und Kanada angehören. Sie streben ebenfalls zügige Verhandlungen über einen Abbau von Handelsschranken an.

Aber auch auf anderen Kontinenten ist „Europa" ein Thema. Manche denken hier in Nordamerika an den Zusammenschluss der USA mit Kanada und Mexiko zur NAFTA (North American Free Trade Agreement). Das ist aber ein schlechtes Beispiel. Denn erstens ist die NAFTA nicht nach dem europäischen Modell „gebaut" worden. Zweitens ist die wichtige Voraussetzung einer solchen Gemeinschaft – die Gleichberechtigung aller Mitglieder – in der NAFTA mit den übermächtigen USA nicht gegeben. Kanada und Mexiko wollten aber in keinem Fall wie zwei zusätzliche Bundesstaaten der USA enden. So blieb die NAFTA als Wirtschaftsverbund stehen und entwickelte sich nicht weiter. Vor allem aber wurde NAFTA nicht zur Keimzelle einer panamerikanischen Union.

Auch in Südamerika hat man die Entwicklung der Europäischen Union sehr genau beobachtet. Anfang der 90er Jahre wurde der Mercosur gegründet (Mercado Común del

Cono Sur). Es handelt sich um eine Gemeinschaft der Länder Argentinien, Brasilien, Paraguay und Uruguay, der sich später auch Chile und Bolivien anschlossen. Ziel waren eine Freihandelszone, eine Zollunion und in Zukunft auch ein gemeinsamer Markt. Die Zollunion ist Anfang 1995 offiziell in Kraft gesetzt worden. Die Ambitionen gehen aber weiter. Inzwischen redet man auch über eine gemeinsame Währung.

Neben Mercosur gibt es in Südamerika den Andenpakt (Pacto Andino), der 1968 von Bolivien, Ecuador, Kolumbien, Peru und Venezuela geschlossen wurde. Geplant war eine Wirtschaftspräferenzzone mit einem gemeinsamen Außenzoll und unter anderem auch eine Währungsunion mit einem „Andenpeso".

Schon sehr frühzeitig, nämlich bereits 1960, wurde der Gemeinsame Zentralamerikanische Markt (Mercado Común Centroamericano) gegründet. Geplant war eine Zollunion, die aber erst über vierzig Jahre später auf Druck der USA und der EU konkretisiert wurde.

Auch die Afrikanische Union, die 2001 aus der Organisation für afrikanische Einheit hervorgegangen ist, orientiert sich am Vorbild der Europäer. Vorgesehen sind ein afrikanisches Parlament, eine Kommission, ein Gerichtshof und eine gemeinsame Währung mit einer gemeinsamen Zentralbank. Vieles davon ist jedoch Zukunftsmusik, weil es am gemeinsamen politischen Willen fehlt. Neben der Afrikanischen Union gibt es in Westafrika Bestrebungen für eine Währungsunion nach europäischem Muster. Vertreter dieser Länder haben sich 2005 bei einer Rundreise durch die EU intensiv nach den entsprechenden Erfahrungen erkundigt.

Unter den Beispielen für Integrationsbestrebungen in der Welt ist schließlich der Golf-Kooperationsrat im Mittleren Osten (GCC) zu nennen. Er wurde 1981 von den Ländern Abu Dhabi, Kuwait, Bahrain, Saudi-Arabien, Katar, den Vereinigten Arabischen Emiraten und Oman gegründet. Seine Hauptzielrichtung war zunächst nicht die wirtschaftliche Integration, sondern die außen- und sicherheitspolitische

Zusammenarbeit. Aber genau wie in Europa weitete sich die Kooperation immer mehr auch auf wirtschaftliche Gebiete aus. Bereits 1982 wurde der freie Warenverkehr zwischen den Mitgliedern eingeführt. 2005 kam es zu einer Zollunion. Für 2010 ist eine gemeinsame Währung geplant. Es überrascht nicht, dass der GCC besonders intensiv auf Europa und die dortigen Erfahrungen schaut. Ende 2005 trafen sich europäische Wissenschaftler, Politiker und Praktiker auf Einladung der Bertelsmann Stiftung und des Gulf Research Center in Brüssel, um dort über die Erfahrungen bei den europäischen Einigungsbemühungen zu diskutieren.

Alle wollen nach Europa

Ein Club ist erfolgreich, wenn möglichst viele Mitglieder beitreten möchten. Gemessen an diesem Kriterium gibt es keine internationale Gemeinschaft, die auch nur annähernd den Europäern das Wasser reichen kann.

Vom Start der Europäischen Gemeinschaft in den 50er Jahren hat sich die Zahl der Mitglieder mehr als vervierfacht: von sechs auf inzwischen 25. Der große Schub kam nach dem Fall des Eisernen Vorhangs. 1995 traten Österreich, Finnland und Schweden der Union bei. 2004 kamen acht Staaten Zentral- und Osteuropas sowie Malta und Zypern dazu. Rumänien und Bulgarien sollen nach der bisherigen Planung 2007 der Union beitreten. Kroatien wäre dazu auch bereit; hier gibt es aber noch politische Komplikationen. Mit der Türkei begannen im Oktober 2005 Beitrittsverhandlungen, die sich wegen der Schwierigkeiten der Materie wohl bis Mitte der nächsten Dekade hinziehen werden.

Die Ukraine hat nach den dramatischen Präsidentschaftswahlen und der „orangenen Revolution" Ende 2004 deutlich gemacht, dass es seine Zukunft in der Europäischen Union sieht. Bei dem jährlichen Brüsseler Wirtschaftsgespräch sagte der stellvertretende Ministerpräsident der Ukraine Oleh Borisovich Rybachuk im April 2005 ganz unumwunden, dass für sein Land der Beitritt zur Europäischen Union als Vollmitglied höchste Priorität hat. Er warb dafür in beredten Worten. Sein Hauptargument: Ohne die

Ukraine als Vollmitglied sei die EU ein „ärmeres" Land. Das Gleiche taten die Georgier nach der Rosenrevolution. Auf demselben Wirtschaftsgespräch ließ die stellvertretende Ministerin Georgiens, Tamar Beruchashvili, weniger wortgewandt als Rybachuk, aber nicht weniger entschlossen, keinen Zweifel, dass sich ihr Land in jedem Fall der EU anschließen wolle.

Der Beschluss des Europäischen Rates, Verhandlungen mit der Türkei aufzunehmen, hat offenbar alle Schleusen geöffnet. Es wäre nicht überraschend, wenn in Zukunft auch Moldawien oder andere Mitglieder der nach dem Sturz der Sowjetunion gegründeten „Gemeinschaft Unabhängiger Staaten" an die Tür der EU klopfen würden.

Und natürlich werden eines Tages auch die Länder des Balkans, also Serbien, Bosnien-Herzegowina, Mazedonien, der Kosovo und vermutlich auch Albanien zu erkennen geben, dass sie der Union beitreten wollen. Damit wäre dann das ganze geographische Europa (ohne die Schweiz) in der EU. Damit aber noch nicht genug. Es wird auch schon davon geredet, dass ein Beitritt der Türkei auch Länder wie Israel oder den Maghreb in Nordafrika auf die Idee bringen könnte, der Union beizutreten.

Bisher hat es noch keinen Fall gegeben, wo die EU den Beitritt eines neuen Mitgliedsstaates wünschte, am Schluss aber nicht zum Zuge kam – eine Ausnahme ist lediglich vielleicht Großbritannien, das sich lange zierte, der Union beizutreten (das aber auch einmal von Frankreich zurückgewiesen wurde). Auch jetzt kann es sich noch nicht entschließen, den Euro auf der Insel einzuführen.

Manch einer mag sagen, dass diese Erweiterungen nichts mit der Attraktivität des Modells Europa zu tun hätten. Die neuen Länder interessierten sich nur deshalb für die EU, weil sie sich davon finanzielle Mittel und Unterstützung erwarten. Solche Überlegungen mögen bei Einzelnen sicher eine Rolle spielen. Aber sie sind eine Minderheit. Jeder, der sich die bisherigen Erweiterungen anschaut, sieht, dass es mit den zusätzlichen Mitteln aus dem EU-Etat in letzter Zeit nicht mehr so weit her ist. Die Beantragung der Subventionen aus Brüssel ist schwierig und erfordert einen Sachverstand, der in vielen Verwaltungen der neuen Kandidaten nicht vorhanden ist. Hinzu kommt, dass die alten EU-Mitglieder keine Gelegenheit auslassen, zu sagen, dass sie keine zusätzlichen Gelder zu verteilen haben. Interessant war, dass die neuen Mitglieder in Zentral- und Osteuropa beim Streit über die EU-Finanzen zwischen Frankreich und Großbritannien im Sommer 2005 anboten, auf einen gewissen Mittelzufluss zu verzichten, um dadurch einen Kompromiss zu ermöglichen. Das war für die reicheren Mitglieder schon beschämend.

Fast kann man sagen, dass mit den vielen Erweiterungen der EU des Guten zu viel geschieht. Denn die Aufnahme neuer Mitglieder führt dazu, dass Europa sich mehr mit der Integration der Neuen beschäftigen muss als mit dem Ausbau der bestehenden Gemeinschaft.

Andererseits ist die Erweiterung der Union aber geeignet, den bisherigen Mitgliedern Mut zu machen. Das ist auf den ersten Blick nicht ganz leicht zu verstehen. Natürlich gibt es auch in den neuen Ländern Zentral- und Osteuropas, die 2004 in die Europäische Union gekommen sind, viele Menschen, die von der EU enttäuscht sind. Sie bekommen nicht so viel Geld aus Brüssel, wie sie sich versprochen hatten. Sie müssen Reformen durchführen, deren Nutzen sie nicht unmittelbar sehen. Die Arbeitslosigkeit ist nach wie vor hoch. Viele wichtige Bereiche ihrer Wirtschaft werden durch Unternehmen aus dem Westen dominiert. Der Bankenmarkt ist fast vollständig in der Hand von Ausländern (die allerdings auch ihr gesamtes Know-how mitbringen und damit die Institute in kürzester Zeit auf modernsten Stand bringen). Die Exportmärkte in Westeuropa sind wegen des niedrigen Wirtschaftswachstums weniger ergiebig, als das erwartet worden war. All das addiert sich bei den neuen EU-Mitgliedern zu der schlechten Stimmung, die es schon bei den alten EU-Mitgliedern gibt.

Es gibt aber auch noch einen anderen Trend. Viele Vertreter der neuen Länder sind stolz, nicht mehr nur aus einem kleinen Staat zu kommen, sondern nunmehr zum „großen

Europa" zu gehören. Wer bisher slowakischer Politiker war und auf internationaler Ebene nur unter „ferner liefen" rangierte, ist nun Europäer und kann damit auf der Weltbühne mitspielen. Das ist vor allem bei manchen Mitgliedern der neuen EU-Kommission und des Europäischen Parlaments zu spüren. Hier gibt es bei den Vertretern der neuen Mitglieder eine viel optimistischere Stimmung. Das strahlt natürlich auch auf den einfachen Mann auf der Straße ab und gibt ihm mehr Selbstbewusstsein. Das wird über kurz oder lang auf die Vertreter der „alten" EU abfärben. Denn hier gelten die gleichen Mechanismen. Der deutsche Außenminister kann international so hoch geschätzt sein, wie er mag; letztlich kommt sein Renommee auch daher, dass er nicht nur die Bundesrepublik, sondern gleichzeitig das wirtschaftlich wichtigste Land in der EU vertritt.

Neue Europa-Strategien der Unternehmen

Nicht ganz so spektakulär und nicht ganz so einfach mit Zahlen zu belegen, aber nicht weniger wichtig ist eine andere Entwicklung in Europa selbst. In den Unternehmen findet ein Umdenken statt. Lange Zeit galt es für die Firmen als chic, überall in der Welt zu Hause zu sein. Sie gingen nach Nord- und Südamerika und nach Asien, weil dort die Kosten niedrig, die Wachstumsraten hoch und die Märkte schier unersättlich schienen. Wer etwas auf sich hielt, musste global sein.

Inzwischen haben sie gelernt, dass das Geld auch im Ausland nicht auf der Straße liegt. In Nordamerika stießen sie auf harte Konkurrenz, mussten sich mit Wechselkursschwankungen herumschlagen und lernten die Schwierigkeiten des amerikanischen Rechtssystems kennen und fürchten. In Südamerika zeigte sich, dass der Aufschwung der 90er Jahre in Ländern wie Argentinien und Brasilien brüchig und vieles auf Sand gebaut war. In Asien waren die Wachstumsraten zwar hoch. Die europäischen Firmen bekamen davon aber nicht die Filetstücke ab, sondern mussten sich häufig mit dem begnügen, was die lokalen Firmen oder Ausländer, die früher gekommen waren, nicht abdecken wollten oder konnten. Die langen Distanzen, die von Europa zu diesen Märkten zu überwinden waren, warfen logistische Probleme auf. Von den politischen Problemen und den Schwierigkeiten mit unterschiedlichen kaufmännischen Usancen, Präferenzen der Abnehmer und Ähnlichem gar nicht zu reden.

Auf der anderen Seite hat sich der europäische Markt weiterentwickelt. Handelshemmnisse fielen. Neue Mitglieder erweiterten den Markt. Hinzu kam die Erkenntnis, dass es der größte Fehler ist, den Kunden im eigenen Land zu vernachlässigen. Das Motto darf nie sein: „Think locally, act globally", sondern muss immer umgekehrt heißen: „Think globally, act locally." In der Werbung der – global agierenden – Hongkong and Shanghai Banking Corporation heißt es mit Recht: „Unterschätze nie die Wichtigkeit lokaler Kenntnisse." Mehr und mehr Unternehmen ersetzten daher in den letzten Jahren ihre globale Strategie durch eine Europa-Strategie. Sie wurden von „global playern" zu „European playern".

Es handelt sich dabei keineswegs nur um mittelständische Unternehmen. Diese sind im Gegenteil in speziellen Nischen oft sehr erfolgreiche „global player". Gemeint sind eher größere, breit aufgestellte Firmen, vor allem im Dienstleistungssektor, die nahe bei ihren lokalen Kunden sein müssen. Ein Beispiel ist der Bankensektor. Hier hat sich gezeigt, dass es nur ganz wenige globale Institutionen gibt, die wirklich erfolgreich auf allen Märkten der Welt operieren können (zum Beispiel Goldman Sachs, Morgan Stanley oder Merrill Lynch). Alle anderen konzentrieren sich eher auf ausgewählte Märkte und zielen dort auf einen hohen Marktanteil. Dies werden bei europäischen Banken in erster Linie die Märkte der EU-Mitglieder sein. Banken wie die Royal Bank of Scotland in Großbritannien, die Société Générale in Paris, die Banco Santander in Madrid, die ABN Amro in Amsterdam oder die UniCredit in Mailand sehen sich heute – trotz mancher „Ausflüge" vor allem nach Nord- und Südamerika – primär als europäische Banken, die am liebsten in der EU expandieren würden.

Es sind aber nicht nur Banken. Der deutsche Versicherungskonzern Allianz, mit vielen Tochtergesellschaften weltweit präsent, beschloss im Jahre 2005, sich zu einer europäischen Aktiengesellschaft umzugründen (Societas Europeae) und das Italiengeschäft fester zu integrieren.

In der ökonomischen Theorie ist die Rückbesinnung der Unternehmen von den globalen auf die lokalen (oder besser regional abgegrenzten) Märkte ein bekanntes Phänomen. Es läuft unter dem Stichwort „von der Handelsschaffung (trade creation) zur Handelsumlenkung (trade diversion)“. Die Gründung und der Ausbau von regionalen Märkten führen dazu, dass der Handel mit den Nachbarn in den regionalen Märkten schneller zunimmt und der Handel mit Drittländern eher zurückgeführt wird, zumindest langsamer expandiert. Das lässt sich in Zahlen belegen. Von den gesamten Ausfuhren der Bundesrepublik gingen vor zehn Jahren 43 % in die Länder der heutigen Euro-Zone, heute sind es 45 %. Noch stärker ist der Effekt, wenn man die Union mit allen 25 Mitgliedern nimmt. Auf sie entfielen vor zehn Jahren 61 % der deutschen Exporte, heute sind es 66 %. Das hängt natürlich mit der Öffnung der Märkte der neuen Mitglieder in Zentral- und Osteuropa zusammen.

In der ökonomischen Theorie wird die „Handelsumlenkung“ häufig als etwas Negatives angesehen. Der völlige Freihandel ohne regionale Präferenzen ist für sie die beste Lösung. Das gilt freilich nur aus der Sicht eines „Weltökonomen“, der den Wohlstand der ganzen Welt im Auge hat. Für die einzelnen Länder, die sich zu einer Region zusammenschließen, ist es meist vorteilhafter, wenn sie auf die Karte der Handelsumlenkung setzen. Denn dann können sie ihren Wohlstand – freilich zum Teil auf Kosten der anderen – erhöhen. Hinzu kommt, dass die erstbeste Lösung eines freien Welthandels in der Praxis angesichts der vielen Unvollkommenheiten des Weltmarktes meist gar nicht erreichbar ist. Deshalb ist die Konzentration auf einen freien regionalen Handel als zweitbeste Lösung häufig besser als die unvollkommene erstbeste Variante. Das erklärt, dass die Regionalisierung des Welthandels in den letzten Jahren sehr stark zugenommen hat. Von den 300 regionalen Handelsabkommen, die nach Angaben der Welthandelsorganisation WTO in 2005 in Kraft sind, wurden zwei Drittel nach 1995 verhandelt.

KAPITEL 3

Auf dem Weg in die Zukunft: Die treibenden Kräfte

Europa ist nicht nur eine wirtschaftliche Veranstaltung. Es wird in erster Linie getrieben durch a) Ideen, b) spezifisch europäische Wertvorstellungen und c) – gerade in den letzten Jahren – durch den Willen, international politisch, wirtschaftlich und kulturell eine größere Rolle zu spielen. Europa ist mit dem Status quo nicht mehr zufrieden. Es will weiterkommen.

Was sind die Stärken, die die Entwicklung Europas treiben? Die meisten verweisen hier auf wirtschaftliche Gegebenheiten. In der Tat steht die EU in dem Geruch, vor allem auf ökonomischem Gebiet erfolgreich gewesen zu sein und hier ihren Schwerpunkt zu legen. Das hängt mit ihrem Ursprung als „Europäischer Wirtschaftsgemeinschaft" (EWG) in den Römischen Verträgen von 1956 zusammen. Aber das ist lange her. Europa als Wirtschaftsgemeinschaft ist Geschichte. Das zeigt sich auch in der Namensgebung. 1987 benannte sich die EWG mit der Einheitlichen Europäischen Akte offiziell um zur Europäischen Gemeinschaft. 1992 wurde sie mit dem Maastricht-Vertrag zur Europäischen Union.

Die europäische Integration war von Anfang an nicht primär eine wirtschaftliche, sondern eine politische Veranstaltung. Ein Land und eine Gesellschaft leben nicht vom Brot allein. Wirtschaft muss sein, um Wohlstand und Zufriedenheit zu schaffen. Sie muss aber ergänzt und geleitet werden durch eine „finalité", durch ein „Worumwillen des Einigungsprozesses" (Habermas). Es muss eine Idee geben, die die Gesellschaft zusammenhält, ihr Sinn gibt, zum Wirtschaften über das reine Existenzminimum motiviert und – das ist in unserem Zusammenhang natürlich besonders wichtig – sie von den Ideen anderer Regionen im positiven Sinn abhebt.

Hinzu kommen müssen aber auch noch spezifische Vorteile, die Europa auszeichnen. Und es muss der Wille da sein, zu siegen. Noch nie in der Geschichte ist eine Region vorangekommen, deren Menschen dies nicht selbst wollten. Die Amerikaner wollen in der Welt eine führende Rolle spielen. Die Chinesen haben einen unbändigen Willen voranzukommen. Japaner verachten jeden, der Macht hat und diese nicht ausübt. In Europa hat es in den letzten 50 Jahren lange an diesem Willen gefehlt. Die EU war mit einer Rolle als Komparse in der Geschichte zufrieden. Das ändert sich jetzt. Jetzt will es mehr.

Die europäische Idee: Frieden und Wohlstand

Die europäische Idee realisiert einen Wunschtraum der Menschheit: in Frieden, Freiheit, Unabhängigkeit und bei hohem Lebensstandard zu leben. Dies fällt umso mehr ins Gewicht, als es in einer Region geschieht, die über Jahrhunderte von Kriegen geplagt war.
In Europa selbst gelten diese Errungenschaften heute vielfach als selbstverständlich. In Krisenzeiten wie nach dem Scheitern der Verfassungsreferenden werden sie aber auch hier virulent.

Bei der europäischen Idee denken viele an die europäische Zivilisation, an die historischen Ursprünge Europas im Altertum, im Mittelalter und der Neuzeit. Bilder von Thomas von Aquin tauchen vor dem geistigen Auge auf, von Machiavelli, Leonardo da Vinci, Albrecht Dürer, Jean Jacques Rousseau oder auch Wolfgang Amadeus Mozart und Igor Strawinsky. All das ist wichtig und prägt die Menschen und das Denken hierzulande, hat aber mit der Entwicklung Europas in den letzten 60 Jahren relativ wenig zu tun. Was Europa in dieser Zeit wirklich getrieben hat und seine Attraktivität in vielen Teilen der Welt weiter befördert, ist etwas ganz anderes. Es ist die Sehnsucht

- nach Frieden,
- Freiheit,
- Unabhängigkeit und
- Wohlstand.

Es ist die Schaffung einer Ordnung, die diese Ziele nachhaltig verwirklicht. Der Münchner Politologe Werner Weidenfeld kondensierte die Ziele sogar noch stärker: „Zwei Quellen speisten diese historische Revolution: die Hoffnung auf Sicherheit gegen die Bedrohung aus dem Osten und die Erwartung wirtschaftlicher Wohlfahrt durch den gemeinsamen Markt."

Wie haben es die Europäer geschafft, Krieg zu überwinden, Freiheit zu realisieren, Wohlstand zu schaffen und die Unabhängigkeit der einzelnen Staaten nicht aufzugeben? Was sind die Funktionsbedingungen dieses Modells? Können andere Regionen in der Welt davon lernen? Schauen wir uns die vier Elemente genauer an.

Der Wunsch nach Frieden

Die erste und alles überragende Wurzel ist der Wunsch nach Frieden. Hier zeigt sich ein grundlegender Unterschied zu Amerika und vielen Teilen Asiens. Die Amerikaner haben einen Staat gegründet, indem sie ein Land eroberten und gegenüber den Eingeborenen (und gegenüber den Europäern als Kolonialherren) für sich reklamierten. Sie waren der Unterdrückung auf dem alten Kontinent entflohen und verteidigten die neu gewonnene Freiheit mit Waffen. Sie fühlten sich als Sieger und Eroberer. Sie schauten stolz und selbstbewusst auf ihre Leistungen und waren zu wenigen Kompromissen bereit. Japaner und Chinesen haben zwar zur Gründung ihres Staates kein Land erobert. Sie fühlten sich jedoch ebenfalls als stolze Bewohner und verteidigten ihr Territorium mit Entschlossenheit und der Bereitschaft zu militärischer Gewalt gegenüber Dritten.

Dieses Modell haben auch die einzelnen europäischen Staaten viele Jahrhunderte lang praktiziert. Sie verteidigten sich mit Armeen gegen unerwünschte Eindringlinge. Sie versuchten, ihr Staatsgebiet durch neue Eroberungen zu erweitern. Das hat aber nie zu dauerhaftem Frieden, sondern immer wieder zu neuen Kriegen geführt.

Ganz anders die Europäer in der Mitte des vorigen Jahrhunderts. Der Zweite Weltkrieg hatte die jahrhundertelange Periode kriegerischer Auseinandersetzungen zwischen den europäischen Staaten auf dem Kontinent ad absurdum geführt. Die Europäer waren geprägt durch die schrecklichen Erfahrungen dieser Kriege. Sie wollten von der Vergangenheit nichts mehr wissen und einen Neuanfang wagen. Sie wollten nichts mehr erobern, nichts beherrschen. Sie wollten keine Waffen und wollten nicht kämpfen. Sie wollten ganz einfach Ruhe haben, in Frieden leben und die zerstörten Städte wieder aufbauen. Das entspricht der Stimmungslage heute in vielen Teilen der Welt, sei es in Afrika, sei es in Teilen Asiens, sei es in Lateinamerika. Die europäische Idee war defensiv geprägt, die amerikanische, aber auch die chinesische oder die japanische offensiv.

Die Europäer suchten eine Ordnung auf dem Kontinent, die eine Wiederholung der Kriege, vor allem der beiden Weltkriege unmöglich machte. Nach dem Ersten Weltkrieg hatten die Siegermächte versucht, die Ursache der Kriege zu beseitigen, indem sie die Deutschen knebelten. Nach 1945 gab es ähnliche Tendenzen. Die berühmteste war der Plan des damaligen amerikanischen Finanzministers Henry Morgenthau. Er sah vor, Deutschland in einen Norddeutschen Staat, einen Süddeutschen Staat und eine Internationale Zone (Rheinland und Ruhrgebiet) aufzuteilen. Gleichzeitig sollte die deutsche Industrie demontiert, sollten die Bergwerke zerstört und sollte Deutschland zu einem Agrarstaat umgewandelt werden. Das hätte vielleicht Frieden geschaffen, aber lediglich durch Unterdrückung der Menschen und sicher bei niedrigem Lebensstandard.

Es war die große Leistung der europäischen Politiker der ersten Stunde nach dem Zweiten Weltkrieg, dass sie dieser Versuchung widerstanden (übrigens auch die große Leistung der Amerikaner, die Morgenthau nicht folgten). Sie wählten stattdessen einen ganz anderen, aus heutiger Sicht innovativen Weg, um einen neuen Krieg zu verhindern: die Integration Europas, die Einbindung Deutschlands in die neue Gemeinschaft und die Übertragung von nationaler Souveränität auf supranationale Institutionen. Sie taten dies nicht aus Mitleid mit den Deutschen oder aus karitativen Erwägungen. Eine stabile europäische Gemeinschaft sollte allen nutzen.

Die neue Ordnung beruhte auf zwei Elementen. Das eine war das Machtgleichgewicht zwischen den einzelnen Staaten. Die Einbindung Deutschlands in die europäische Friedensarchitektur machte nur Sinn, wenn es nicht größer war als seine Nachbarn (es also in einer Gemeinschaft die anderen nicht dominieren konnte) und wenn umgekehrt die Nachbarn nicht größer als Deutschland waren (und damit ihrerseits Deutschland beherrschen konnten). Wenn es also ein funktionierendes System der „checks and balances" gab, wie der Engländer sagen würde. Hier half den Gründern Europas das Glück der Geschichte. Deutschland war nach dem Zweiten Weltkrieg und der Abtrennung der sowjetisch besetzten Zone mit etwa 60 Millionen Einwohnern nicht beziehungsweise nicht viel größer als Frankreich (60 Millionen Einwohner), Großbritannien (58 Millionen) und Italien (57 Millionen). Keiner konnte aufgrund seiner Größe die anderen dominieren.

Die zweite Säule der neuen Ordnung war die Übertragung von Souveränität an multilaterale Institutionen (das war das wirklich Innovative an dieser Idee). Hier begann man verständlicherweise mit dem Bereich, der den Siegermächten am wichtigsten war: der Eisen- und Stahlindustrie, der Grundlage der Rüstungsindustrie. Das, was bei Morgenthau demontiert werden sollte (und in Ostdeutschland tatsächlich auch demontiert wurde), wurde jetzt in die Montanunion eingebracht. Es wurde damit für Europa erhalten, aber der nationalen Kontrolle der Deutschen entzogen. Nicht nur die Deutschen übertrugen Souveränität an die Montanunion, ebenso die Franzosen, die Italiener und die Benelux-Länder. Es war also eine wirklich gemeinschaftliche Lösung. Die Integration blieb freilich nicht auf die kriegsrelevanten Bereiche beschränkt. Sehr bald entstanden Euratom (wo man vielleicht noch militärische Hintergedanken haben konnte), dann aber der gemeinsame Agrarmarkt und die Europäische Wirtschaftsgemeinschaft.

Diese zwei Säulen – Machtbalance und Integration – bildeten die Friedensarchitektur, die die europäische Entwicklung in der gesamten Nachkriegszeit prägte. Es sind auch die Funktionsbedingungen für die Übernahme des europäischen Modells auf andere Regionen. Es wird nur klappen, wenn wichtige einzelne Staaten nicht zu unterschiedlich groß sind, vor allem aber, wenn sie bereit sind, sich gegenseitig zu vertrauen und Souveränität an gemeinsame Institutionen abzugeben. Wie schwer das ist, zeigt sich an vielen Beispielen. Der Golf-Kooperationsrat im Nahen Osten leidet etwa daran, dass Saudi-Arabien wesentlich größer ist als die vielen anderen Mitglieder. Bei Mercosur in Lateinamerika fehlt es an der Bereitschaft, nationale Souveränitäten an die Gemeinschaft abzugeben. Die Integrationsbemühungen in Süd- und Ostasien stehen vor der Schwierigkeit der politischen Spannungen zwischen den einzelnen Ländern (und natürlich auch hier der Übermacht eines einzelnen Staats, nämlich China).

Es gab in den letzten 50 Jahren nur ein Ereignis, das in dieser Hinsicht auch in Europa wirklich Schwierigkeiten bereitete: die deutsche Wiedervereinigung. Denn dadurch wurde die Machtbalance in Unordnung gebracht. Deutschland wurde durch die Integration der neuen Bundesländer, gemessen an der Bevölkerung, um knapp ein Drittel größer als Frankreich und Großbritannien. Das passte nicht.

Politisch gab es auf diese Veränderung zwei Reaktionsmöglichkeiten: Entweder lehnten die Siegermächte die Wiedervereinigung der Deutschen ab. Das hätte Metternich vermutlich gemacht. Es wurde bei manchen Franzosen und Briten ernsthaft erwogen. Oder aber sie integrierten das neue Deutschland noch intensiver in die europäische Gemeinschaft, nutzten also die Wiedervereinigung zur Stärkung Europas (das war wiederum der innovative Weg). Dieser zweite Weg wurde dann schließlich gegangen. Die Europäische Union wurde durch eine Währungsunion ergänzt (dies erlaubte es im Übrigen – so die Argumentation der Machtpolitiker –, den Deutschen die D-Mark als Symbol ihrer Stärke und Dominanz „wegzunehmen“).

Der Verlauf der Geschichte der deutschen Wiedervereinigung stützt diese Interpretation. Kaum war der damalige französische Staatspräsident Mitterrand im Jahre 1990 von einer Reise aus der DDR zurückgekehrt und hatte sein Einverständnis zu der deutschen Wiedervereinigung gegeben, da verkündete der damalige deutsche Bundeskanzler Helmut Kohl seine Bereitschaft, die D-Mark in einen Europäischen Währungsverbund eingehen zu lassen. Kohl sprach in dieser Zeit beim Verhältnis zwischen der deutschen Wiedervereinigung und der Weiterentwicklung der europäischen Integration von den zusammengehörenden „zwei Seiten einer Medaille“. „Die deutsche Wiedervereinigung müsse verbunden werden mit einer weitergehenden Integration Europas“ (Tietmeyer).

Daraus darf man freilich nicht schließen, dass die Aufgabe der D-Mark und die Einführung des Euro ein notwendiges Übel seien, das wegen der Wiedervereinigung in Kauf genommen werden musste. Niemand verteufelt ja auch die europäische Integration nach dem Zweiten Weltkrieg als notwendiges Übel zur Erreichung von Frieden auf dem Kontinent. Die Integration nach dem Krieg und die Schaffung der Europäischen Währungsunion sind vielmehr erstrebenswerte Ziele auch in sich selbst.

Der Euro als Preis für die Währungsunion ist freilich nur eine Interpretation der Geschichte. Die an der Vorbereitung der Europäischen Währungsunion beteiligten Politiker (an prominentester Stelle der damalige deutsche Finanzminister Theo Waigel) und Beamte (zum Beispiel der damalige zuständige Ministerialdirektor Klaus Regling) haben ein ganz anderes Bild. Nach ihrer Ansicht hat die Gründung der Währungsunion primär nichts mit der Wiedervereinigung zu tun. Sie können sich dabei auf den tatsächlichen Verlauf der Verhandlungen stützen. Die Währungsunion ist ein ganz altes Projekt der europäischen Integration, das bis auf die Zeit Anfang der 70er Jahre zurückgeht (Werner-Plan). Mitte der 80er Jahre war es vor allem der damalige Präsident der Europäischen Kommission, Jacques Delors, der das Projekt wieder ins Gespräch gebracht hatte. Die Verhandlungen über die Währungsunion waren schon lange vor der Wiedervereinigung in Gang gekommen. Anfang 1989 (also weit vor dem Fall der Mauer) veröffentlichte der Wissenschaftliche Beirat beim Bundeswirtschaftsministerium ein Gutachten zur Währungsunion. Am 17. April 1989 wurde der Bericht der Delors-Kommission unter großer öffentlicher Aufmerksamkeit publiziert. Vermutlich war in den offiziellen Verhandlungen über die Währungsunion auch nie die Rede von der Wiedervereinigung.

Wie dem auch sei: Tatsächlich haben sich hier zwei voneinander unabhängige Entwicklungslinien historisch gekreuzt und von der Logik her wunderbar ergänzt: die Stärkung der Friedensarchitektur in Europa und die Fortsetzung der wirtschaftlichen und monetären Integration in der Gemeinschaft. Europa ist kein Ziel an sich, sondern Mittel zur Sicherung des Friedens auf dem Kontinent und damit zur Verhinderung eines Krieges. Auch die Währungsunion war nicht primär eine wirtschaftliche und monetäre Maßnahme, sondern ist Teil der politischen Integration der Union.

Politiker wie Helmut Kohl, François Mitterrand, aber auch der etwas jüngere luxemburgische Ministerpräsident Jean-Claude Juncker verwiesen zur Begründung ihres europapolitischen Engagements immer wieder auf ihre eigenen Kriegserlebnisse oder die ihrer Brüder und Väter. Sie fühlten sich beim Aufbau Europas unter Zeitdruck. Sie meinten, dass man Europa nur unter dem Einfluss der unmittelbaren Kriegserfahrungen bauen könnte. Die nachfolgenden Generationen würden – so die Befürchtung – mangels eigener unmittelbarer persönlicher Erinnerungen möglicherweise nicht mehr so sehr am Bau des europäischen Hauses interessiert sein. Sie würden das Projekt daher vielleicht nicht mehr so vorantreiben. Das europäische Haus musste fertig sein, bevor sie von der politischen Bühne abtraten und eine neue Generation von Politikern die Macht übernahm.

Noch im März 2005 sagte der luxemburgische Ministerpräsident Jean-Claude Juncker, in dieser Zeit zugleich EU-Ratspräsident und Vorsitzender der Euro-Gruppe der europäischen Finanzminister, in einem Interview mit der *International Herald Tribune*: „Die jetzige Generation der europäischen Politiker, die erste ohne die direkten Erfahrungen des Zweiten Weltkrieges, hat die Verantwortung, den europäischen Zusammenhalt enger zu knüpfen, weil künftige Generationen, die nicht mehr so nahe am Krieg waren, dies nicht mehr tun werden".

Der Wunsch nach Freiheit

Die zweite Wurzel der damaligen europäischen Idee hing unmittelbar mit der Friedenssehnsucht zusammen: Es war der Wunsch nach Freiheit und Sicherheit. Hier ging es nach dem Zweiten Weltkrieg zunächst einmal um die Überwindung der nationalsozialistischen Diktatur. Es musste verhindert werden, dass diese je wieder zurückkommen konnte. Hinzu kam aber – als dauerhafteres Problem – die Abwehr der Bedrohung von Freiheit und Demokratie im westlichen Teil Europas durch die Truppen des Ostblocks jenseits des Eisernen Vorhangs. Auch dieser Wunsch war bei den (West-) Europäern außerordentlich stark und schweißte sie zusammen. Insofern ist er Teil der europäischen Idee.

Er führte aber, und das ist interessant, nicht zur Herausbildung einer europäischen Institution und hat auch mit der Entwicklung der EU nicht viel zu tun. In den 50er Jahren des vorigen Jahrhunderts wurde eine Zeit lang das Projekt einer Europäischen Verteidigungsgemeinschaft verfolgt. Es scheiterte dann aber am Veto der französischen Nationalversammlung, die sich nicht von dem wichtigen nationalen Symbol der Grande Armée trennen wollte. Letztlich ging es aus deutscher Sicht auch darum, dass sich Europa mangels eigener Atomwaffen zu jener Zeit nicht allein gegen die Sowjetunion verteidigen konnte. Das war nur zusammen mit den USA zu erreichen. Die Plattform für eine gemeinsame Verteidigung war daher die Nato, nicht die Europäische Wirtschaftsgemeinschaft. Spätere Versuche zur Bildung einer europäischen Streitmacht scheiterten am Prinzip der Machtbalance. Franzosen und Briten hatten inzwischen Atomwaffen, die Deutschen nicht. Damit konnte man keine gemeinsamen europäischen Streitkräfte auf der Basis der Gleichberechtigung aufbauen.

Wenn der Wunsch nach Freiheit aber wirklich Teil der europäischen Idee ist, dann muss er früher oder später auch in institutionelle Formen gegossen werden. Dies geschah zunächst sehr zaghaft in Form von gemeinsamen militärischen Eingreiftruppen. In dem Entwurf zur Europäischen Verfassung ist auch eine gemeinsame Sicherheitspolitik vorgesehen. Anfang 2005 problematisierte der deutsche Bundeskanzler das Konzept der Zusammenarbeit innerhalb der Nato. In der Nato ist die EU nicht vertreten. Hier agieren die einzelnen europäischen Staaten unabhängig voneinander mit den Vereinigten Staaten.

Das passt an sich nicht in die politische Landschaft eines geeinten Europas. Auf Dauer müssen die Europäer auch innerhalb der Nato enger zusammenrücken, was in letzter Konsequenz dann eine stärkere Zusammenarbeit der Militärs in der EU bedeutet. Also weiterhin eine Nato und eine enge Zusammenarbeit mit den USA. Das Ganze allerdings nicht auf der Basis der einzelnen Nationalstaaten, sondern durch die gemeinsame Vertretung der EU. Es ist klar, dass die Vereinigten Staaten darüber nicht begeistert waren, weil es die Machtbalance innerhalb der Nato zu ihren Lasten und zugunsten der Europäer verschieben würde.

Der Wunsch nach Unabhängigkeit

Die dritte Wurzel der europäischen Idee ist der Wunsch nach Unabhängigkeit. Das hat im Außenverhältnis Europas viel zu tun mit der Sehnsucht nach Freiheit. Europa wollte nicht unter die Vorherrschaft der Sowjetunion geraten. Eine Unabhängigkeit von den Amerikanern zu erreichen stand ohnehin nicht auf der Tagesordnung, da man die Amerikaner zur Verteidigung der Freiheit brauchte und sich wegen der ähnlichen Ziele auch nicht wirklich in Abhängigkeit von ihnen fühlte. Das war eher ein partnerschaftliches Verhältnis (allerdings zu Beginn der europäischen Integration nicht auf gleicher Augenhöhe).

Viel interessanter ist der Wunsch nach Unabhängigkeit im Innenverhältnis der Europäer. Er bedeutete nämlich etwas ganz Außergewöhnliches: die Gleichberechtigung aller Mitglieder. In den Römischen Verträgen haben sich drei große Länder (Deutschland, Frankreich, Italien) mit drei kleinen, zum Teil sehr kleinen Ländern (Belgien, Luxemburg, Niederlande) zusammengetan. Es war ein „merger of equals", wie man heute im Falle von sich zusammenschließenden Unternehmen sagen würde. Dabei waren die beteiligten Parteien aber alles andere als „equal". Jeder hatte im Ministerrat die gleiche Stimme, und keiner konnte überstimmt werden. Auch nicht Luxemburg, das, von der Zahl der Bevölkerung (etwas über 400 000) her gesehen, kleiner als das deutsche Frankfurt am Main ist. Das Prinzip der Gleichberechtigung wird bis heute hochgehalten. Bei der letzten Erweiterungsrunde der Union traten Länder mit dem Anspruch auf Gleichberechtigung bei, die nicht viel größer als München sind (zum Beispiel Estland mit 1,4 Millionen Einwohnern).

Wie passt das Prinzip der Unabhängigkeit mit dem der Machtbalance zusammen? Machtbalance heißt nicht, dass alle Mitglieder der Gemeinschaft gleich groß sein müssen. Es müssen aber einige sein, die sich gegenseitig in Schach halten. Sie verhindern, dass einer die anderen dominiert, und sie verhindern auch, dass die großen die kleinen überstimmen. Umgekehrt ist es bei den kleineren Ländern auch gut, wenn nicht nur ein Mitglied kleiner als die anderen ist, sondern mehrere. Mehrere große und mehrere kleine – das ist die richtige Mischung. Die Mitgliedschaft von kleineren Ländern in der Union ist auch für die Großen hilfreich. Manche Reformen beispielsweise sind in großen Gesellschaften viel schwerer zu realisieren als in kleinen. Die kleineren Länder können die Großen also „aufmischen", sie können vormachen, was alles geht. Das ist im Verlauf der Geschichte der EU auch tatsächlich geschehen. Lange Zeit waren die kleineren Länder wirtschaftlich erfolgreicher als die großen.

Der langjährige deutsche Bundesfinanzminister Theo Waigel wies immer wieder darauf hin, dass der Stabilitäts- und Wachstumspakt, der in den 90er Jahren zur Absicherung der Europäischen Währungsunion geschlossen wurde, letztlich nicht nur die Stabilität der neuen Währung im Auge hatte. Er war auch ein Ausfluss des Gleichberechtigungsprinzips. Er schützte die kleinen Länder vor den negativen Wirkungen, die sich durch hohe Budgetdefizite in den großen Ländern ergeben konnten. Wenn ein kleines Land einen hohen Fehlbetrag in seinen öffentlichen Finanzen hat, dann ist das für die Gemeinschaft zwar ärgerlich, es berührt die großen Länder aber kaum. Wenn aber ein großes Land finanzpolitische Sünden begeht, dann führt dies in der Gemeinschaft als Ganzer zu mehr Preissteigerung, höheren Zinsen und vielleicht unerwünschten Wechselkurswirkungen, die auch alle anderen Länder betreffen. Vor diesem Hintergrund muss man den Widerstand vor allem der kleineren EU-Mitglieder Anfang 2005 sehen, als es darum ging, die Grundprinzipien des Stabilitäts- und Wachstumspaktes gegen Aufweichungstendenzen von Seiten der größeren Länder zu verteidigen.

Das Prinzip der Unabhängigkeit, so zentral es für die Konstitution der EU ist, wurde in den letzten Jahren häufiger verletzt. Mit steigendem Selbstbewusstsein der „Großen" (vor allem Deutschland, Frankreich, Italien) und mit zunehmenden Schwierigkeiten, sich in der großen Runde zu einigen, versuchten manche Regierungschefs die kleineren Mitglieder unter Druck zu setzen. Das hat dem Gemeinschaftsgefühl nicht gut getan und war die Ursache für manche Unstimmigkeiten. Dies insbesondere auch deshalb, weil die kleineren EU-Mitglieder häufig die ökonomisch erfolgreicheren waren. Sie hatten höhere gesamtwirtschaftliche Wachstumsraten, niedrigere öffentliche Defizite und taten sich mit Reformmaßnahmen zur Modernisierung ihrer Wirtschaften leichter.

Dieses Prinzip der Gleichberechtigung macht die Europäische Union gerade auch für kleinere Staaten attraktiv. Sie ist auf den ersten Blick ein urdemokratisches Prinzip. Jeder darf mitreden, keiner kann überstimmt werden. Freilich gilt dies nur auf den ersten Blick. Denn im Sinne der Repräsentation der Menschen in der Gemeinschaft bedeutet es, dass die Menschen in den kleineren Mitgliedsstaaten viel mehr zu sagen haben als in den großen. Der Finanzminister Luxemburgs spricht für gut 400 000 Menschen und hat das gleiche Gewicht wie der deutsche Finanzminister, der für 82 Millionen Menschen steht.

Für die Handlungsfähigkeit Europas ist Gleichberechtigung und Einstimmigkeit ein Desaster. Denn wenn jeder die gleiche Stimme hat und keiner überstimmt werden kann, dann war es schon bei sechs Mitgliedern schwer, eine gemeinsame Linie zu finden. Um wie viel komplizierter ist es mit 25 Mitgliedern. Im Interesse der Handlungsfähigkeit musste Europa daher einen Weg zu Mehrheitsentscheidungen finden, ohne das Prinzip der Gleichberechtigung aller Mitglieder zu verletzen. Das war eines der schwierigsten Unterfangen der jüngsten Vergangenheit in Europa.

Der Wunsch nach Wohlstand

Die vierte Wurzel der europäischen Idee war schließlich der Wunsch nach wirtschaftlichem Wohlstand durch ökonomische Zusammenarbeit. Für viele stellte sich dies damals als der wichtigste Teil der europäischen Einigung dar. Alle bedeutenden gemeinsamen Institutionen waren zunächst wirtschaftlicher Art: die Montanunion (beziehungsweise Europäische Gemeinschaft für Kohle und Stahl, wie sie offiziell hieß), Euratom und die Europäische Wirtschaftsgemeinschaft mit dem gemeinsamen Agrarmarkt. Für die Europapolitiker der ersten Stunde war die wirtschaftliche Zusammenarbeit aber nur Mittel zum Zweck. Sie waren keine Wirtschaftspolitiker und dachten nicht in ökonomischen Kategorien.

Natürlich sollte in ihren Augen die ökonomische Kooperation die unmittelbare Not der Völker in den 50er Jahren des vorigen Jahrhunderts lindern helfen. Noch wichtiger aber war für sie, dass ökonomischer Erfolg dazu beitrug, die politischen Ziele abzusichern und ihre Durchsetzung zu erleichtern. Die Wirtschaft war also gewissermaßen der Kitt, um Europa zusammenzuhalten. Wenn es den Menschen gut geht und sie dies auf die europäische Integration zurückführen, dann sind sie zufrieden und werden als Wähler unterstützen, dass sich Europa weiterentwickelt.

Das hat perfekt funktioniert. Die Europäische Gemeinschaft war nach dem Zweiten Weltkrieg wirtschaftlich erfolgreicher als jede andere Region dieser Welt. Das Bruttoinlandsprodukt erhöhte sich in den 60er Jahren in der Gemeinschaft um durchschnittlich 5,1 % pro Jahr. Interessanterweise war das schon damals mehr als das Wachstum in Deutschland allein, das mit 4,4 % pro Jahr auch beachtlich war. Was aber wichtig ist: Das, was in Deutschland mit dem Begriff „Wirtschaftswunder" apostrophiert wurde, war eigentlich auch ein europäisches Wunder. Und die Wurzel dieses Wunders war nur zur Hälfte die Einführung von Marktwirtschaft und freier Preisbildung durch Ludwig Erhard. Es waren – je länger, je mehr – auch die Öffnung der europäischen Märkte und die Nutzung der Vorteile der europäischen Integration.

Der Zusammenhang zwischen wirtschaftlichem Erfolg und politischer Stabilität gilt auch heute noch. Daher ist es so besorgniserregend, dass Europa in Sachen Wachstum gegenwärtig in der Weltgemeinschaft so weit zurückgefallen ist. Wenn dies anhalten sollte, dann schwächt es die Motivation für die europäische Integration. Tatsächlich zeigt sich dies auch schon – siehe die Ablehnung des europäischen Verfassungsentwurfs in Frankreich und den Niederlanden, die auch auf die schlechte Wirtschaftslage zurückzuführen war. Hier vollzieht sich eine gefährliche Zirkelbewegung: Wenn sich die wirtschaftliche Entwicklung verschlechtert, sinkt die Begeisterung für die weitere Integration. Wenn aber die Integration nicht weitergeführt wird (siehe den Widerstand gegen die Öffnung der Dienstleistungsmärkte), dann entfällt ein weiterer wichtiger Wachstumsfaktor. Andererseits sollte man hier nicht zu pessimistisch sein. Je schlechter es Europa wirtschaftlich geht, umso mehr steigt der Wunsch nach Reformen, die wieder Wachstum und Beschäftigung schaffen (siehe dazu der Abschnitt „Der Wille zum Aufstieg: Reformen in Europa“ auf Seite 178 ff.).

Bewertung: Ein Modell für die Welt – für Europa ein Sicherheitsnetz
Die Idee, durch die europäische Integration Frieden, Freiheit, Wohlstand und Unabhängigkeit zu schaffen, hat sich keine 40 Jahre nach den Römischen Verträgen noch einmal wiederholt. Bis 1990 standen sich in Europa diesseits und jenseits des Eisernen Vorhangs die größten Armeen der Welt in jeweils höchstem Alarmzustand gegenüber. Es grenzt an ein Wunder, dass in all den Jahren der Nachkriegszeit keine schlimmeren Unfälle durch diesen Spannungszustand entstanden sind. Mit dem Fall der Mauer und des Eisernen Vorhangs ist dieser Zustand beendet.

Die Politiker hätten es Anfang der 90er Jahre bei dem Status quo belassen können: im Westen die Länder, die sich zur Europäischen Gemeinschaft zusammengeschlossen hatten – im Osten die Länder, die vorher dem Rat für Gegenseitige Wirtschaftshilfe angehört hatten. Das wäre aber kein stabiles, den Frieden garantierendes Gleichgewicht auf dem Kontinent gewesen. West und Ost hätten sich in unterschiedlichen Lagern gegenübergestanden. Im Osten hätte das übermächtige Russland die kleineren Staaten dominiert. Schon das wäre nicht gut gegangen. Hinzu kam aber noch, dass im Westen die Europäische Gemeinschaft mit einer ganz anderen Wertordnung, einer anderen wirtschaftspolitischen Idee und vor allem einer Einbindung in die atlantische Sicherheitsgemeinschaft gestanden hätte. Das hätte früher oder später zu Spannungen führen müssen. Deshalb war der Zusammenschluss der westlichen und östlichen Länder unter dem Dach der Europäischen Gemeinschaft im Interesse von dauerhaftem Frieden, Freiheit, Wohlstand und Unabhängigkeit so wichtig. Das geschah dann mit der Osterweiterung der EU. Das zeigt, wie lebendig diese europäische Idee heute noch ist.

Wie ist diese europäische Idee nun als Triebkraft der weiteren Entwicklung zu beurteilen? Aus internationaler

Sicht ist sie *die* große Errungenschaft des Kontinents. Niemand in der Welt hätte vor 50 Jahren geglaubt, dass es den Europäern gelingen würde, eine dauerhafte und stabile Friedensordnung zu schaffen. Diese Friedensordnung wird auch – trotz aller Diskussionen über dieses und jenes in Europa – von niemandem in Frage gestellt. Niemand zweifelt daran, dass diese Friedensordnung erhalten bleibt, wie immer sich die EU weiterentwickeln wird. In vielen Teilen der Welt wünschen sich die Menschen eine Übertragung dieses Modells auf ihre Länder und Regionen. Europa steht für dauerhaften Frieden, Freiheit, Unabhängigkeit und Wohlstand. Es steht für eine Ordnung, die diese Grundbedürfnisse des Menschen nachhaltig erfüllt. In der gesamten Menschheitsgeschichte bisher hat das niemand geschafft. Das macht heute viel von der Attraktivität Europas in großen Teilen Asiens, Afrikas und Südamerikas aus.

Innerhalb Europas fällt das Urteil etwas differenzierter aus. Die hier skizzierte europäische Idee war erfolgreich, weil sie Europa voranbrachte und geschaffen hat, was wir heute haben. Sie hat den Grundstein für den Erfolg gelegt. Wir leben heute in Frieden, Freiheit, Wohlstand und Gleichberechtigung. Keiner will darauf verzichten. Unser Leben ist in der Gemeinschaft reichhaltiger geworden. Wir haben neue Freunde gewonnen. Diese europäische Idee ist auch heute noch bei vielen Europa-Politikern präsent.

Was an dieser Idee auch innerhalb Europas immer noch trägt und gebraucht wird, ist die Notwendigkeit der Machtbalance. Nach dem französischen Referendum zur EU-Verfassung wurde zum Teil diskutiert, ob Frankreich nun aus der Union austräte oder austreten müsste. Die Antwort war eindeutig: Weder Frankreich noch Deutschland könnten es sich leisten, eine Union ohne den anderen Partner zu haben. Wenn Frankreich ausscheiden würde, stünde es in Europa allein gegen eine Union der Deutschen mit allen anderen. Das wäre ein höchst instabiler und für die Franzosen nicht wünschbarer Zustand. Umgekehrt: Wenn Deutschland ohne Frankreich in der Union wäre, würden sich die anderen Mitglieder von der Bundesrepublik dominiert fühlen. Die alten Nazi-Vorwürfe gegenüber Deutschland kämen hoch. Die Stabilität der Union wäre gefährdet.

Das bedeutet: Die europäische Idee von Frieden, Freiheit, Unabhängigkeit und Wohlstand ist ein Sicherheitsnetz für Krisen. Wenn es wirklich schwierig in der Union wird, wenn es an allen Ecken und Enden kracht wie im Sommer 2005 im Zusammenhang mit der Verfassung und dem Streit über die EU-Finanzen, wird diese Idee wieder aktuell. Sie hält die Mitglieder zusammen. Sie verhindert ein Auseinanderfallen. Sie ist ein Anker, auf den man sich verlassen kann. Sie domestiziert mögliche machtpolitische Alleingänge einzelner Staaten. Denn kein auch noch so großer Kritiker der EU will einen Rückfall in die Kleinstaaterei Europas mit all den Kriegen und Auseinandersetzungen.

Auch in der Diskussion über den Beitritt der Türkei zur EU hat das Element der Machtbalance eine Rolle gespielt. Kann und soll Europa ein Land aufnehmen, das zum Zeitpunkt des Beitritts im Hinblick auf die Bevölkerung schon größer als die anderen ist und wegen seines hohen Bevölkerungswachstums in den Jahren danach die anderen überrunden wird?

Für den Alltag in Europa reicht die Idee freilich nicht mehr aus. Sie reißt in der EU niemanden mehr vom Stuhl. Vor allem nicht die Jugend, die den Zustand vor der EU nicht erlebt hat. Sie will nicht wissen, wie Europa die vergangenen Probleme gelöst hat, sondern was die Union beiträgt, die heutigen und die zukünftigen Probleme zu lösen. Europa muss zeigen, dass es mehr kann als „nur“ Frieden in Europa zu schaffen. Die große Mehrheit der Bevölkerung hat den Zweiten Weltkrieg nicht mehr selbst erlebt und ist in seinem Denken davon nicht mehr so stark geprägt. Man konnte schon einen Bundeskanzler Schröder und Außenminister Fischer nicht mehr in der Tradition von Adenauer, De Gasperi, Schuman oder Monnet sehen. Frieden war auch ihnen wichtig. Er muss in Europa aber nicht mehr geschaffen, sondern nur noch erhalten und gesichert werden. Und die Aufgabe der Friedenssicherung ist heute in vielen Gegenden der Welt wichtiger als in Europa. Hinzu kommt, dass die wirtschaftlichen Erfolge, die Europa viele Jahre so beflügelt haben und auch im Ausland bewundert wurden, vorbei sind. Europa ist nicht arm geworden, aber es wächst nicht mehr so schnell wie die anderen.

Eigentlich ist genau das eingetreten, was Politiker wie Mitterrand, Kohl und Juncker befürchtet hatten. Die Motivation, Europa als Antwort auf die geschichtlichen Kriegserlebnisse zu schaffen, hat nachgelassen. Was aber niemand vorhergesehen hatte, ist, dass gerade die neue Generation der europäischen Idee einen Schub gibt, wie es ihn vorher nicht gegeben hat. Europa hat an Fahrt gewonnen und wird sich weiter beschleunigen – nicht obwohl die Kriegserfahrungen keine Rolle mehr spielen, sondern gerade deswegen. Es gibt eine neue Idee, die Europa treibt.

Die Weiterentwicklung der europäischen Idee: Neue Modelle für ein besseres Zusammenleben

Eine neue europäische Idee gewinnt Konturen und beginnt, den Kontinent zu beleben. Sie bietet Modelle für die Überwindung des Nationalstaats und für eine Frieden schaffende Außenpolitik. Sie belebt die Kräfte der humanistischen Kultur und bietet innovative Ansätze in der Wirtschaftspolitik. Das stößt auf großes Interesse in der Welt. Es macht die Europäer stolz.

„Die alten Quellen europäischer Vitalität sind versiegt … Europa ist erschöpft“, sagt Werner Weidenfeld etwas resignierend. Er gibt damit einem in Europa weit verbreiteten Gefühl Ausdruck. Die alte europäische Idee büßt für die Europäer an Kraft ein.

Aber gleichzeitig bildet sich etwas Neues. Europa befindet sich auf dem Weg zu einer neuen Idee. Zunehmend sind europäische Politiker, Manager, aber auch normale Bürger unzufrieden damit, am Katzentisch der Welt zu sitzen. Sie wollen auch wer sein. Gerade die neuen EU-Mitglieder in Zentral- und Osteuropa möchten die Zugehörigkeit zu Europa nutzen, um ihren Einfluss in der Welt zu erhöhen.

Lange Zeit dachten die Europäer, sie könnten in der Welt nur Einfluss gewinnen und in der Wirtschaft erfolgreich sein, wenn sie so wie die Amerikaner würden. Sie müssten forsch in der Weltpolitik auftreten, möglichst auch mit militärischen Garnisonen im Rücken. Sie müssten weltweit kämpferisch für die Werte von Demokratie und Freiheit eintreten. In der Wirtschaft müssten sie die amerikanischen Tugenden des „hire and fire" und des strikten Shareholder-Value übernehmen. Europa müsste eine „Coca-Cola-Gesellschaft" werden (in einer Weise, wie es die Amerikaner selbst nie waren).

Inzwischen begreifen sie, dass das nicht der richtige Weg ist. Europa hat eigene Werte. Europa ist attraktiv für die Welt, weil es sein eigenes Gesellschaftsmodell hat und dies eben nicht auf andere Länder überstülpen will. Weil es mehr auf Toleranz und friedliches Miteinander setzt. Weil es mehr auf kleine Unternehmen, den Mittelstand und Dezentralität vertraut.

Was ist die Idee, die dahinter steht? Sie ist nicht so festgemeißelt und kernig formuliert wie die alte europäische Idee von Frieden, Freiheit, Unabhängigkeit und Wohlstand. Aber in Umrissen ist sie doch erkennbar. Der Grundgedanke heißt Emanzipation. Emanzipiert wird man aber nicht, indem man Ansprüche formuliert und Achtung von anderen einfordert. Wirklich emanzipiert wird man nur, wenn man auch etwas Besonderes zu bieten hat.

Das ist in der Tat der Fall.

- Die Europäer haben erstens ein neues Modell zur Überwindung des Nationalstaats entwickelt und sind dabei, es in die Praxis umzusetzen.
- Sie realisieren zweitens eine neue Art von Außenpolitik, die sich von der machiavellistischen, streng an den Interessen des Nationalstaats orientierten Außenpolitik unterscheidet.

- Sie bereichern drittens das Weltkulturerbe durch die Erweiterung der westeuropäischen Tradition um die osteuropäischen Schätze.
- Und sie haben ein eigenes Modell der Wirtschafts- und Sozialpolitik, das zwar nach wie vor umstritten ist, aber richtig praktiziert zu einem Zukunftsmodell werden könnte.

Das neue Europa steht in der Welt für diese Errungenschaften. Es sind alles sehr konkrete Dinge, die mit dieser neuen Idee der Emanzipation verbunden sind. Das ist in der heutigen, eher utilitaristisch orientierten Gesellschaft wichtig. „Was die Leute heute wollen, ist ein Europa, das nützliche Vorteile bringt: Arbeitsplätze, eine saubere Umwelt, einen außenpolitischen Erfolg im Iran", so Charles Grant, der Direktor des Zentrums für Europäische Reform in London. Schauen wir uns die Elemente der neuen europäischen Idee etwas genauer an.

Neues Staatsverständnis für Europa

Europa ist drauf und dran, das traditionelle Staatsverständnis in der Welt neu zu definieren. Es wird viel darüber diskutiert, ob die EU ein Bundesstaat oder ein Staatenbund werden soll. Worüber aber nicht gestritten wird: Ein neuer Nationalstaat soll nicht entstehen. Wenn sich die europäischen Staats- und Regierungschefs in einem einig sind, dann ist es dies: Sie wollen mit Europa nicht so etwas „in Groß" bauen, was es „in Klein" in Italien, Frankreich, Großbritannien oder Österreich schon gibt. Sie wollen keinen neuen Nationalstaat unter dem Mäntelchen Europa. Europa muss eine Alternative sein.

Warum? Weil es in Europa schon genügend Nationalstaaten gibt, die ihren Status nicht aufgeben und ihre Macht nicht an einen neuen europäischen Nationalstaat abgeben wollen. Sie wollen nicht, dass Europa ihnen etwas von ihrem Glanz und ihren Insignien wegnimmt (jedenfalls nicht mehr als unbedingt nötig). Ob sie das am Ende schaffen werden, ist eine andere Frage. Hinzu kommt, dass die Nationalstaaten nicht so gut sind, dass es noch einen neuen geben müsste. Viele Menschen sind in allen Teilen der Welt stolz auf den Nationalstaat, den sie zum Teil unter großen Mühen erstritten haben. Aber wir wissen auch, dass der Nationalstaat in den letzten 150 bis 200 Jahren viel Leid, Unheil, Streit und Krieg in die Welt gebracht hat.

Eine nationalstaatliche Organisation passt auch nicht auf Europa. Der Nationalstaat wird zusammengehalten durch Staatsgewalt, Staatsgebiet und Staatsvolk. Die EU ist ein Staatsgebilde ohne Gewalt – das Gewaltmonopol liegt nicht in Brüssel, sondern in den nationalen Hauptstädten. Es ist natürlich ein Staatsgebilde ohne Volk. Ein „europäisches Volk“ gibt es nicht. Und es ist ein Staatsgebilde ohne Grenzen, wie sie für den Nationalstaat charakteristisch sind. Es gibt auf dem Kontinent vielerlei Grenzen mit unterschiedlicher Qualität. Viele davon sind mehr oder weniger „weiche Grenzen“, wie sie der Tourist zum Beispiel bis zu einem gewissen Grad auch innerhalb der USA erleben kann. Es kann einem Reisenden passieren, dass er auf einem Highway an der „Grenze“ zwischen Nevada und Kalifornien aufgehalten wird und nach den Nahrungsmitteln gefragt wird, die er bei sich führt.

Nach wie vor gibt es die Außengrenzen Europas. Aber auch hier ist das Ganze fließend. Es gibt kein Gemeinwesen, bei dem sich die Grenzen in den letzten Jahren so oft – auf friedliche Weise – geändert haben wie in Europa. Die Landkarte musste immer wieder neu gezeichnet werden. Im Übrigen gibt es inzwischen den Begriff des „wider Europe“ (des erweiterten Europa), der all die Länder umfasst, die in Zukunft einmal der EU beitreten werden oder mit denen Europa privilegierte Beziehungen unterhält. Dass es hier schwierig ist, von gemeinsamen Grenzen Europas zu sprechen, ist verständlich.

Der Begriff „wider Europe“ macht deutlich, wie Europa die Welt und das Staatsverständnis geändert hat. Schon allein die Tatsache, dass es so einen Begriff gibt und dass dieser Begriff von niemandem als Angriff auf seine Identität gesehen wird, ist in sich ein Wunder. Man stelle sich doch einmal vor, die Franzosen (ich nehme hier bewusst nicht das Beispiel der Deutschen) würden ein „erweitertes Frankreich“ definieren und hierzu das Saarland, die Pfalz, die französische Schweiz, den wallonischen Teil Belgiens, die italienische Riviera und vielleicht das Baskenland in Spanien rechnen. Da würde jeder doch laut aufschreien. Die betroffenen Länder hätten Angst, dass sie demnächst mit Militärgewalt annektiert würden.

Und bei Europa? Fast hat man den Eindruck, als wären die Staaten, die zum „wider Europe“ gehören, stolz auf diesen Status. Siehe zum Beispiel die Ukraine, Bulgarien, Rumänien oder die Türkei (wobei in der Türkei nur deshalb Vorbehalte gegen den Begriff bestehen, weil sie nicht nur ein Partner sein wollen, sondern vollwertiges Mitglied). Dabei ist das „wider Europe“ keineswegs – jedenfalls nicht primär – mit Subventionen oder anderen monetären Transfers verbunden. Der amerikanische politische Ökonom Richard Rosencrance hat gezeigt, dass Europa die erste große Macht der Geschichte ist, die entstanden ist, ohne dass sich andere Länder gegen sie vereinigt und gewehrt hätten.

Das zeigt den ganzen Unterschied zwischen Europa und den traditionellen Nationalstaaten. Wir leben hier in zwei Welten. Mit Europa kommt die Ära des Nationalstaates zu ihrem Ende. Das mag für manche unvorstellbar erscheinen, weil wir alle in der Tradition des Nationalstaats aufgewachsen und erzogen sind. Es gibt aber kein Gesetz, das bestimmt, dass der Nationalstaat für immer weiterleben soll.

Modelle für einen europäischen Staat

Wenn die Kriterien des Nationalstaats auf Europa nicht passen, was dann? Kritiker könnten sagen: Europa ist schon deshalb kein Nationalstaat, weil es gar kein Staat ist, sondern ein Staatenbund. Aber auch das trifft nicht die Wahrheit. Ein Staatenbund hat keine eigene Währung und keine Mehrheitsentscheidungen über wichtige gemeinsame Angelegenheiten. Es hat auch nicht so eine starke Vereinheitlichung der gesetzlichen Bestimmungen, wie das in der EU der Fall ist. Juristisch ist Europa wahrscheinlich ein Zwischending zwischen Staatenbund und Bundesstaat.

Man sollte man sich daher von althergebrachten Definitionen ganz lösen. „Diese historisch einmalige und einzigartige Form der zwischenstaatlichen und zwischengesellschaftlichen Gemeinschaftsbildung entzieht sich allen gängigen Kategorien und Konzepten" (Beck, Grande). Europa ist beziehungsweise wird ein Staat sui generis. Das, was Europa und die Europäer zusammenhält, ist die gemeinsame Idee. Wir sind alle Deutsche, Franzosen oder Spanier, aber was uns zusammenbindet und was uns von den Amerikanern und den Asiaten unterscheidet, ist Europa. Europa ist, wenn man so will, ein Ideenstaat. Beck und Grande sprechen vom „Empire des Konsenses".

Das macht Europa als Modell so interessant und macht Europa so stark. Gegen eine Idee kann man keinen Krieg führen. Da nutzen keine Waffen. Gegen eine Idee kann man nur mit besseren Argumenten angehen. Da wird auf einer ganz anderen Ebene gestritten.

Wie kann man sich das neue Staatsmodell Europas konkret vorstellen? Es gibt hier unterschiedliche Vorschläge. Der Historiker Dan Diner hat zum Beispiel die Idee lanciert, die Organisation der EU könne sich am Vielvölkerstaat der alten „k. u. k. Monarchie" orientieren, der 1806 von Napoleon aufgelöst worden ist. Es war ein lockerer Verbund einzelner Regionen. Was Diner dabei besonders gefällt, sind die konsultativen Institutionen des vormodernen Verbandes. Man könnte hier sicher auch noch andere Reiche anführen, zum Beispiel das Osmanische Reich.

Eine andere Möglichkeit, den Ideenstaat zu beschreiben, besteht darin, eine Anleihe aus dem Unternehmenssektor zu nehmen: Wenn sich Firmen zusammentun, dann haben sie grundsätzlich zwei Möglichkeiten. Die eine ist eine Vollfusion zu einem ganz neuen Unternehmen. Die zweite ist eine Allianz von weiter unabhängig voneinander agierenden Firmen.

Die Vollfusion ist die sauberste und für den Markt klarste Lösung. Das neue Unternehmen hat einen neuen Namen und einen Konzernvorstand, der die Gruppe zentral über ein starkes Corporate Center steuert. Jeder weiß, wo er dran ist. Es gibt aber auch erhebliche Nachteile. Die Kulturen der alten Unternehmen gehen meist verloren. Die Fusion erfordert einen riesigen unternehmerischen Kraftakt, der häufig zu Lasten der Kunden und damit des Ertrages geht. Es gibt viele „Grausamkeiten" gegenüber den Mitarbeitern, weil Stellen verloren gehen. Und was vielleicht das Schlimmste ist: Es entsteht häufig ein großer Verwaltungsapparat, der das neue Unternehmen unbeweglicher macht. Viele Fusionen waren wegen all dieser Schwierigkeiten am Ende nicht so erfolgreich, wie sich das die Initiatoren vorgestellt haben. Ein prominenter englischer Bankier, der in dem Geruch stand, viele Fusionen erfolgreich (und zum Teil mit Brachialgewalt) durchgeführt zu haben, bekannte einmal freimütig: Die Kostensynergien, die die Investmentbanker und Unternehmensberater ihm versprochen hatten, seien in keinem Fall auch nur annähernd erreicht worden. Die Euphorie hinsichtlich Fusion hat in der Wirtschaft jedenfalls deutlich nachgelassen.

Der Vollfusion entspricht letztlich auf politischer Ebene die Zusammenfassung mehrerer Nationalstaaten zu einem einzigen. Ein Beispiel für eine erfolgreiche Fusion dieser Art sind die Vereinigten Staaten von Amerika. Auch die Nationalstaaten in Europa sind letztlich auf diese Weise zustande gekommen. Auch hier gab es erhebliche Reibungsverluste, vor allem ging viel an regionaler Kultur verloren, denn die meisten Nationalstaaten sind durch kriegerische Eroberung entstanden. Das kann kein Modell für die EU sein.

Wenn das aber nicht gewollt ist, bleibt letztlich das Modell der Allianz von verschiedenen Unternehmen. Ein Beispiel ist die Star Alliance der Lufthansa. Die Grundüberlegung ist hier folgende: Wenn sich zwei Unternehmen zusammentun, dann passen in der Regel 80 % der Strategie und der Organisation perfekt zusammen und ihre Vereinheitlichung wirft keine weiteren Probleme auf. Wenn das nicht der Fall wäre, würde man gar nicht an Zusammenschluss denken. Es sind die letzten 20 %, die richtig Ärger bereiten, Zeit kosten und Schwierigkeiten machen. Warum also nicht auf die 20% verzichten und sich auf das konzentrieren, was ohnehin schon zusammenpasst?

Das waren bei der Lufthansa solche Dinge wie Streckennetze, Abstimmung von Flugplänen oder die gemeinsamen Bodeneinrichtungen wie Check-in-Schalter, Stadtbüros oder Lounges. Durch Zusammenlegung dieser Einrichtungen konnten die beteiligten Gesellschaften Kosten in zweistelligen Millionenbeträgen sparen, ohne den Komfort für die Fluggäste zu verringern. Im Gegenteil: der Service für die Kunden wurde besser.

Verwaltungen, Vorstände, Organisationsprinzipien, Unternehmenskulturen und anderes waren dagegen nur unter großen Komplikationen zu vereinheitlichen. Die Lufthansa und ihre Partner entschieden daher, diese Bereiche nicht zu fusionieren, sondern sie unabhängig zu lassen.

Laut dem langjährigen Vorstandsvorsitzenden der Lufthansa, Jürgen Weber, waren die ersten Vereinbarungen zwischen den Star-Alliance-Partnern nicht länger als zwei Schreibmaschinenseiten. Schlanker geht es nicht. Das erklärt auch den großen Erfolg der Star Alliance. Sie umfasst inzwischen 16 Fluglinien. Andere Gesellschaften haben das Modell der Star Alliance – unter anderem Namen – übernommen. Das ist die Art Netzwerk- oder Ideenorganisation, die man sich für Europa vorstellen kann.

Es gibt noch andere Vergleiche aus dem Unternehmensbereich. Der englische Politikwissenschaftler Mark Leonard zitiert die Parallelität der europäischen Staatsorganisation mit der derzeit größten Kreditkartenorganisation Visa. Visa gehört den Mitgliedsbanken. Sie hat die Aufgabe, mit einem Minimum an behördlicher Organisation alle die Dienstleistungen zu erbringen, die die einzelnen Mitglieder selbst nicht (oder nicht mit der ausreichenden Wirtschaftlichkeit) leisten können. Bei Visa besteht die Zentrale nur aus 3000 Angestellten in 21 Büros weltweit. Ihre Hauptdienstleistung ist es, den Mitgliedern eine gemeinsame Plattform zur Verfügung zu stellen und gemeinsame Regeln für alle zu formulieren. Durch die Selbständigkeit der einzelnen Mitgliedsinstitute bei gleichzeitiger Einigung auf gemeinsame Standards gelingt es Visa, sowohl innovativen Wettbewerb zwischen den einzelnen Instituten zu erhalten als auch einen gemeinsamen Auftritt gegenüber dem Kunden zu realisieren.

In einem solchen Club kann keiner den anderen dominieren. Keiner kann eine Mehrheit erreichen. Keiner kann seine Mitgliedsanteile verkaufen. Das ist eine wirkliche Union. Und man kommt mit einem Minimum an Verwaltung aus. Europa benötigt derzeit zur Bewältigung seiner Aufgaben einen Stab von 22 000 Beamten – das sind weniger als zwei Drittel der gesamten Münchner Stadtverwaltung (36 000 Beschäftigte). Wichtig ist, dass sich die Zentrale auf die Dinge beschränkt, die unbedingt gemeinsam gemacht werden müssen. Alles andere kann bei den unteren Verwaltungseinheiten dezentral erledigt werden.

Freilich muss man aufpassen, dass die Zentrale nicht so klein wird, dass sie praktisch nur noch als Stabsstelle der nationalen Regierungen agieren kann. Sie hätte dann nicht die nötige Bürgernähe und wird, wie gezeigt, leicht in die Rolle des Buhmanns gedrängt.

Ein neuer Stil in der Weltpolitik

Vor 30 Jahre hat sich der damalige amerikanische Außenminister, Henry Kissinger, darüber beschwert, dass Europa keine Telefonnummer habe. In Krisenfällen könne er die Europäer nicht anrufen und sie in strategische Überlegungen einbinden. Das saß tief, so tief, dass es auch heute noch zitiert wird. Es hat die Europäer zu gemeinsamen Institutionen getrieben. Heute hat Europa eine Telefonnummer. Es ist die 0032 2285611 für den Präsidenten des Europäischen Rats in Brüssel. Aber der ist im Hauptberuf Ministerpräsident seines Landes (ist also keineswegs immer in Brüssel anzutreffen). Er wird auch nur für jeweils sechs Monate gewählt und hat damit eine relativ schwache Stellung. Oder die 0032 2299 1111 für den Präsidenten der Europäischen Kommission; allerdings hat er in vielen Fällen zu wenig Macht und Einfluss. Nur auf monetärem Gebiet gibt es bereits heute schon einen kompetenten und entscheidungsfähigen Ansprechpartner, den Präsidenten der Europäischen Zentralbank. Er hat die Telefonnummer 0049691344 0 in Frankfurt.

Darüber hinaus gibt es den Vorsitzenden der so genannten Eurogruppe, das ist der Zusammenschluss der Finanzminister der Europäischen Währungsunion. Er ist im Kern *der* „europäische Finanzminister". Er wird anders als die Vorsitzenden der anderen Ministerräte nicht nur für sechs Monate gewählt, sondern amtiert zwei Jahre. Derzeit ist es der luxemburgische Ministerpräsident mit der Telefonnummer 00352478210 1.

Aber Europa will mehr. Es will nicht nur angerufen werden können, es will auch selbst auf weltpolitischer Bühne mitreden. Es will dazu vor allem auch eine gemeinsame Außen- und Sicherheitspolitik. Ein Grund dafür ist, dass es dann nicht mehr von anderen auseinander dividiert werden kann. Hier war der Irak-Krieg sicher ein Schockerlebnis, das die Europäer stärker zusammengeschweißt hat. Die Bemühungen des amerikanischen Verteidigungsministers Donald Rumsfeld, einen Keil zwischen das neue Europa (im Wesentlichen Großbritannien, Italien, Spanien und die neuen Mitglieder im Osten) und das alte Europa (vor allem Frankreich und Deutschland) zu schieben, hat genau das Gegenteil von dem erreicht, was eigentlich beabsichtigt war. Es hat die Mitgliedsstaaten der EU eher näher zusammengebracht als sie getrennt.

Ein zweiter Grund für eine gemeinsame Außen- und Sicherheitspolitik ist, dass nur so Katastrophen verhindern können, wie sie in den 90er Jahren im Gebiet des früheren Jugoslawien geschahen. Damals unterstützte Frankreich die Serben und Deutschland die Kroaten – mit der Folge, dass Europa nicht zu einer konsistenten Politik in dieser Region fähig war und so schlimme Ereignisse wie das Massaker von Srebrenica nicht verhindern konnte. Es bedurfte erst des Eingreifens der Amerikaner, um die Dinge zu ordnen. Srebrenica war sicher ein Tiefpunkt in der Entwicklung des modernen Europa.

Der dritte Grund ist, dass Europa nur so seine Interessen – auch die wirtschaftlichen Interessen – in der Welt wirklich vertreten kann. Man hat früher immer von Deutschland gesagt, es sei wirtschaftlich ein Riese, aber politisch ein Zwerg. Die Europäer merken, dass sie genau in diese Situation mit der EU hineinlaufen. Sie spüren, dass sie ohne gemeinsames politisches Auftreten am Schluss für internationale Aktionen bezahlen, aber nicht mitwirken dürfen. Sie können auch nicht oder nur in zweiter Reihe an Wiederaufbaumaßnahmen nach dem Krieg (wie etwa im Irak) mitwirken.

Viertens kann Europa nur durch eine gemeinsame Außenpolitik aus der Rolle des Satelliten der Vereinigten Staaten von Amerika herauswachsen und politisch auf eigenen Beinen stehen. Nur dann sind die Europäer wer in der Welt. Sie werden in internationalen Verhandlungen, sei es um Handelsfragen, sei es um Friedensmissionen, ernst genommen. Sie können mitreden. Das gibt Europa Selbstbewusstsein und Kraft nach innen sowie Bedeutung nach außen. Gerade die neuen Mitglieder in Zentral- und Osteuropa machen in dieser Hinsicht Druck. „Die Politiker müssen kommunizieren, dass es in Europa darum geht, Einfluss auf die Welt zu nehmen, weil die Welt auch Einfluss auf Europa nimmt“, sagt die frühere spanische Außenministerin Ana Palacio. Und sie fährt fort: „Europa ist eine Antwort auf die Globalisierung.“

Fünftens ist eine gemeinsame Außenpolitik effizienter. In einer globalen Welt haben einzelne Länder – auch die „großen“ in Europa – nur einen begrenzten Einfluss. Die einzelnen Nationalstaaten sind gegenüber großen multinationalen Unternehmen inzwischen zu klein. General Motors erwirtschaftet heute einen Jahresumsatz von umgerechnet 150 Milliarden Euro, Siemens von 75 Milliarden. Der Bundeshaushalt von zum Beispiel Österreich liegt dagegen nur bei 66 Milliarden Euro. Es ist klar, wie bei solchen Zahlen die Machtpositionen aussehen. Österreich als Teil der politischen Union Europa ist natürlich sehr viel einflussreicher und kann ganz anders gegenüber Multinationals auftreten als allein.

Sechstens kann Europa mit einer gemeinsamen Außenpolitik Geld sparen – auch ein Argument, was beim Bürger schwer wiegt. Die EU braucht dann nur noch in jedem Land eine Botschaft für die EU statt der bisher 25.

Siebtens schließlich und vielleicht am wichtigsten: Eine nationalstaatliche Außenpolitik der einzelnen EU-Mitglieder funktioniert nicht mehr. Sie wird von den Partnern in der Welt nicht mehr akzeptiert. Selbst wenn die EU nationale Außenpolitiken betreiben wollte (wie dies teilweise noch der Fall ist), die Welt macht einfach nicht mehr mit. Schauen wir uns die Bemühungen der Bundesrepublik um einen eigenen Ständigen Sitz im Sicherheitsrat der Vereinten Nationen an. Sowohl der deutsche Bundeskanzler als auch sein Außenminister reisten in den letzten Jahren durch die Welt, um dafür um Unterstützung zu werben. Sie hatten angesichts des ökonomischen und politischen Gewichts der Deutschen auch gute Gründe. Im Zweifel waren sie allem Anschein nach auch bereit, Zugeständnisse zu machen, sei es in Form von Geld, sei es in Form der Lockerung des Waffenembargos gegenüber China. Im Übrigen konnten sie auch auf Wohlwollen von vielen Staaten hoffen.

Trotzdem sind die Chancen eines Erfolges gering:

- Einmal stehen sich die Europäer selbst auf den Füßen; die Franzosen und die Briten haben jeweils bereits einen Sitz im Sicherheitsrat und sind nicht bereit, diesen mit den Deutschen zu teilen. Die Italiener haben sich gegen einen eigenen Sitz der Deutschen ausgesprochen, weil sie sich dadurch benachteiligt sehen. Wie kann man dann von Dritten erwarten, dass sie sich kooperativer zeigen?
- Zum anderen können die Amerikaner – wie auch viele andere Länder – keinen dritten Sitz der Europäer im Sicherheitsrat akzeptieren. Sie gehen fest davon aus, dass die Außenpolitik der EU-Mitglieder eines Tages zusammenwachsen wird.

Wieder ein Beispiel, dass das Ausland die Dynamik hierzulande besser einschätzt als die Europäer selbst. Die Ausländer wissen: Es kann gar nicht sein, dass die wichtigste Handelsregion der Welt, der wichtigste Geber von Entwicklungshilfe, der größte Binnenmarkt der Welt, die Region mit der zweitgrößten Währung der Welt und einer gemeinsamen Visums- und Asylpolitik, dass diese Region keine eigene Außenpolitik betreibt.

Was bedeutet eine europäische Außenpolitik für das transatlantische Verhältnis? Hier gibt es auf beiden Seiten unterschiedliche Grundvorstellungen und natürlich auch erhebliche Sensibilitäten. Um es auf den Punkt zu bringen: Die Amerikaner sind Unilateristen. Die USA stehen im Mittelpunkt der Welt. Alles ist auf sie bezogen. Die Europäer sind Multilateralisten. Sie sehen ihren Kontinent als Teil eines großen weltweiten Netzwerkes. Die Europäer wissen, was sie den Amerikanern in der Nachkriegszeit bei der Verteidigung ihrer Freiheit, bei der Realisierung der europäischen Integration und später beim Fall des Eisernen Vorhangs verdanken. Europa und Amerika verbinden gemeinsame Ziele und Werte wie keine zwei anderen Mächte in der Weltpolitik. Die Beziehungen der Amerikaner zu den Chinesen werden nie die gleiche Qualität haben wie die zu den Europäern. Andererseits müssen und werden die Europäer den Weg der Emanzipation auch in der Außenpolitik weitergehen.

Auf der anderen Seite hatten die Amerikaner immer ein zwiespältiges Gefühl gegenüber der europäischen Einigung. Sie unterstützten die Integration, weil sie die Bildung und Aufrechterhaltung einer gemeinsamen Front gegen den Ostblock in Zeiten des Kalten Krieges erleichterte. Zudem ist es einfacher, mit einem Partner zu verhandeln als mit sechs, 15 oder 25. Sie sehen aber natürlich auch die Konkurrenz, die ihnen mit der europäischen Einigung entstehen könnte.

Beide wissen, dass stabile weltpolitische und weltwirtschaftliche Verhältnisse nur möglich sind, wenn sie gemeinsam operieren. Es ist interessant, dass die wirtschaftlichen Beziehungen zwischen den USA und Europa nicht unter den politischen Irritationen der letzten Jahre gelitten haben. Sie sind heute so eng wie nie zuvor in der Geschichte, viel enger als die zwischen allen anderen Kontinenten dieser Welt. Der gesamte transatlantische Handel (inklusive der Verkäufe von transatlantischen Tochtergesellschaften) betrug 2004 rund drei Billionen Euro – deutlich mehr als zum Beispiel das deutsche Sozialprodukt.

Die negativen Erfahrungen im Zusammenhang mit dem Streit im Irak-Krieg 2003 waren, im Nachhinein gesehen, als Lernprozess vielleicht nötig. Sie beförderten den Emanzipationsprozess bei den Europäern und zeigten den Amerikanern, wie wichtig Kooperation ist. Der Streit ist aber zu weit eskaliert und war damit für alle Beteiligten schädlich. Keiner will das wiederholen. Die amerikanische Außenministerin Condoleezza Rice sprach Anfang 2005 kurz nach ihrer Übernahme des neuen Amtes bei einem Besuch in Paris davon, dass im Verhältnis Europas zu den USA ein neues Kapitel der Kooperation und Partnerschaft aufgeschlagen werde. Es wird viel Feingefühl und kluge Politik notwendig sein, das transatlantische Bündnis auf der Basis eines emanzipierten Europa zu managen.

Es wird immer wieder gesagt, die Amerikaner kümmerten sich politisch mehr um Asien und vor allem um China als um Europa. Das ist nicht richtig. Präsident Bush hat von seiner Amtsübernahme 2001 bis Mitte 2005 mehr Zeit in Europa verbracht als in irgendeinem anderen Kontinent – 44 Tage verglichen mit 13 Tagen in Asien. Seit er 2005 seine zweite Amtszeit antrat, hat er mehr Kraft und mehr Zeit aufgewendet, um das Verhältnis mit den Europäern wieder zu reparieren. Dahinter steht die Einsicht, dass die amerikanische Außenpolitik offenbar einfacher und wirksamer ist, wenn die Europäer mitziehen, als wenn sie dagegen sind.

Eine europäische Außenpolitik verfolgt aber nicht nur andere, nämlich europäische Interessen in der Welt. Sie geht darüber hinaus mit anderen Instrumenten vor. Sie bringt einen neuen Stil in die Außenpolitik. Auch in dieser Hinsicht ist sie eine – in der Welt positiv gesehene – Alternative zur amerikanischen, japanischen oder chinesischen. Die Europäer sind keine Freunde der Konfrontation, des Konflikts oder der militärischen Intervention. Die Amerikaner haben

450 000 Soldaten, die sie in der Welt einsetzen (von insgesamt 600 000 US-Soldaten). Die Europäer haben nur 85 000 Soldaten im Ausland (von 1,2 Millionen Soldaten insgesamt). Die europäischen Truppen im Ausland sind auf 20 Länder verteilt. Sie treten selten im europäischen Namen auf, sondern meist unter dem der Nato oder der Vereinten Nationen. Sie sind keine richtigen Militäreinheiten. Charakteristisch ist, dass die Soldaten unterstützt werden von 45 000 Diplomaten, 5000 Polizisten und 2000 Helfern, vor allem Entwicklungshelfern (Leonard). Das wird von vielen Staaten vor allem in der Dritten Welt sehr geschätzt.

Die Europäer verfolgen bei ihren Eingriffen auch eine ganz andere Philosophie. Sie wollen nicht Angriffe auf ihr Land oder ihre Interessen verhindern. Die Europäer haben in der Welt keine Feinde, die sie militärisch bedrohen. Sie wollen Frieden schaffen. Sie wollen mithelfen, Bedingungen in den Ländern herzustellen, damit die Menschen sich wieder vertragen und miteinander ohne Auseinandersetzung leben. Sie üben „sanfte Macht" aus (soft power, wie die Amerikaner sagen). Sie offerieren den Partnern Zugang zu ihren Märkten, geben Entwicklungshilfe, schicken Experten. 56 % der gesamten Entwicklungshilfeleistungen der Welt kommen von der EU und ihren Mitgliedern verglichen mit nur 20 % aus den Vereinigten Staaten und 14 % aus Japan.

Das Vorgehen der Europäer in der Außenpolitik ähnelt ein wenig dem des berühmten New Yorker Bürgermeisters Rudy Giuliani. Ihm ist es gelungen, New York wieder zu einer friedlichen und ordentlichen Stadt zu machen. Sicher hat er dabei auch die Polizei mit all ihrer Gewalt eingesetzt. Er hat darüber hinaus aber auch mit Psychologen gearbeitet und Bedingungen in der U-Bahn oder in besonders gefährdeten Gebieten geschaffen, die die Aggressionen der Menschen eindämmten. Das ist auch das Ziel der Europäer.

Die Europäer sind zu solchen friedensstiftenden Aktionen durch die Verschiedenartigkeit ihrer Mitglieder und ihre unterschiedlichen Sensibilitäten besonders geeignet. Sie haben dadurch einen besseren Zugang zu bestimmten Staaten und Regionen. Ein eindrucksvolles Beispiel war hier die Revolution in der Ukraine Ende 2004. Die Russen fühlten sich dadurch in ihrem Einflussbereich bedroht und bauten eine Drohkulisse auf. Die Amerikaner versuchten, in der Revolution einen Fuß in dieses geostrategisch wichtige Gebiet zu setzen. Aber es waren die Europäer, denen es durch die besonderen nachbarschaftlichen Beziehungen der Polen zur Ukraine gelang, ein besonders enges Verhältnis zu dem neuen Präsidenten Juschtschenko und seiner Regierung aufzubauen. Sie haben dadurch sicher beigetragen, dass die „orangene Revolution" am Ende so friedlich endete.

Dass eine gemeinsame Außenpolitik sehr hilfreich ist und den Europäern Vorteile bringt, zeigt ein anderes, nicht weniger kompliziertes Gebiet, wo die Vergemeinschaftung gelungen ist: die Handelspolitik. Hier haben die einzelnen Mitglieder der Europäischen Union ihre Kompetenzen an Brüssel abgegeben – mit großem Erfolg, wie sich zeigt. Denn die europäische Handelspolitik hat viel für die Unternehmen auf dem Kontinent erreicht. In jedem Fall mehr, als bei einem getrennten Auftreten aller 25 Mitglieder möglich gewesen wäre. Natürlich gibt es auch hier immer wieder Streitpunkte, siehe die Auseinandersetzungen zwischen Boeing und Airbus, der Streit über die amerikanischen Strafzölle bei Stahl oder die Unstimmigkeiten im gegenseitigen Agrarhandel (wer erinnert sich noch an den berühmten „Hähnchenkrieg"?). Aber man hat sich an das Verhandeln von Streitpunkten gewöhnt, ohne dadurch gleich die Freundschaft insgesamt in Frage zu stellen.

Neue Attraktivität der europäischen Kultur

Haben Sie schon einmal auf dem Marktplatz in Krakau gestanden und die weiträumige italienische Architektur der Tuchhallen bewundert? Und sind Sie dann in die Marienkirche gegangen, um sich den Altar des Nürnberger Künstlers Veit Stoß anzusehen? Sie befinden sich in Südpolen, weit weg von den Zentren der abendländischen Kultur, so mag jemand in Hamburg oder Zürich denken, der nicht mit der

Geschichte der europäischen Zivilisation vertraut ist. Und dabei sind Sie mittendrin in der europäischen Tradition.

Sie entdecken in Polen aber nicht nur Bekanntes. Sie lernen auch neue Töne der slawischen Kultur kennen. Christina Weiss, im Kabinett Schröder Staatsministerin für Kultur und Medien, zitiert ein ironisches Gedicht der polnischen Lyrikerin Wislawa Szymborska, die 1996 den Nobelpreis für Literatur erhielt. In dem Gedicht wird von einer Flaschenpost erzählt, die ans Ufer gespült und von Fischern gefunden wird. In der Flasche befindet sich ein Zettel mit den Worten: „Ich bin hier. Beeilt euch." Die Fischer rätseln, wo die Post herkommen mag, wer sie geschrieben hat und wie sie dem Absender helfen könnten. Am Ende sind sie völlig überfordert von der Flaschenpost, weil, wie es in dem Gedicht heißt, die Nachricht zu „allgemein" gehalten war. Manch einem, der sich dieser Kultur zu nähern beginnt, mag es ähnlich gehen.

Die Entdeckung (oder besser Wiederentdeckung) der gesamteuropäischen Zivilisation mit der Osterweiterung der EU gibt der europäischen Idee und der europäischen Integrationsbewegung neuen Schub und einen neuen greifbaren und fühlbaren Inhalt. Europa, so schreibt Ekkehart Krippendorff, ist „ein Produkt ... nicht der Geographie, der Ökonomie oder der Eroberungskriege – ohne deren Bedeutung als materielle Basis zu ignorieren. Europa ist ‚Überbau' – und es ist der Überbau, der dieser Basis den Geist einhaucht, der der europäischen Geographie, Ökonomie und Politik eine Seele gibt und ein sich (in unserer historischen Epoche) langsam ausbildendes Selbstbewusstsein." Jean Monnet soll gesagt haben: Wenn er noch einmal mit dem Werk der Einigung zu beginnen hätte, würde er nicht mit der Wirtschaft und Politik anfangen, sondern mit der Kultur (Hans Maier).

Europa steht zivilisatorisch auf einer Ebene mit den weltgeschichtlichen Kulturen in Asien und im Mittleren Osten. Die Kultur des Abendlandes ist eine der vier Zivilisationen, die – so der Philosoph Karl Jaspers vor knapp 60 Jahren – die Weltgeschichte geprägt haben. Es sind dies neben dem Abendland die Kultur Chinas mit Konfuzius und Laotse, die Kultur Indiens mit Buddha und die Kultur des Orients mit Zarathustra. Am Beginn der abendländischen Zivilisation standen Sokrates, Platon und Aristoteles sowie die römische Philosophie. Dazu kam dann das Christentum in seinen Ausprägungen des Katholizismus, des Protestantismus und der Orthodoxie, die weit über Europa hinaus nach Russland und in die Türkei reicht. Schließlich gehören noch dazu die bildende Kunst, die Musik, die Philosophie und die Literatur der letzten 2500 Jahre. Ein ungeheurer Schatz, auf den die Europäer stolz sein können (und auf den sie auch stolz sind). Europa ist ein wichtiger Bestandteil der Menschheitsgeschichte und der Existenz der Menschheit. Das verbindet es eher mit Asien als mit Amerika.

Europa hat in dieser weltweiten Konkurrenz von günstigen äußeren Bedingungen profitiert. Der Münchner Philosoph und Politikwissenschaftler Hans Maier verweist darauf, dass es auf dem Kontinent keine extremen Klimaunterschiede gibt, keine ausgedehnten Wüsten, Steppen und Ödländer wie etwa in China oder in den USA. Besonders der Süden, Norden und Westen Europas sind reich gegliedert. Es gibt kaum ein anderes Stück Erde mit so langen Küstenstrecken und einer so engen Verbindung zum Meer und zum Handel auf dem Meer. Eine Fülle von Völkern lebt in Europa auf engem Raum zusammen. All das trug dazu bei, dass der europäische Kontinent zu einem „Zentrum von Wissenschaft, Wirtschaft, Zivilisation wurde". Es ist der Teil der Erde, in dem sich „auf engstem Raum die höchste Kraft des Völkerlebens" zusammendrängte (W. Schulz).

Die Wiederentdeckung der europäischen Kultur ist aber auch innereuropäisch wichtig: Die abendländische Kultur gibt geistiges Heimatgefühl. Sie bindet zusammen und schafft Gemeinsamkeiten. Sie unterscheidet die Europäer von den Bewohnern anderer Kontinente. Sie macht stolz. Sie führt dazu, dass Europa sich als gleichwertig mit den großen Kulturen Asiens sieht und als Gegenmodell zu den Vereinigten Staaten zu profilieren sucht. Europa und die USA kommen aus der gleichen zivilisatorischen Vergangenheit. Die USA haben sich davon gelöst und gingen einen eigenen Weg. Die Europäer besinnen sich auf das kulturelle Erbe, pflegen es und münzen es um in einen komparativen Vorteil. „Old Europe" ist kein Schimpfwort mehr und auch nichts Abwertendes, sondern etwas Positives, mit dem sich Europa in die Gesellschaft der alten Kulturtraditionen Nordafrikas und Asiens einreiht.

Interessant ist, dass sich das europäische Bewusstsein inzwischen selbst in der Popkultur niederschlägt. Bis vor kurzem war es selbstverständlich, dass sich die Sänger auch in Europa allein der englischen Sprache bedienten. Seit kurzem ändert sich das. In Deutschland wird wieder mehr Deutsch gesungen, in Frankreich mehr Französisch. Von den gesamten Musikverkäufen in der Bundesrepublik entfielen 2005 knapp 50% auf deutschsprachiges Repertoire, im Jahr 2001 waren es lediglich 40% (wobei freilich auch der Druck der Radiosender eine Rolle spielt).

Die Wiederentdeckung der europäischen Kultur ist eine Basis, auf der die Europäer weiterbauen können und weiterbauen werden. Die Geschichte der Zivilisation ist ein Auftrag und ein Anreiz, mit gleicher Kreativität weiterzumachen. Dabei kann die Konkurrenz mit den Amerikanern hilfreich sein. Amerikanische Künstler sowohl im Bereich der Literatur als auch in der Musik und der bildenden Kunst und Philosophen sind derzeit außerordentlich kreativ und produktiv. Denken Sie an Paul Auster und Jonathan Frantzen, denken Sie an Andy Warhol und Roy Lichtenstein, denken Sie an Philosophen wie John Rawls. Amerikaner sind ein dankbares Publikum für die Kultur. Schauen Sie auf die Attraktivität von Museen wie das Museum of Modern Art oder das Guggenheim in New York. Oder auf Opern- und Konzerthäuser wie die Metropolitan oder die Carnegie Hall. Schauen Sie die vielen Menschen an, die morgens und abends auf dem Weg zur Arbeit in Manhattan in der U-Bahn Bücher lesen. Das sind Herausforderungen. Der Wettbewerb in der Multipolarität der einen Welt vollzieht sich in Zukunft vielleicht noch mehr als in der Vergangenheit auf dem Gebiet der Kultur.

Europa wird aber nicht nur durch die Konkurrenz zu den USA getrieben, sondern auch durch die Begegnung mit der Kultur in Zentral- und Osteuropa. Europa hat durch die Osterweiterung erst wirklich Geschichte bekommen. Wir denken bei der Literatur immer noch an den Schatz, den uns Autoren wie Goethe, Shakespeare oder Albert Camus hinterlassen haben. Dazu müssen in Zukunft aber auch Dichter wie Adam Mickiewicz, Witold Gombrowicz, Sandor Marais oder Wislawa Szymborska kommen. Wer weiß schon, wie gut in Budapest, Krakau, Prag oder Zagreb heute Deutsch gesprochen wird? Deutsch und Französisch sind in Zentral- und Osteuropa vielfach eine Alternative zu Englisch. Die Entdeckung des Kulturraums Mitteleuropa öffnet neue Perspektiven und schafft neue Aspekte und Bezugspunkte. Der britisch-ungarische Historiker George Schöpflin kann sich sogar vorstellen, dass die „nächste kulturelle Vision“ aus Mitteleuropa kommt.

Es wird eine Weile vergehen, bis die Begegnung der westlichen und der östlichen Kultur neue Kunstwerke hervorbringt. Die neuen EU-Mitglieder im Osten befinden sich in einer Aufholphase. Sie rezipieren die westliche Kultur. Sie werden das zusammen mit ihren eigenen Erfahrungen in der slawischen Kultur, aber auch ihrem Erleben von diktatorischer Unterdrückung und einer Abschaffung der Religionen in etwas Neues gießen. Vielleicht ähnelt die Phase etwas der Zeit der 60er und 70er Jahre des vorigen Jahrhunderts, in der wichtige Impulse für die Kultur in Westeuropa aus Polen oder der damaligen Tschechoslowakei kamen.

In der Bundesrepublik hat man lange Zeit bedauert, dass ein so einschneidendes Ereignis wie die Wiedervereinigung nicht auch zu künstlerischer Befruchtung führte. Dabei waren wir nur zu ungeduldig. Es dauerte zehn, 15 Jahre nach dem Fall der Berliner Mauer, bis sich Literaten, bildende Künstler, Filme- und Theatermacher aus der ehemaligen DDR zurückmeldeten und zeigten, wie sie die Ereignisse der Wiedervereinigung verarbeitet hatten. Siehe die neuen Maler der Leipziger Schule. Oder den Film „Good Bye Lenin“

von Wolfgang Becker, der mit dem César (dem europäischen Gegenstück zum amerikanischen Oscar) ausgezeichnet wurde und der nicht nur in Deutschland, sondern gerade auch im Ausland außerordentlich erfolgreich war. Oder Thomas Brussigs Romane „Helden wie wir" oder „Am kürzeren Ende der Sonnenallee", die auch eine Generation bewegten, die die alte DDR längst vergangen glaubte. So wird es auch zwischen West-, Zentral- und Osteuropa passieren. Künstler aus anderen Kulturkreisen in Asien, aber auch aus Amerika werden mit Begeisterung nach Europa reisen, um das hier befindliche Weltkulturerbe zu sehen, die Veränderungen zu beobachten und zu verarbeiten.

Das Wirtschaftsmodell Europas

Zu Politik und Kultur kommt in der Emanzipation der Europäer und in der neuen europäischen Idee auch die Wirtschaft. Aber Vorsicht! Können die Europäer wirklich stolz auf ihr Wirtschaftsmodell sein? Ist es Teil der Idee, die die EU weiterbringen wird und die international nachgeahmt werden könnte? Schließlich hat sich Europa in den letzten Jahren auf wirtschaftlichem Gebiet nicht gerade mit Ruhm bekleckert. Seine Wirtschaft gilt als verkrustet und wenig transparent. Die Wirtschaftspolitik leidet unter dem Widerstreit unterschiedlicher, wenn nicht konträrer Konzepte. Europa wird von seinen Partnern vorgeworfen, handelspolitisch nicht genügend offen, geradezu eine „Festung" zu sein. Es wäre vermessen, dies als beispielhaft und vertrauensschaffend hinzustellen.

Trotzdem. Auch auf wirtschaftlichem Gebiet hat die europäische Idee etwas zu bieten. Europa hebt sich positiv von der Philosophie anderer Regionen ab und wird daraus Kraft schöpfen für die künftige Entwicklung – auch wenn die Union es bisher nicht geschafft hat, diese Stärken in Wachstum und Beschäftigung umzusetzen.

Was unterscheidet die europäische Wirtschaftsidee von anderen? Das Erste ist, dass Europa, vor allem Deutschland, mehr auf kleine und mittlere Unternehmen als Treiber des

Wachstums und des wirtschaftlichen Fortschritts setzt. Es baut auf Dezentralität. Das wird auch bewusst von der Wirtschaftspolitik gefördert. Weit über 90% der deutschen Firmen gehören zur Gruppe der „KMU", der kleinen und mittleren Unternehmen. Sicher haben auch die Amerikaner oder die Japaner eine breite mittelständische Wirtschaft. Die dortigen KMU sind aber primär auf den Binnenmarkt fixiert. Sie arbeiten in der Regel weniger produktiv als die Großunternehmen. Deshalb halten sie sich vor allem in weniger wettbewerbsintensiven Bereichen im Inland, vor allem in Dienstleistungssektor.

Der europäische, vor allem der deutsche Mittelstand ist dagegen hoch spezialisiert in ausgewählten Nischen tätig. Er produziert in der Regel sehr produktiv. Forschung und Entwicklung spielen eine große Rolle. Die Inhaber der Unternehmen sind häufig Ingenieure, die eine gute Idee hatten (und zum Teil auch selbst weiter forschen und entwickeln) und diese vermarkten konnten. Der deutsche Mittelstand ist internationaler als manches Großunternehmen. In Deutschland werden fast zwei Drittel des gesamten Exports vom Mittelstand erbracht. Es handelt sich dabei um kleine oder mittlere Firmen, die auf ihrem Sektor entweder die Nummer eins oder jedenfalls unter den ersten drei sind.

Ein Beispiel ist die Homag Group AG in Schopfloch im Schwäbischen. Sie ist Weltmarktführer bei Maschinen und Anlagen für die holzverarbeitende Industrie. Sie hat etwas über 5000 Mitarbeiter und einen Umsatz von knapp 700 Millionen Euro. 80% ihres Geschäfts erwirtschaftet sie im Ausland. Sie hat 45 eigene Vertriebs- und Serviceniederlassungen und Vertriebspartner in über 60 Ländern der Welt. Allein in China arbeitet sie in acht Niederlassungen.

Die Erwin Junker Maschinenfabrik GmbH aus Nordrach, ebenfalls in Baden-Württemberg, ist Spezialist für das Schleifen von Motorkomponenten, zum Beispiel Nockenwellen, Kurbelwellen und Getriebeteile. Sie macht vor allem in China gute Geschäfte. Über 40% ihres Umsatzes im

Automotive-Bereich werden in Asien getätigt, weitere 40% auf den EU-Märkten. Die Kärcher-Gruppe aus Winnenden ist weltweit führender Hersteller von Reinigungssystemen mit einem Umsatz von einer Milliarde Euro und 5600 Mitarbeitern. Sie hat fast 40 Vertriebsgesellschaften auf allen Kontinenten. Die Brückner Maschinenbau GmbH mit rund 500 Mitarbeitern ist am Weltmarkt führend mit Folienreckanlagen. Derzeit sind weltweit 600 Brückner-Anlagen in Betrieb, außer in Europa in Nord- und Südamerika, dem Mittleren Osten und Asien. Noch kleiner ist der Orgelbauer Otto Heuss GmbH aus dem hessischen Lich. Er hat nur 50 Mitarbeiter. Der Exportanteil an seinem Umsatz liegt bei 80%.

Man muss aber nicht nur nach Deutschland schauen. Die Palfinger Gruppe im österreichischen Salzburg ist Weltmarktführer in Lastwagen-Knickarmkranen (mit einem Marktanteil von 30%) und in Abrollkippern (mit einem Marktanteil von 20%). Gleichzeitig ist sie führend bei Eisenbahn-Systemlösungen. Auf ihrem Heimatmarkt Österreich macht sie nur 3% ihres Umsatzes. Der Rest wird in allen Teilen der Welt erzielt.

Die Liste könnte man beliebig fortsetzen. Der große Vorteil dieser Art von Betrieben ist, dass sie ausgesprochen kundenorientiert sind. Man muss sich nur ihre Internetseiten anschauen: Da ist wenig von den Unternehmen die Rede und viel von den Produkten und den Vorteilen für die Kunden. Die Firmen können sich schnell und flexibel auf Marktveränderungen einstellen. Sie sind technologisch weit fortgeschritten, weil das ihr eigentlicher Wettbewerbsvorteil ist. Sie arbeiten dezentral und stellen daher ein Gegengewicht dar gegen Konzentrationsbewegungen, die sich in Marktwirtschaften immer wieder ergeben. Dieser Mittelstand ist auch gesellschaftspolitisch wichtig, weil es in diesen Unternehmen häufig einen großen Zusammenhalt zwischen Kapital und Arbeit gibt.

Eine zweite Stärke des europäischen Wirtschaftsmodells: Es lenkt den Fokus auf Wachstumskräfte, die in der Vergangenheit nicht voll ausgeschöpft wurden, die in Zukunft in der Welt aber eine größere Rolle spielen werden. Die bisher üblichen Wachstumskräfte sind:

- Die Zunahme der Bevölkerung; auf diesen Faktor haben vor allem die Asiaten in den vergangenen Jahren gebaut. Auch in Zukunft wird das in Ländern wie Indien eine große Rolle spielen. Die indische Bevölkerung wird in den kommenden Jahren um 1,5 % pro Jahr wachsen.
- Die Akkumulation von Kapital; die Chinesen haben zum Beispiel eine Investitionsquote von über 40 %. Das heißt, fast die Hälfte der in einem Jahr erbrachten Wirtschaftsleistung wird nicht konsumiert, sondern erhöht den Kapitalstock der Volkswirtschaft und dient damit dem Wachstum in den kommenden Jahren. Eine solche Investitionsquote ist schon fast zuviel des Guten und bringt die Gefahr der Überinvestition mit sich.
- Der technische Fortschritt und seine Umsetzung am Markt; das ist ein Wachstum, auf das vor allem die Vereinigten Staaten setzen. Siehe erfolgreiche IT-Unternehmen wie Microsoft, die seit Jahren in ihrem Bereich Weltmarktführer sind. Sie können sich aufgrund ihrer Größe Entwicklungsabteilungen leisten, die ihnen auch in Zukunft eine wichtige Position bei Innovationen geben werden.
- Die Entdeckung, Erschließung und Vermarktung von Rohstoffvorkommen wie zum Beispiel in Russland, im Nahen und Mittleren Osten, in Lateinamerika oder auch in Norwegen.

Die Mehrzahl dieser Wachstumsfaktoren haben den Nachteil, dass sie nur eine bestimmte Zeit durchhalten. Die natürlichen Rohstoffe werden in Zukunft knapper. Die Welt muss sorgsamer mit ihnen umgehen, denn erneuerbare Energien spielen noch keine entscheidende Rolle. Die Weltbevölkerung wird aller Voraussicht nach ab dem Jahr 2070 absolut zurückgehen, und es wird nur wenige Länder geben, die sich dem Trend in den nächsten hundert Jahren entziehen können. Mit steigendem Wohlstand auch der Schwellenländer wird der Konsum zunehmen und die Kapitalbildung nicht mehr die höchste Priorität haben. Vor allem wird China seine hohe Investitionsquote nicht halten können (denn der Konsum der Chinesen kann nicht ewig so unterdrückt werden). Wie sich der technische Fortschritt entwickelt, ist schwer zu sagen. Ich vermute, er wird auch in Zukunft so weitergehen und eine wichtiger Wachstumsfaktor bleiben. In jedem Fall braucht die Welt über das Wachstum der Faktormärkte hinaus neue Wachstumskräfte.

Hier kommt das Modell der Europäer ins Spiel. Sie haben sich auch bisher schon weder auf eine starke Zunahme der Faktorausstattung (wie Arbeit, Kapital und Rohstoffe) verlassen noch auf den technologischen Fortschritt. Ihr Prä kommt von der Integration und dem Zusammenwachsen von Märkten. Durch größere Märkte können Unternehmen die Losgrößen der Produktion erhöhen und damit eine Senkung der Stückkosten erreichen. Das sind die bekannten Skaleneffekte (Economies of Scale). Sie kommen auf der einen Seiten den inländischen Verbrauchern in Form niedrigerer Preise zugute. Daneben profitieren die Unternehmen aber auch, indem sich ihre Wettbewerbsfähigkeit auf den Weltmärkten verbessert.

Man könnte einwenden, dass es sich auch bei diesem Faktor um einen einmaligen, zumindest zeitlich begrenzten Effekt handelt. Märkte wachsen zusammen, Losgrößen werden realisiert und dann geht die ganze Sache auf höherem Niveau, aber mit den alten Wachstumsraten weiter. Das ist aber nicht richtig. Zu den simplen Losgrößeneffekten kommt nämlich hinzu, dass Unternehmen aus verschiedenen Märkten voneinander lernen, Produktions-, Management- und Markttechniken überprüfen und auf diese Weise besser werden. In den 80er Jahren des vorigen Jahrhunderts glaubten alle, dass die japanischen Managementtechniken das „Nonplusultra" seien. In den 90er Jahren hat man die Restrukturierungen der Amerikaner übernommen. Heute schauen europäische Unternehmen ganz einfach nur in die Nachbarländer in der EU und lernen von ihren dortigen Konkurrenten. Und dieses Lernen ist kein einmaliger Effekt, sondern ein „lebenslanges Lernen". Das ist das Wachstumsmodell der Globalisierung. Europa ist im Grunde Globalisierung auf eine Region bezogen. Der bekannte Ökonom Friedrich August von Hayek hat in seinem Buch „Die Verfassung der Freiheit" gezeigt, wie die Interaktion der Menschen auf wettbewerblichen Märkten in der Lage ist, auch neues Wissen zu schaffen. Analog zur Arbeitsteilung gibt es eine „Wissensteilung".

Das ist das Wachstumsmodell der Europäer, das sie in die Weltwirtschaft einbringen.

Ein drittes Prä der europäischen Wirtschaftsidee: Sie setzt auf die Entwicklung und Nutzung von zukunftsorientierten Technologien. Je stärker sich die Weltwirtschaft entwickelt, je mehr die Bevölkerung zunimmt und die Menschheit in einen globalen Markt hineinwächst, umso mehr kommen auch die negativen externen Effekte zum Tragen. Das sind im Wesentlichen die Umweltprobleme. Europa als dicht besiedelter Kontinent mit hoher Industrialisierung hat bei der Bekämpfung der Umweltprobleme eine Vorreiterrolle. Es engagiert sich stärker für die Probleme des Klimawandels, der Luftverschmutzung, der Sauberkeit der Städte etc. Es gehörte zu den Ersten, die das Kyoto-Protokoll unterzeichneten. Es hat hier aber auch die modernsten Technologien entwickelt. Die Europäer sind in Sachen Umwelttechnologie den Amerikaner, den Japanern, aber natürlich vor allem auch den Chinesen, Indern und Koreanern weit voraus. Wir alle wissen aber, dass alle Länder früher oder später auf diesen Pfad einschwenken müssen. Mit dem starken Anstieg der Ölpreise in den Jahren 2004/2005 werden sich vor allem die Chinesen nicht damit begnügen können, sich durch Direktinvestitionen im Ausland Öl- und andere Rohstoffquellen zu sichern. Sie werden stark auf die Karte „Energieeinsparung", technisch gesprochen „Senkung des spezifischen Energie- und Rohstoffverbrauchs" setzen und dabei nach Europa schauen und schauen müssen.

Das vierte Prä der europäischen Wirtschaftsphilosophie ist in der Welt, aber auch innerhalb Europas nicht unumstritten: Europa setzt stärker als andere auf die soziale Komponente bei der wirtschaftlichen Entwicklung. Die Europäer haben nach dem Zweiten Weltkrieg die Philosophie der sozialen Marktwirtschaft theoretisch entwickelt und in den einzelnen Staaten der EU in unterschiedlicher Form durchgesetzt.

Auch das ist ein Zukunftstrend. Je stärker die Pro-Kopf-Einkommen in der Welt wachsen, umso wichtiger wird es, dass die Ungleichheit der Einkommen und der Vermögen geringer wird. Wer arm ist, für den geht es zunächst erst einmal darum, ausreichend zu essen und zu trinken zu haben. Die Einkommens- und Vermögensverteilung spielt keine Rolle. Je besser ein Mensch aber mit den Grundbedingungen des Lebens wie Nahrung, Wohnung und Kleidung ausgestattet ist, umso mehr kommen auch Präferenzen ins Blickfeld, die vorher keine Rolle spielten. Und hierzu gehört auch, dass man nicht viel schlechter als andere dastehen möchte. Große Ungleichheit in der Gesellschaft wird als unangenehm empfunden, weil sie die Kriminalität fördert. Es ist schöner, wenn nicht überall auf der Straße Bettler herumsitzen. Es ist lebenswerter, wenn es in einer Stadt keine Slums gibt. Natürlich kann man – wie dies der New Yorker Bürgermeister Rudy Giuliani mit großem Erfolg getan hat – die Folgen der Einkommens- und Vermögensungleichheit durch Überzeugung, durch Polizeigewalt oder durch Vertreibung der Obdachlosen mindern. Aber das geht nur eine begrenzte Zeit. Auf Dauer muss auch etwas an der Grundursache, also in der Einkommens- und Vermögensverteilung geschehen.

Das Bedürfnis nach mehr Gleichheit in der Gesellschaft ist bei den unterschiedlichen Kulturen unterschiedlich ausgeprägt. Die USA haben beispielsweise aufgrund des calvinistischen Elements ihrer Religion eine größere Toleranz für Ungleichheit. Denn der Arme sieht dort in dem Reichen nicht den Nachbarn, dem er dessen Wohlstand neidet, sondern ein Vorbild, das er nachahmen möchte. Das ist auch in anderen Kulturen so (etwa in China). Gleichwohl wird man davon ausgehen müssen, dass mit zunehmendem Pro-Kopf-Einkommen in der Welt die Ungleichheit der Einkommens- und Vermögensverteilung zu einem Problem werden wird. Und dann wird man auf Europa schauen, um zu sehen, wie die Europäer damit umgegangen sind.

Interessanterweise ist es gerade ein amerikanischer Philosoph gewesen – John Rawls –, der die Begründung für den europäischen Sozialstaat geliefert hat: In seiner Theorie der Gerechtigkeit zeigt er, dass sich eine Gesellschaft, in der jeder Bürger aufgrund der allgemeinen Zukunftsunsicherheit mit einem niedrigen Einkommen rechnen müsse, an den Schwächsten orientiert. Die Katastrophe im amerikanischen New Orleans, die durch den Hurrikan Katrina ausgelöst worden war, hat auch die Probleme der USA durch die ungleichere Einkommens- und Vermögensverteilung gezeigt. Nur die Wohlhabenderen, vor allem die, die ein Auto besaßen, hatten die Möglichkeit, die Stadt rechtzeitig zu verlassen. Alle anderen mussten zu Hause bleiben und waren der Wucht der Überflutung ausgesetzt. Das wurde im Nachhinein sehr kritisiert.

Natürlich haben einige Gesellschaften in Europa, vor allem die deutsche, bei der Umverteilung von Einkommen und Vermögen zu viel getan. Die Abgaben an den Staat oder an die Sozialversicherung sind so groß geworden, dass sie wirtschaftliche Freiheit und Aktivität zu ersticken drohen. In Deutschland liegt die durchschnittliche Abgabenbelastung eines ledigen Arbeitnehmers bei über 50%, in Belgien sogar bei 55%. In den USA beträgt die entsprechende Quote knapp 30%, in Japan sogar nur 24%. Dies tangiert natürlich vor allem die Leistungsanreize in dem für Wachstum und Beschäftigung so wichtigen Bereich der Facharbeiter.

Gefährlich an einem übertriebenen europäischen Sozialmodell ist auch, wenn es den Wettbewerb auf den Märkten einschränkt und den Ausbau des Binnenmarktes behindert. Hier kann es innerhalb der Union auch zu Zielkonflikten kommen. Einerseits erfordert die Integration der Märkte, vor allem auch der Märkte der neuen Mitglieder in Mittel- und Osteuropa, erhebliche Umstellungen, die für einzelne

Betroffene auch mit Härten verbunden sind. Andererseits sollen gerade mit der Union die Härten für den Einzelnen nicht zu groß werden. Hier müssen ausgewogene Lösungen gefunden werden. Wir brauchen sowohl Strukturwandel, um Wachstum und Beschäftigung zu sichern, als auch soziale Absicherung, um die gesellschaftliche Stabilität nicht zu gefährden. In manchen Fällen sind hier in der Vergangenheit nicht immer die richtigen Prioritäten gesetzt worden.

Hinzu kommen protektionistische Tendenzen, die sich hinter manchen Ausprägungen des europäischen Sozialmodells verbergen. Etwa wenn der italienische Zentralbankpräsident es zwar zulässt, dass italienische Banken im Ausland Akquisitionen tätigen (etwa die Übernahme der HVB durch UniCredit), ausländische Banken aber nicht ins eigene Land hineinlassen will. Oder wenn die französische Regierung unter dem Deckmantel des Sozialmodells einen mit den Regeln des Binnenmarkts nicht zu vereinbarenden Wirtschaftspatriotismus verfolgt: France Télécom kann zwar den spanischen Mobilfunkanbieter Amena übernehmen, das amerikanische Pepsi-Cola aber nicht den Lebensmittelhersteller Danone.

Das Sozialmodell Europas ist in den einzelnen Ländern und auf einzelnen Gebieten unterschiedlich ausgeprägt. Auch hier gibt es den Gegensatz zwischen den kontinentaleuropäischen Staaten (vor allem Deutschenland und Frankreich), die eher sozial orientiert sind, und Großbritannien, das näher bei den USA steht. Die Linien ziehen sich jedoch nicht immer entlang diesen Linien. Bei der Organspende beispielsweise verfolgt die Bundesrepublik einen individualistischen Ansatz. Das heißt, dass jeder, der ein Organ spenden will, dies ausdrücklich erklären muss. In Frankreich gibt es dagegen eher einen solidarischen Ansatz. Das heißt, dass jeder, der kein Organ spenden will, dies ausdrücklich erklären muss. Diese unterschiedliche Haltung hängt natürlich zum Teil jedenfalls mit der deutschen Vergangenheit zusammen.

Der amerikanische Kolumnist Roger Cohen träumt von „Eumerica“, einer Insel im Atlantik, auf der die Wirtschaftsphilosophien von Amerika und Europa kombiniert würden und auf der man nicht mehr darüber diskutiert, welche denn die bessere ist. Auf dieser Insel gebe es nicht 45 Millionen Menschen ohne Krankenversicherung wie in den USA. Dort gebe es Ärzte, die man ohne Skrupel auch am Wochenende rufen könne und die zu einem nach Hause kämen. Dort gebe es aber auch keine 10% Arbeitslosigkeit wie in Deutschland. Es gebe keinen Kündigungsschutz und keine 35-Stunden-Woche. Hochentwickelte Kapitalmärkte würden Risiko und Innovation ermutigen und keiner würde mehr Geld durch Arbeitslosigkeit als durch Arbeit verdienen. Die Kinder würden auf Schulen geschickt, die so gut sind wie die öffentlichen Schulen in Frankreich, in denen die Kinder aber wie in Amerika zum Lernen ermutigt und nicht zum Pauken erzogen würden.

Roger Cohen zählt ganz viele Dinge auf, die in Eurmerica von der einen oder anderen Seite übernommen werden. „Es versteht sich von selbst, dass der Kaffee italienisch sein würde, das Fehlen von Geschwindigkeitsbeschränkungen und die Autos deutsch, die Steaks und die Kühlschränke und die Klimaanlagen amerikanisch, die Sahne, die Rock Bands und die Toleranz für Exzentrik britisch, der Hering skandinavisch, das Klima spanisch, die Studiengebühren europäisch, die Studiendauer (und die meisten der Professoren) amerikanisch, der Wodka polnisch, die Straßen (und die Landschaften) französisch, das Bier tschechisch, die Schokolade belgisch und die Nationalsportarten wären Fußball und Baseball."

Das klingt natürlich ironisch und ist auch so gemeint. Dahinter steht aber als harter Kern, dass in einer differenzierten Welt alle Länder und Völker Vor- und Nachteile haben. Auch in Europa lässt vieles zu wünschen übrig. Aber Europa muss sich mit seiner Politik, seiner Kultur und seiner Wirtschaft nicht verstecken, sondern hat auch etwas Eigenständiges zum Wohlbefinden der Menschheit beizutragen, und es kann darauf stolz sein.

Die europäischen Werte: Vorteile gegenüber Amerika und Asien

Europas Werte passen besser zur Globalisierung als die Werte der USA oder Chinas. Das macht den Kontinent zu einem attraktiven Partner in der Welt. Es ist freilich nicht das Verdienst Europas, sondern das Glück der Geschichte.

Ein Volkswirt in einer großen internationalen Organisation bekam auf einer seiner üblichen Europa-Reisen Schmerzen im rechten Knie. Er ging in Deutschland zu einem Arzt in Frankfurt am Main. Der sagte ihm sehr aufmunternd: Kein Problem, das kriegen wir schon wieder hin. Es gibt zwei Möglichkeiten. Die eine ist, dass wir Ihnen ein künstliches Gelenk einsetzen. Das hält aber nur etwa 15 Jahre und danach kann man nicht mehr operieren und auch nicht noch einmal ein künstliches Gelenk einsetzen. Das sollten wir daher nicht tun. Die zweite Möglichkeit: Wir operieren das lädierte Knie. Dann können Sie nach ganz kurzer Zeit wieder ordentlich laufen. Das wird etwa 15 Jahre halten. Danach setzen wir Ihnen dann ein künstliches Knie ein, und das hält noch einmal 15 Jahre. „Und dann?", fragte der verunsicherte Patient. Der Arzt zögerte etwas und sah ihn kritisch an: „Dann sind Sie, schätze ich, etwa 90 Jahre alt und haben sowieso nicht mehr so lange zu leben."

Der Volkswirt hatte ob dieser Auskunft nicht viel Vertrauen in den deutschen Arzt. Bei seiner nächsten Reise nach Amerika ging er dort zu einem Doktor. Dieser untersuchte ihn und kam zu der gleichen Diagnose: Kein Problem, das kriegen wir hin. Ich setze Ihnen einfach ein künstliches Kniegelenk ein. „Und wie lange hält das?" Der Arzt entgegnete: Etwa 15 Jahre. „Und dann?" Ja, das ist schwierig, meinte der amerikanische Arzt. Denn nach dem Einsetzen eines künstlichen Kniegelenks könne man nicht mehr operieren. Aber letztlich sei das gar nicht so schlimm, denn in 15 Jahren werde die Wissenschaft schon etwas entdeckt haben, wie man mit solchen Fällen umgeht.

Die Auskunft der beiden Ärzte ist symptomatisch. Europäer sind vorsichtig. Sie denken in langen Zeiträumen. Sie tun nichts, bei dem sie nicht absehen können, wie es am Schluss endet. „Et respice finem“ (und denke an das Ende), lautet ein alter lateinischer Spruch, der bei europäischen Intellektuellen, vor allem Juristen, häufig zu hören ist. Amerikaner gehen Probleme dagegen mutiger und weniger zögerlich an. Sie haben großes Zukunftsvertrauen. Wenn ich nicht weiß, wie die Sache endet, wird mir zu gegebener Zeit schon etwas einfallen. In der Vergangenheit ist uns ja auch immer eine rettende Idee gekommen.

Die Unterschiede sind zum Teil historisch zu erklären. Die heutigen Amerikaner stammen von Menschen ab, die in den vergangenen Jahrhunderten aus ihren Heimatländern ausgewandert waren. Diese Menschen waren bereit, alles Bekannte und Erworbene hinter sich zu lassen und sich in der Fremde eine neue Existenz aufzubauen. Sie eroberten einen neuen Kontinent. Sie hatten Pioniergeist und schreckten vor Neuem und Schwierigen nicht zurück. Ein Land erobern kann man nur mit Zukunftsvertrauen, teilweise auch mit missionarischen Qualitäten. Wer diese Eigenschaften hatte, gehörte zur „Creme“ seiner Heimat, die anderen galten eher als die Verlierer. Amerika rekrutierte sich aus der so verstandenen Elite der restlichen Welt. Noch heute gehören die Deutschen, Polen oder Chinesen in Amerika zu den Besten ihrer früheren Nationen. Es gibt mehr deutsche Nobelpreisträger in den USA als in der Bundesrepublik (was allerdings nicht nur mit der Qualität der Wissenschaftler, sondern auch mit den besseren Forschungseinrichtungen zu tun hat).

Eigentlich hätte man angesichts des „brain drain“ von Europa nach Amerika vermuten müssen, dass dies auch in Zukunft so bleibt. Denn die Abwanderung der Eliten ist eines der schlimmsten Schicksale, die einer Gesellschaft passieren kann. Wie lange dauert es, bis wieder ein Einstein von den Universitäten kommt?

Wie kann es dann sein, dass Europa und auch die Bundesrepublik noch nicht einmal 70 Jahre nach dem letzten Aderlass durch die Vertreibung der jüdischen Elite aus

Deutschland doch wieder so relativ gut in der Welt dastehen? Ganz einfach: Nicht, weil die Europäer besser geworden sind und in der kurzen Zeit neue Einsteins nachgewachsen sind. Auch nicht, weil die Amerikaner schlechter geworden sind. Sondern weil sich die Welt verändert hat. Weil die Werte der Europäer besser in die veränderte, globalisierte Welt passen. Aus den Verlierern werden die Gewinner, diesmal aber nicht, weil die Verlierer stark geworden sind, sondern weil sich der Wind gedreht hat.

Zwölf charakteristische Eigenschaften der Europäer

Schauen wir uns die europäischen Werte etwas näher an. An sich läge es nahe, hier die Werte aus der neuen Verfassung (Artikel I-2) zu nehmen. Es sind dies die Achtung der Menschenwürde, Freiheit, Gleichheit, Rechtsstaatlichkeit und die Wahrung der Menschenrechte einschließlich der Rechte von Minderheiten. Das sind aber sehr allgemein gehaltene Postulate. Sie enthalten nichts spezifisch Europäisches. Sie könnten auch für Amerikaner oder Japaner (wegen der Menschenrechte weniger für die Chinesen) gelten. Man muss also mehr auf die spezifischen Tugenden und Verhaltensweisen der Europäer zurückgreifen.

Beispielhaft hierzu zwölf charakteristische Eigenschaften von Europäern. All dies sind natürlich grobe Vereinfachungen, denn in jedem Land, bei jedem Menschen liegen die Dinge anders. Trotzdem lässt sich ein generelles Raster herausarbeiten. Um die Besonderheiten deutlicher zu machen, werden sie jeweils mit entsprechenden Verhaltensweisen von Amerikanern – gewissermaßen als Messgröße oder Benchmark –, wo es möglich ist, auch mit denen der Asiaten verglichen.

Erstens: Europäer achten mehr auf Qualität. Häuser werden in Deutschland in der Regel für eine Nutzungsdauer von 40 Jahren gebaut, in Amerika dagegen nur für zehn bis maximal 20 Jahre. In China und Japan manchmal noch für weniger. Waschmaschinen sollen ein Leben lang halten, obwohl sie nach fünf bis sieben Jahren technologisch veraltet sind. Die Devise in Europa lautet: Besser wenige Produkte, dafür aber gute. Keine Mengenmaximierung. Europa ist daher auch viel weniger eine „Wegwerf-Gesellschaft“ als die USA oder China und Japan. Wenn ein Gerät kaputt ist, denkt hierzulande jeder zunächst daran, es zu reparieren. In den USA und in vielen Gebieten Asiens wirft man das Alte weg und kauft etwas Neues. Hier liegt ein Grund (neben vielen anderen) für die relative Konsumschwäche in Europa, verglichen mit den USA. In Europa werden nur gut 55 % des Sozialprodukts für den Konsum ausgegeben, in den USA sind es 65 %. In China und Japan ist die Konsumquote freilich ebenfalls niedrig.

Zweitens: Europäer legen im Allgemeinen größeren Wert auf Umweltschutz und Nachhaltigkeit. Sie schauen auf die längerfristigen Folgen ihres Handelns. Sie gehen nicht nach der Devise vor: Die Zukunft wird's schon richten. Sie sorgen vor.

Amerikaner vertrauen dagegen darauf, dass sie Schäden, die sie heute an der Umwelt anrichten, in Zukunft entsprechend beheben können. Chinesen und Japaner haben generell ein geringeres Gefühl für Umweltfragen – was sich allerdings ändern muss und wird, weil das Wachstum des chinesischen Ölverbrauchs zunehmend an den Weltölreserven zehrt und die Preise nach oben treibt. Städte wie Delhi und Dhaka, die noch auf Jahre hinaus zu den dreckigsten Orten der Welt zählen werden, haben inzwischen ihren gesamten Nahverkehr auf Gasbetrieb umgestellt (Jochen Buchsteiner).

Europäer wollen die Umweltschäden erst gar nicht entstehen lassen. Der Europäer denkt immer auch an morgen. Die Schweizer Bank Sarasin empfahl 2005 in einer Studie Anleihen der neuen EU-Mitglieder in Zentral- und Osteuropa (vor allem Papiere der baltischen Staaten). Die Begründung: Diese ließen eine umwelt- und sozialverträglichere Entwicklung mit einer entsprechend günstigen öffentlichen Haushaltsführung erwarten – im Gegensatz zu einigen aufstrebenden Ländern Asiens, etwa Korea. Das zeigt, wie Umweltschutz auch schon an den Kapitalmärkten eine Rolle spielt.

Über 90% der weltweiten Gesetzgebung zu Umweltfragen stammen – so war Anfang 2005 in der *International Herald Tribune* zu lesen – heute aus Europa. Wer als internationales Unternehmen auf diesem Gebiet tätig ist, muss sich mit Brüssel befassen und auch in Brüssel vertreten sein. Früher war die US-Gesetzgebung auf den meisten Gebieten internationaler Standard.

Drittens: Europäer legen mehr Wert auf Stabilität, vor allem Geldwert- und Finanzstabilität. Die Europäische Zentralbank gehört zu den wenigen Zentralbanken der Welt, die sich ein ehrgeiziges quantitatives Ziel für die Preisstabilität gesetzt haben: Das Preisniveau soll in einem Jahr nicht mehr als um „nahe, aber unter 2%" steigen. Die amerikanische und die japanische Notenbank – von den Institutionen der asiatischen Schwellenländer nicht zu sprechen – sind hier sehr viel großzügiger. Die Amerikaner befürchten bei einer Geldentwertung von „nur" 2% schon das Abgleiten in die Deflation. Sie akzeptieren daher auch Werte von 3%. Die Japaner wünschen sich derzeit (allerdings bedingt durch die besondere Situation der Deflation) eine höhere Preissteigerung und tun alles, um sie zu erreichen.

Amerikaner und Asiaten haben auch wenig Verständnis für den Stabilitäts- und Wachstumspakt, mit dem die Europäer die Defizite der öffentlichen Hand auf maximal 3% begrenzen wollen. Warum soll man in Krisenzeiten die Defizite nicht größer werden lassen, um eine Nachfrageschwäche zu bekämpfen? Die Japaner scheuen sich nicht, auch Defizite von 7% und mehr zu akzeptieren, um die Deflation zu bekämpfen. Die Chinesen haben noch höhere Defizite, wobei Vergleiche hier allerdings wegen der vielen öffentlichen Unternehmen schwierig sind. Die Vereinigten Staaten erhöhten die Fehlbeträge im Bundeshaushalt auf fast 5%, um in den Jahren 2002 und 2003 die Konjunktur wieder anzukurbeln.

Freilich haben die Vereinigten Staaten gezeigt, dass sie

umfangreichere Fehlbeträge in den öffentlichen Haushalten, wenn's sein muss, auch wieder schnell zurückführen können. Im Jahr 2000 schloss der amerikanische Bundeshaushalt mit einem Überschuss von 150 Milliarden Dollar. Die Europäer sind zu solchen radikalen Kursänderungen nicht in der Lage. Sie möchten aus diesem Grund von Anfang an verhindern, dass die Fehlbeträge in den Budgets des Staates zu stark ansteigen. Die öffentliche Hand in der Bundesrepublik hat in den letzten zehn Jahren nur einmal einen kleinen Überschuss erzielt; das war im Jahr 2000, als sie durch die Versteigerung der UMTS-Lizenzen außerordentliche Einnahmen in Höhe von knapp 50 Milliarden Euro erzielte.

Mehr Langfristdenken und mehr Internationalität

Viertens: Europäer denken weniger in kurzen Fristen, sondern haben eher die langfristige Perspektive im Blick. Das gilt nicht nur für Umwelt und Nachhaltigkeit. Es gilt auch für die Börse und die Unternehmenspolitik. Europäische Firmen suchen den langfristigen Profit. Sie sind skeptisch gegenüber der Quartalsberichterstattung, die die Unternehmen in erster Linie nach ihrem Erfolg in den letzten drei Monaten beurteilt, weniger nach ihren langfristigen Zielen und Strategien. Familienunternehmen denken in Generationen, nicht in Quartalen, sagt man. Der deutsche Automobilhersteller Porsche handelte sich viel Ärger damit ein, dass er sich weigerte, Quartalsberichte zu veröffentlichen. Er konnte sich das nur leisten, weil er geschäftlich so erfolgreich ist. Auch in den Rechnungslegungsvorschriften plädieren die Europäer mehr für das Niederstwert- und das Vorsichtsprinzip, die Amerikaner mehr für die Orientierung an den aktuellen Marktwerten. Freilich haben sich die Positionen in den letzten Jahren etwas einander angenähert. Wichtige Investoren wie Pensionsfonds oder Versicherungen, die von ihren Kunden am langfristigen Anlageerfolg gemessen werden, suchen auch bei ihren Geldanlagen längerfristige Renditen.

Fünftens: Europäer sind im Geschäftsleben nicht so risikobereit. Es gibt in Europa viel weniger „Garagen-Firmen", in denen eine Idee geboren und – hopp oder topp – an den Markt gebracht wird. Sie können sich nicht mit der pragmatischen Philosophie dieser Unternehmensgründer anfreunden: Wenn die Idee Erfolg hat, dann sind sie reich; wenn nicht, dann melden sie einfach Insolvenz an. Wer in den USA seinen Betrieb wegen Insolvenz schließen muss, wird durch die Gesellschaft nicht an den Pranger gestellt. Im Gegenteil, er gilt als einer, der auch auf diesem Gebiet erfahren ist. Wer dagegen in Deutschland pleite war, trägt einen Makel mit sich, der ihm über viele Jahre jeden Neuanfang erschwert.

Auch auf anderen Gebieten sind die Europäer weniger risikobereit. Sie erlauben zum Beispiel keine genmanipulierten Nahrungsmittel. Der Grund ist, dass diese Langfristschäden verursachen könnten, die man heute noch gar nicht absehen kann (obwohl die großen roten Erdbeeren in amerikanischen Supermärkten doch so lecker aussehen). Sie haben strengere Auflagen für das Testen von Medikamenten.

Die geringere Risikoneigung der Europäer kommt auch darin zum Ausdruck, dass sie ihre Ersparnisse weniger in Aktien und mehr in Anleihen anlegen. Nur 17% der Deutschen über 14 Jahren besitzen Aktien beziehungsweise Aktienfonds, verglichen mit fast 50% der Amerikaner. Auch Japaner sind stärker in Aktien engagiert als Europäer.

Sechstens: Europäer sind stärker außen- und weniger binnenorientiert. Sie reisen mehr in fremde, auch weit entlegene Länder (hier sind sie den Japanern und in Zukunft wohl auch den Chinesen ähnlicher). Sie treiben mehr Handel auf den internationalen Märkten. Europa ist Weltmeister bei Aus- und Einfuhren. Seine gesamten Exporte beliefen sich 2004 auf 1,2 Billionen Euro (ohne innereuropäischen Handel), verglichen mit 920 Milliarden Euro der Amerikaner und 390 Milliarden Euro der Japaner. Amerikanische Portfoliomanager setzen sich enge Grenzen für Geldanlagen im Ausland. Ihre europäischen Kollegen investieren das

Geld ihrer Kundschaft viel internationaler. Das hängt natürlich auch damit zusammen, dass der europäische Kapitalmarkt kleiner ist als der amerikanische.

Die internationalere Orientierung zeigt sich auch in Zeitungen und im Fernsehen. Die internationale Berichterstattung der europäischen Medien ist viel umfangreicher als die der Amerikaner. Es kann Ihnen passieren, dass Sie bei einem Urlaub in Kalifornien drei Wochen keine Zeile von Europa in der *Los Angeles Times* oder im *San Francisco Chronicle* lesen. Dagegen ist undenkbar, dass ein Italienurlauber drei Wochen lang im Corriere della Sera nichts über Amerika oder Asien erfährt. Das hängt auch nicht nur damit zusammen, dass kleine Regionen in aller Regel stärker international orientiert sind als größere. Die Europäer interessieren sich einfach mehr für das, was in der Welt um sie herum vor sich geht.

Das Gleiche gilt für Sprachkenntnisse. Es gibt mehr Europäer (ohne Irland und Großbritannien), die englisch sprechen, als Amerikaner, die Deutsch, Französisch oder Spanisch beherrschen.

Siebtens: Europäer sind toleranter gegenüber anderen Meinungen und Religionen. Sie haben kein oder jedenfalls nicht ein so großes Sendungsbewusstsein wie Amerikaner. In jedem Fall sind die Zeiten des missionarischen Eifers (etwa in den Kreuzzügen) vorbei. Das kontrastiert mit dem Ziel beispielsweise des amerikanischen Präsidenten, „die Freiheit bis in den letzten Winkel der Welt zu tragen", wie er es in der Inaugurationsrede zu seiner zweiten Amtszeit im Januar 2005 formulierte. Auch viele Asiaten haben weniger Sendungsbewusstsein, allerdings nicht unbedingt, weil sie toleranter sind, sondern weil sie Ausländer nicht so ernst nehmen. Manches ändert sich hier aber. „Die Aufholerfolge der vergangenen Jahre haben das Selbstbewusstsein der Asiaten gestärkt und in den Eliten eine Kultur der Überheblichkeit begründet." Es gibt in Asien zunehmend „Triumphalismus, Leistungsethik, intellektuelle Ungeduld" (Jochen Buchsteiner)

Achtens: Teamgeist ist in Europa wichtiger. Das mag manchen überraschen, der an das Fair Play im Sport in den angelsächsischen Ländern denkt. Die amerikanische Wirtschaft ist groß geworden durch Pioniere, die neue Gebiete eroberten und sie für sich reklamierten. Der Pionier ist immer ein Einzelkämpfer, der alles Risiko auf sich nimmt, der mit allen Mitteln kämpft, dann aber auch den Sieg ganz für sich reklamiert. Anders in Europa. Hier gab es keine neuen Gebiete zu erobern. Hier mussten nach dem Zweiten Weltkrieg die Städte wieder aufgebaut werden. Das ging nicht allein, sondern nur in gemeinsamer Anstrengung aller.

Europäer denken daher auch weniger in Konfrontation, sondern in Kooperation. Daher zum Beispiel auch das Bemühen in den Unternehmen, Restrukturierungen nicht durch „hire and fire“ durchzusetzen, sondern in gemeinsamen Aktionen mit Arbeitnehmern und ihren Betriebsräten. Aus dem eher konsensualen Denken vor allem der Deutschen stammen die Mitbestimmungsregeln in Firmen in der Bundesrepublik, für die die Amerikaner (aber auch manche Europäer aus anderen Ländern) häufig so wenig Verständnis haben. Die Mitbestimmung hat, klug angewendet, bei manchen Unternehmenssanierungen schon viel geholfen. Freilich hat sie in manchen Fällen auch zu mehr Konfrontation und schwierigeren Entscheidungsprozessen geführt.

Der Wunsch, zu gemeinsamen Lösungen zu kommen, ist für den gesellschaftlichen Frieden hilfreich. Er führt freilich auch dazu, dass viele Entscheidungen lange dauern und mutige Schritte oft unterbleiben. Japaner sind sogar noch mehr bestrebt, einen Konsens zu finden. Hier diskutieren die Beschäftigten in Unternehmen oft noch weit über den Feierabend hinaus, um sich auf eine gemeinsame Linie zu einigen.

Neuntens: Gerade aus dem stärkeren Gemeinschaftsgefühl kommt der Wunsch von Europäern, mehr für die Gemeinschaft zu tun und mehr in sie zu investieren. Sie wollen Städte und Gemeinden besonders schön gestalten. Sie legen Wert darauf, dass die Straßen gut und die öffentlichen Verkehrsnetze in Ordnung sind. Die öffentliche Infrastruktur in Europa ist sicher immer noch weit von dem entfernt, was sich die Menschen hierzulande wünschen. Sie ist aber unvergleichlich besser als in den USA oder in China oder Japan beispielsweise.

Eisenbahnen, Fluggesellschaften und Telekommunikation waren lange Zeit in öffentlicher Hand. Die Europäer errichten Theater, Museen und andere Kulturdenkmäler in gemeinsamer Anstrengung mit dem Staat. In den Vereinigten Staaten gibt es dagegen mehr Mäzene und private Förderer mit umfangreichen Sponsoring-Aktivitäten. Welches Modell am Ende erfolgreicher ist, ist schwer zu beurteilen. Ich habe viel Sympathie für die private Förderung von Kunst und Kultur, weil sie das Engagement der Menschen besser einschließt.

Die höheren Ausgaben für öffentliche Infrastruktur in Europa haben natürlich ihren Preis. In Europa ist die Staatsquote größer (selbst wenn man die Umverteilungsaktivitäten durch die Sozialversicherungen herausrechnet) und natürlich zahlen die Europäer auch mehr Steuern und Abgaben. Die Staatsquote in Europa insgesamt liegt derzeit bei 49%, verglichen mit 32% in den USA und 39% in Japan.

Die andere Haltung von Europäern gegenüber dem Gemeinwesen kann so weit gehen, dass der Staat Dinge tut, die in einer Marktwirtschaft keineswegs zu den öffentlichen Aufgaben gehören. So ist der Staat in Deutschland beispielsweise nicht nur der größte Waldbesitzer (wofür man sicher gute Gründe finden kann), sondern auch der größte Bankenbesitzer (was sich in einer Marktwirtschaft nur schwer rechtfertigen lässt). In den letzten Jahren gibt es in Europa zunehmend Tendenzen, den Einfluss des Staates wieder etwas zurückzuschneiden – sicher aber nicht auf das Niveau, das es in Amerika gibt. Freilich gibt es gerade auf diesem Gebiet in Europa erhebliche Unterschiede. Die Briten ähneln hier mehr den Amerikanern als den Kontinentaleuropäern. Die Koexistenz solcher Unterschiede kann in einer Gemeinschaft wie der EU sehr hilfreich sein, weil jeder sich für sein System gegenüber dem anderen rechtfertigen muss. Es gibt hier den Wettbewerb der Systeme.

Zehntens: Europas Gesellschafts- und Staatsverständnis ist durch ein starkes Bekenntnis zu Dezentralität und Subsidiarität geprägt. Alle Aufgaben, die auf lokaler Ebene erledigt werden können, sollen dort verbleiben. Alle Geschäfte, die von kleineren und mittleren Unternehmen getätigt werden können, sollen nicht von Großbetrieben wahrgenommen werden – dies kann freilich nicht vom Staat angeordnet werden, sondern muss sich im Wettbewerb durch die Marktkräfte ergeben. Im Bereich der öffentlichen Verwaltung gibt es in puncto Subsidiarität freilich mehr Unterschiede zwischen dem dezentraleren Deutschland und dem zentraleren Frankreich als zwischen Europa insgesamt und den USA. Auch in den USA ist die Regierung in Washington nicht beliebt. Es wird „draußen im Land" immer wieder betont, dass Washington nicht die USA sei. Mit der Abneigung gegen Brüssel und den europäischen Bürokratismus ist das nicht viel anders. China ist aufgrund seiner diktatorischen Regierungsform, Japan aufgrund seiner Größe und seiner Lage als Inselstaat eher zentralistisch organisiert. Indien ist dagegen auch aufgrund seiner Geschichte stärker dezentral gestaltet.

Elftens: Viele europäische Staaten, vor allem auch Deutschland, bieten größere Rechtssicherheit. Unternehmen stellen immer wieder fest, dass manche geschäftlichen Transaktionen in den Vereinigten Staaten rechtlich deutlich komplizierter sind. Verträge sind häufig sehr viel umfangreicher. Manche Regelungen, die in Deutschland selbstverständlich sind, gibt es in den USA gar nicht. Mit das größte Problem ist die ausufernde Gewährung von Strafschadensersatz durch die Gerichte. Das entwickelt sich zunehmend zu einem Standortnachteil für die USA. Da wird beispielsweise der Inhaber einer bekannten Getränkemarke zu Schadensersatz verurteilt, weil eine schadhafte Flasche mit seinem Label einen Menschen verletzt hat. Die Tatsache, dass der Inhaber der Getränkemarke selbst gar keine Schuld hat, spielt dabei keine Rolle.

Ein weiteres Problem ist das unterschiedliche Recht: In Europa gibt es im Wesentlichen Gesetzesrecht, das kodifiziert und daher leichter einschätzbar ist. Die USA haben dagegen zu einem großen Teil Richterrecht, das auf Einzelfällen beruht. Manche europäische Unternehmen investieren heute nicht in den USA, weil sie das Risiko der Rechtsunsicherheit als zu hoch ansehen.

Auch in Asien gibt es andere rechtliche Konstruktionen als in Europa. Von den Chinesen sagt man, dass das Schließen eines Vertrages für sie nicht das Ende von Verhandlungen bedeutet, sondern erst den Anfang. Der Vertragsabschluss signalisiert, dass die Partner miteinander Geschäfte machen wollen. Wenn er unterschrieben ist, dann fangen Chinesen sehr zum Erstaunen ihrer europäischen Partner an, beispielsweise über den Preis zu reden.

Zwölftens: Europa ist geprägt durch die kulturelle Vielfalt und die unterschiedlichen Traditionen und Menschen auf dem Kontinent. So etwas hat auch in den USA außerordentlich befruchtend gewirkt, nicht nur auf die Wirtschaft, sondern auch auf das geistige Leben. In Europa ist die Vielfalt noch größer als in den USA wegen der unterschiedlichen Sprachen und der unterschiedlichen Geschichte der einzelnen Völker und Stämme.

In letzter Zeit sind die Vorteile der kulturellen Vielfalt in Europa durch den Begriff der multikulturellen Gesellschaft etwas in Verruf gekommen. Vielfalt der Kulturen, so wird gesagt, fördere Beliebigkeit und Unverbindlichkeit. Alles sei möglich, nichts wirklich richtig. Diese Gefahr besteht in der Tat. Andererseits darf eine Gesellschaft nicht zu viel Berührungsangst vor anderen Kulturen haben. Sie muss Andersartigkeit als Herausforderung und Incentive nehmen, Neues zu lernen, zu verwirklichen und in ihre eigene Kultur zu integrieren. Freilich erfordert die positive Nutzung der kulturellen Vielfalt, dass sich alle Kulturen in einer Gesellschaft öffnen und nicht nur einige.

Der Rückenwind der Globalisierung

Warum passen die europäischen Werte besser in die heutige Welt? Warum werden aus „Verlierer-Werten" in Zukunft „Gewinner-Werte"? Wir leben heute nicht mehr in einer Welt extensiven Wachstums. Es gibt nur noch wenige neue Gebiete, die erschlossen oder erobert werden können. Damit wird weniger Pioniergeist gefragt. Die Produktionsfaktoren stehen nicht mehr in unbeschränkter Menge zur Verfügung. Damit werden Produktionsverfahren erforderlich, die sparsam mit den Ressourcen umgehen. Wir können nicht mehr von der Hand in den Mund leben. Langfristdenken ist gefragt. Die heutige Generation muss Vorsorge für die künftigen Generationen treiben.

Immer mehr Menschen leben auf dem Globus. Wir müssen mehr Rücksicht aufeinander nehmen. Das erfordert Toleranz und Verständnis füreinander. Wir müssen internationaler denken und Zusammenhänge erkennen, die vorher keine Rolle spielten. Die Tatsache beispielsweise, dass die Provinzen im Südosten Chinas so schnell wachsen und so viele Hochhäuser mit Klimaanlagen bauen, wirkt sich genauso wie der Hurrikan in der Karibik auf den Benzinpreis an unseren Tankstellen aus. Der sich selbst versorgende Farmer, der nichts mit seiner Umgebung zu tun hat, wird immer seltener.

Wir werden uns zunehmend der Begrenztheit des Kontinents bewusst. Die Umweltverschmutzung wird von Jahr zu Jahr spürbarer. In Australien ist die schützende Ozonschicht um die Erde durch die Luftverschmutzung schon so stark zerstört, dass Sonnenstrahlen für die menschliche Haut gefährlich werden können. In Europa führt der Feinstaub durch Autoabgase zum Tod von hunderttausenden von Menschen pro Jahr. Die Reaktorkatastrophe im ukrainischen Tschernobyl führte allein in Deutschland zum Tod von vermutlich mehreren hundert Kindern.

Mit steigendem Lebensstandard und steigender wirtschaftlicher Erfahrung wird auch die Geldwertstabilität wichtiger. Sie hilft bei der effizienten Allokation der Faktoren und sie verhindert eine Benachteiligung der Älteren und

Ärmeren in der Gesellschaft. Wir wissen aus den leidvollen Erfahrungen in Lateinamerika, wie schwierig es für eine Gesellschaft ist, wenn die Inflation um 10, 100 oder gar 1000 Prozent pro Jahr steigt, und wollen das nicht mehr erleben.

Wenn das Pro-Kopf-Einkommen in der Welt wächst, geht es auch nicht einfach nur noch um ein „Mehr" im quantitativen Sinn, sondern um ein „Besser", das heißt eine höhere Lebensqualität. Wer ein Auto hat, braucht kein zweites mehr, allenfalls ein besseres.

Hinzu kommen die wachsenden demographischen Probleme, also die Alterung der Gesellschaft, nicht nur in Europa, sondern in der Welt insgesamt. Die Zahl der älteren Menschen erhöht sich dank medizinischen Fortschritts weltweit. Wer nicht mehr arbeiten kann, ist auf die Solidarität der Gesellschaft angewiesen. Ein Staat, der viel für die Altersvorsorge tun muss, kann sich keine hohen öffentlichen Defizite leisten. Denn die jüngere, arbeitende Generation muss zu allen anderen Lasten dann auch noch die daraus folgenden Zins- und Tilgungszahlungen leisten. In einer Gesellschaft mit demographischen Problemen muss die Sparquote hoch sein, damit ein Kapitalstock aufgebaut werden kann, aus dem die Renten geleistet werden können.

All das zeigt: Das, was man noch vor einigen Jahren als konservative, etwas weltfremde und antiquierte Werte der Europäer halten konnte, ist inzwischen für die Welt insgesamt aktuell. Europa ist nicht besser geworden. Aber die Welt fragt die europäischen Werte heute stärker nach, als das früher der Fall war. Der europäische Multilateralismus passt besser in die Gemeinschaft der globalisierten Welt als der amerikanische Unilateralismus. Europa kann sich mit seinen Werten leichter in die Regeln der Globalisierung einfügen als Amerikaner, die gerne selbst die Standards setzen und ungern fremde Regeln übernehmen. Globalisierung erfordert Kompromissbereitschaft: Man muss auch bei Dingen mitmachen, die aus der eigenen Sicht vielleicht nicht so wichtig sind.

So abwegig es auf den ersten Blick klingen mag für einen Kontinent, auf dem so viel über die Globalisierung geklagt wird: Europa ist mit seinen Werten ein Gewinner der Globalisierung. Man könnte sagen: Europa hat mit der Entscheidung für seine Werte das richtige Gefühl gehabt und war eben weitsichtiger als die anderen. Man kann aber auch sagen: Europa hat ganz einfach Glück gehabt, dass es auf Werte setzte, die später aktuell geworden sind. Aber in der Weltgeschichte spielt Glück eben schon auch eine Rolle.

Die wirtschaftlichen Stärken: Binnenmarkt, Währung, Kapitalmarkt

Der europäische Markt ist so groß, dass er allein schon deshalb für global tätige Unternehmen in der Welt unverzichtbar ist. Hinzu kommen eine attraktive Währung und ein Kapitalmarkt mit einer eigenen Philosophie.

Haben Sie schon einmal einem Amerikaner zu erklären versucht, dass Europa größer als die USA ist? Die erste Antwort ist ungläubiges Staunen und ein klares: „Das kann gar nicht sein.“ Wenn Sie ihm dann aufzeigen, dass Europa eine Bevölkerung von 457 Millionen hat, verglichen mit 291 Millionen in den Vereinigten Staaten, und wenn Sie dann auch noch sagen, dass Europa ein Sozialprodukt von 10,1 Billionen Euro hat, verglichen mit 9,9 Billionen in den USA (umgerechnet nach Kaufkraftparitäten), dann kommt lange nichts. Schließlich der Einwand: Das mag ja alles richtig sein, aber erstens ist Amerika von der Fläche her sehr viel größer. Zweitens ist Europa gar kein Staat, sondern die Summe von verschiedenen Ländern. Da ist es ganz natürlich, dass Europa Amerika überholen kann. Man muss nur genügend Staaten zusammenaddieren und kann dann letztlich jede beliebige Größe darstellen.

Ich vermute, dass ein durchschnittlicher Europäer auf die Frage nach den Größenordnungen zwischen den USA und Europa nicht viel anders antworten würde. Auch ihm ist vermutlich nicht bekannt, wie groß Europa wirklich ist.

Der Unterschied ist nur, dass der Europäer von der Frage eher geschmeichelt ist und daher weniger nach Gegenargumenten suchen würde. In der Tat ist das Wissen über Umfang und Struktur des europäischen Markts zwar unter Experten verbreitet, in der Öffentlichkeit aber weder in Europa selbst noch außerhalb sehr groß. Das ist verwunderlich. Denn der europäische Binnenmarkt hat inzwischen ein Volumen erreicht, wo Quantität in Qualität umschlägt. Der Markt ist so groß, dass er allein schon deshalb Handelsströme umlenkt und international tätige Unternehmen zwingt, mit eigenen Stützpunkten nach Europa zu gehen.

Der größte Binnenmarkt der Welt

Gemessen an der Bevölkerung (und das bedeutet im Hinblick auf den Markt: die Zahl der Kunden) rangiert Europa in der Welt an Nummer drei. Nummer eins ist China mit 1,3 Milliarden Einwohnern, Nummer zwei Indien mit etwas über einer Milliarde. Danach kommt Europa. Nach einer Erweiterung um Bulgarien und Rumänien hätte es knapp 500 Millionen Einwohner. Europa ist also, gemessen an der Bevölkerung, etwa halb so groß wie Indien und macht rund ein Drittel des bevölkerungsreichsten Staats der Welt, China, aus.

Erst an vierter Stelle der Bevölkerungsrangliste stehen die Vereinigten Staaten. Japan, das viele immer als einen großen Binnenmarkt ansehen, kommt erst sehr viel später, mit 128 Millionen Menschen, nach Russland und Brasilien. Ein Unternehmen, das heute den Anspruch hat, weltweit zu operieren, kommt angesichts dieser Zahlen an Europa nicht vorbei.

Aber die Zahl der potentiellen Kunden ist natürlich nur ein Kriterium. Für globale Firmen ist es wichtiger, wie viel Geld es auf den Märkten gibt. Gemessen am Bruttoinlandsprodukt steht Europa derzeit an Nummer eins in der Welt, leicht vor den USA. Vielleicht sollte man den Unterschied nicht so betonen, sondern nur sagen: gleichauf mit den USA, denn die Differenz ist nicht sehr groß und kann in ein, zwei Jahren aufgeholt sein. Nummer drei ist China mit einem Bruttoinlandsprodukt von 5,3 Billionen Euro. Dann folgen Japan mit 3,2 Billionen Euro und Indien mit 2,5 Billionen. Nimmt man die beiden Kriterien Kundenzahl und Sozialprodukt zusammen, dann gibt es keinen Markt der Welt, der wichtiger als Europa ist.

Freilich sollte man der Fairness halber darauf hinweisen, dass es für die Attraktivität eines Marktes auch darauf ankommt, wie viel Geld die einzelnen Kunden in den Händen halten, also auf das Pro-Kopf-Einkommen. Im Hinblick auf diese Größe liegen die USA mit über 34 100 Euro ganz vorne, dann folgt Japan (25 100 Euro) und erst an dritter Stelle kommt Europa (22 100 Euro). Europa ist hier durch die Osterweiterung etwas zurückgefallen. China und Indien sind weit abgeschlagen (knapp 4100 Euro beziehungsweise etwas mehr als 2400 Euro).

Nun muss ein Markt aber nicht nur groß sein, um für Unternehmen interessant zu sein. Er muss auch dynamisch wachsen. Hier wird Europa oft als langweiliger Kandidat in die Ecke gestellt. Im Jahre 2004 erhöhte sich die gesamtwirtschaftliche Leistung in Europa um real 2,4 %, verglichen mit 4,2 % in den USA und 2,7 % in Japan. Von den Wachstumsraten Chinas (9,5 % in 2004) und Indiens (6,9 %) ganz zu schweigen.

Das Bild ist in dieser Form jedoch nur die halbe Wahrheit. Innerhalb Europas befinden sich außerordentlich schnell wachsende Regionen. Es sind dies nicht nur so kleine Länder wie Irland und Griechenland mit Wachstumsraten von 4,5 % beziehungsweise 4,2 % in 2004. Es ist inzwischen auch der ganze zentral- und osteuropäische Raum mit 80 Millionen Einwohnern. Diese Staaten expandieren seit dem Ende der Transformation in der zweiten Hälfte der 90er Jahre mit Raten von 4 bis 5 % real, zum Teil sogar mehr. Es sieht nicht so aus, als käme dieses Wachstum so schnell zum Stillstand. Experten rechnen damit, dass sich die hohe Expansion noch mindestens bis zum Ende dieses Jahrzehnts im bisherigen Ausmaß fortsetzen wird.

Es ist interessant, das Wachstum der zentral- und osteuropäischen Länder mit dem der so genannten Tigerstaaten in Südostasien zu vergleichen, die in den letzten Jahrzehnten mit ihrer Expansion so viele Schlagzeilen gemacht haben (also Taiwan, Hongkong, Singapur, Thailand etc.). Gemessen an der Entwicklung des realen Bruttosozialprodukts expandieren diese Regionen nach wie vor schneller als Osteuropa (5 bis 6% pro Jahr). Aber das Wachstum dort ist stark von der Zunahme der Bevölkerung (1 bis 2% pro Jahr) getrieben. Schaut man sich daher das Pro-Kopf-Einkommen an, so schneidet Osteuropa tendenziell besser ab als Südostasien, jedenfalls nicht schlechter. Die neuen EU-Mitglieder in Osteuropa wurden daher auch schon als die neuen Tigerstaaten der Welt bezeichnet.

Das hohe Wachstum in Zentral- und Osteuropa hängt damit zusammen, dass es in diesen Staaten noch weitgehend ungesättigte Märkte gibt. Der Lebensstandard der Menschen ist relativ niedrig. Das Wachstum hat erst vor weniger als zehn Jahren richtig eingesetzt. Davor litten die Länder zuerst unter der schwierigen Zeit des Sozialismus. Dann – nach dem Fall des Eisernen Vorhangs – mussten sie drastische Einkommenseinbußen durch die Transformation hinnehmen. Die Unternehmen müssen heute in moderne Anlagen investieren, um auf den Weltmärkten, die sie gerade entdecken und erobern, wettbewerbsfähig zu sein. Die privaten Haushalte haben auf vielen Gebieten ungedeckten Bedarf. Nur etwa zwei Drittel der Einwohner Polens beispielsweise besitzen ein Bankkonto, verglichen mit fast 100% in Deutschland. Eine Bank, die sich in Polen engagiert, kann dort also noch einem Drittel der Bevölkerung ein Konto verkaufen! Ähnliche Relationen gelten für Kühlschränke, Handys, Autos, aber auch für Reisen, Nahrungsmittel etc.

In diesen Märkten werden jedoch nicht nur große Mengen von Gütern und Diensten nachgefragt, sondern auch hohe Qualität. Sie sind also nicht nur für Produzenten technologisch einfacher Produkte interessant. Schon gar können die Unternehmen hier nicht einfach den Ramsch absetzen, den sie in anderen Märkten nicht losbringen. Diese Märkte sind technologisch herausfordernd. Um auch hier ein Beispiel aus dem Bankenbereich zu zitieren. In Polen nutzen relativ mehr Bankkunden das Online-Banking als die anspruchsvollste Form des privaten Bankgeschäfts als in Deutschland. Das Gleiche gilt für viele Produkte des privaten Verbrauchs oder der Investitionen. Die Märkte folgen in ihrer Entwicklung also nicht den hoch industrialisierten Staaten, sondern sie überspringen viele Stufen und landen dann gleich in der Gegenwart.

Zum hohen Bedarf der Bevölkerung auf diesen Märkten und der dadurch bedingten Volumenexpansion kommt als großer Vorteil für die Unternehmen, dass die Margen in diesen Ländern im Allgemeinen noch höher sind. Wer auf solche Märkte setzt, kann also noch viel Geld verdienen. Noch – denn die Margen gehen aufgrund des steigenden Angebots an Gütern und Diensten und der zunehmenden Konkurrenz kontinuierlich zurück.

Freilich stehen den höheren Margen auch größere Geschäftsrisiken gegenüber. Man muss sich auf den Märkten auskennen. Man muss die Sprache beherrschen, um in die lokalen Netzwerke einzudringen. Man muss auch die unterschiedlichen Geschäftspraktiken verstehen. Diese Märkte sind zum Teil noch von der Zeit des Kommunismus geprägt. Zum Teil haben sie aber auch ganz moderne, zum Teil fast frühkapitalistische Verhaltensweisen. Kleinkorruption spielt eine große Rolle. Das ist nicht anders als in den asiatischen Ländern. Es führt in Zentral- und Osteuropa aber dazu, dass internationale Investoren sich zunächst in den westlichen Anrainerländern ansiedeln (also in Österreich und Deutschland), um von dort aus die Märkte näher zu erkunden. Erst in einem zweiten Schritt gehen sie dann mit direkter Präsenz in die Länder.

Nachfrage, nicht Kosten entscheiden
Unternehmen, die allein wegen der Kosten in die neuen EU-Länder gehen, springen zu kurz. Denn aufgrund des hohen Wachstums und des großen Zustroms an ausländischen Investitionen steigen die Kosten in diesen Standorten erheblich stärker als in anderen Gegenden. Während sich die Löhne in Deutschland im gesamtwirtschaftlichen Durch-

schnitt nur noch um 1 % erhöhen, steigen sie in Ungarn und der Slowakei mit seiner boomenden Automobilindustrie um 7 %, in Lettland und Litauen sogar um 8 %.

Wer heute aus Kostengründen Produktionsstätten ins Ausland verlagert, sollte nicht mehr nach Zentral- und Osteuropa gehen, sondern nach Moldawien, Weißrussland oder die Ukraine. Er muss – wie es der erfolgreiche bayerische Unternehmer Randolf Rodenstock einmal formuliert hat – mit seinen Investitionsentscheidungen permanent auf Reisen sein, weil es immer wieder andere Länder gibt, in denen die Kosten niedriger sind. Wenn Osteuropa und Asien ausgereizt sind, muss man wahrscheinlich nach Afrika gehen. Richtig profitiert ein Unternehmen von den Chancen in Zentral- und Osteuropa nur, wenn es sowohl die günstigen Kosten- als auch die guten Nachfragebedingungen nutzt.

Zurück zu den Vorteilen des gesamten europäischen Binnenmarkts. Was wenig beachtet wird, ist die Tatsache, dass sich in Europa Bevölkerung und Kaufkraft auf eine vergleichsweise geringe Fläche verteilen. In Europa leben auf einem Quadratkilometer 150 Menschen, in den Vereinigten Staaten sind es nur 30. Auch in Asien ist die Bevölkerungsdichte relativ hoch: China 138, Japan 336, Indien sogar 358 Einwohner pro Quadratkilometer. Größere Bevölkerungsdichte heißt, dass die Transportkosten und die flächenabhängigen Verkaufskosten (Marketing, Werbung, Verkaufsflächen etc.) geringer sind. Wichtig zur Nutzung dieser Vorteile ist allerdings, dass auch die öffentliche Infrastruktur mit Straßen, Schienen und Flugzeugen insgesamt gut ist. Hier steht Europa gegenüber vielen Gegenden Asiens besser da. Der europäische Binnenmarkt ist ein Markt zum Anfassen.

Wenn man mit internationalen Investoren über ihre Motive, nach Europa zu kommen, spricht, fällt auch immer wieder das Argument: Die EU ist eine „Region in Bewegung". Die Union wird nicht nur erweitert. Die Integration wird auch enger. Noch existierende Barrieren im Binnenmarkt werden abgebaut. Die Staats- und Regierungschefs sind unzufrieden mit der wirtschaftlichen Performance ihrer

Länder und führen daher Reformen zur Revitalisierung der Wirtschaft ein. Unternehmen innerhalb Europas tun sich zusammen, um den großen Binnenmarkt besser und effizienter zu bedienen. Einer der Sektoren, der in dieser Hinsicht derzeit besonders dynamisch ist, ist der Bankenmarkt. Zeiten der Bewegung sind – ganz abgesehen von ihren positiven Effekten auf das Wachstum – für Unternehmen auch immer Chancen. Marktanteile werden neu verteilt. Wer schneller als die anderen ist, kann gewinnen, andere werden verlieren. Auch das ist ein Prä Europas.

Vorteile durch Skaleneffekte

In den letzten Jahren wurde immer wieder gesagt, dass ein großer Binnenmarkt auch deshalb so attraktiv ist, weil er Skaleneffekte bei der Produktion ermöglicht. Das heißt, dass die Stückkosten mit steigender Größe des Marktes abnehmen. Anfang der 90er Jahre des vorigen Jahrhunderts, unmittelbar vor dem In-Kraft-Treten des gemeinsamen Binnenmarktes, versuchte der Cecchini-Report, diese Effekte zu quantifizieren. Er kam zu dem Ergebnis, dass das Wachstum des Binnenmarktes wegen dieser Effekte um etwa 1% höher sein müsste. Bisher ist davon in den aktuellen Zahlen über das Wachstum in der Europäischen Union noch nicht viel zu sehen. Hat man sich damals getäuscht?

Ich glaube nicht. Denn die Theorie, die hinter den Skaleneffekten steht, ist unzweifelhaft richtig. Zu bedenken ist aber, dass solche Effekte immer erst langfristig entstehen. Zunächst müssen erst einmal die Investitionen getätigt werden, um die Vorteile des Binnenmarktes zu nutzen, bevor sich die kostenentlastenden Wirkungen einstellen. Das ist auch bei anderen großen Veränderungen der Fall. Lange Zeit beispielsweise haben wir uns gewundert, dass die Einführung der Computer und des Internets die Produktivität in der Wirtschaft kaum veränderte, obwohl doch alles so viel schneller ging und weniger Leute benötigt wurden. Erst jetzt, zehn Jahre später, zeigt sich der Produktivitätsschub.

Das liegt daran, dass die Menschen und die Unternehmen erst lernen müssen, die neuen Techniken richtig einzusetzen und die Chancen zu nutzen. Als die ersten Computer in den Büros auftauchten, verzichtete noch niemand auf seine Sekretärin. Die Chefs mussten sich erst an die neue Situation gewöhnen. Sie mussten erst lernen, Briefe selbst zu schreiben, Manuskripte selbst zu korrigieren, notfalls auch Reisekostenabrechnungen selbst zu machen. Sie mussten üben, um die Vorteile zu nutzen. In den Büros wurde in der ersten Zeit nach dem Einzug der PCs mehr geschrieben und die Qualität nahm zu. Das war aber nur vorübergehend. Inzwischen ist die Zahl der Sekretärinnen in den Firmen drastisch zurückgegangen. Anpassungsvorgänge brauchen Zeit, mehr, als wir oft denken. So wird das auch bei dem Binnenmarkt sein. Alle ökonomische Theorie müsste falsch sein, wenn sich die Economies of Scale nicht wachstumssteigernd auswirken würden.

Hinzu kommt, dass der Binnenmarkt noch keinesfalls in allen Sektoren vollständig realisiert ist. Schauen wir uns den Finanzsektor an, der für das Wachstum der Wirtschaft immer von besonderer Bedeutung ist. Dort ist in Sachen Binnenmarkt – trotz der gemeinsamen Währung – zwar viel auf den Weg gebracht, aber noch relativ wenig effektiv umgesetzt worden. Es gibt bisher noch keine wirklich paneuropäische Bank, die auf allen wichtigen Märkten der Union flächendeckend vertreten ist. Im Jahr 2000 ging die HypoVereinsbank in München mit der Bank Austria in Wien zusammen. Das blieb damals zunächst ein Einzelfall. Es gab danach allenfalls kleinere grenzüberschreitende Käufe einzelner Banken.

Erst ab dem Jahr 2004 kam Bewegung in den europäischen Bankenmarkt. Zunächst erwarb die spanische Bank Grupo Santander die britische Abbey National. Im ersten Halbjahr 2005 führte die spanische Bank Banco Bilbao Vizcaya Argentaria Gespräche mit der italienischen Banca Nazionale del Lavoro und die holländische Bank ABN Amro mit der italienischen Bank Antonveneta. Im Sommer 2005 gab es schließlich den Zusammenschluss der größten Bank Italiens, UniCredit, mit der zweitgrößten Bank Deutschlands, der HypoVereinsbank. Das war der bisher größte grenzüberschreitende Bankenzusammenschluss in der Europäischen Union. Es entstand die viertgrößte Bank in der Euro-Zone und die neuntgrößte Bank in der EU insgesamt. Die neue UniCredit ist keine italienische Bank, auch keine italienisch-österreichisch-deutsche Bank. Es ist eine wahrhaft europäische Bank. Ihr geschäftlicher Schwerpunkt liegt im Osten und Süden Europas: in ganz Zentral- und Osteuropa sowie in Österreich, Norditalien und Süddeutschland, einer der wohlhabendsten Regionen in Europa. Die einzelnen Geschäftsschwerpunkte werden zum Teil von Mailand, zum Teil von Wien und zum Teil von München gesteuert. Es ist nicht schwer zu prognostizieren, dass weitere Transaktionen dieser Art folgen werden.

Daneben muss aber auch der institutionelle Rahmen des europäischen Bankenmarkts umgesetzt werden. Der Binnenmarkt im Finanzsektor wird erst dann Wirklichkeit, wenn der „Financial Services Action Plan" der Europäischen Kommission verwirklicht ist und wenn die Finanzwirtschaft die sich daraus ergebenden Möglichkeiten nutzt. Die Gebühren für innereuropäische Überweisungen sind immer noch höher als im Inland.

Auf den industriellen Märkten stellt sich die Situation etwas anders dar. Die Industrie denkt häufig in weltweiten Kategorien, weniger in europäischen. Aber auch hier gibt es in Europa noch viele Unzulänglichkeiten auf den Märkten. Siehe die – zum Teil bedingt durch die verschiedenen steuerlichen Regelungen – verschiedenen Preise für Autos auf den einzelnen Märkten Europas. Ein Porsche Cayenne kostet in einfachster Grundausstattung in Deutschland 49 000 Euro, in Österreich 59 000 Euro. Auch im Energiesektor ist Europa noch von einem einheitlichen Binnenmarkt entfernt. Die Strompreise innerhalb der Union unterscheiden sich noch erheblich und führen zu Wettbewerbsverzerrungen. Es braucht also eine geraume Zeit, bis die Produktivität wirklich so steigt, wie das theoretisch zu erwarten ist. Hier schlummert noch eine Produktivitätsreserve.

Die starke gemeinsame Währung

Eine starke Wirtschaft braucht eine starke Währung. Mit dem Euro ist – das kann man sicher ohne Übertreibung sagen – die in der ersten Hälfte dieses Jahrzehnts meistgefragteste Währung der Welt entstanden. Sie ist zu einer wichtigen Attraktion Europas geworden. Durch die einheitliche Währung hat sich das Gesicht Europas verändert.

Der große Vorteil einer einheitlichen Währung ist, dass dadurch die Wechselkursrisiken auf dem Binnenmarkt entfallen. Erst dadurch sind Verkäufe von Gütern und Diensten für ein Unternehmen in Frankreich und in Deutschland oder Österreich gleichwertig. Der Zahlungsverkehr wird erleichtert. Große Unternehmen (aus Europa oder aus Übersee) brauchen innerhalb der Gemeinschaft nur noch ein Abrechnungs- und Abwicklungszentrum (oder ganz wenige) statt der früheren zwölf. Die Anlagemöglichkeiten für Investoren verbessern sich. Versicherungen können ihre Prämieneinnahmen sowohl in italienische, österreichische als auch in spanische Aktien investieren. Geschäftsleute, die oft in Europa unterwegs waren, hatten in ihren Büros meist verschiedene Geldbörsen mit den jeweiligen Münzen der verschiedenen Länder, in denen sie unterwegs waren. Auf Reisen hatten sie dann meist mehrere Geldbörsen im Koffer. Jetzt brauchen sie neben dem Euro nur noch ein Portemonnaie mit Schweizer Franken.

Die Umtauschgebühren beim Kauf von Sorten entfallen. Für asiatische oder amerikanische Touristen aber auch für die Europäer selbst, die mehrere Länder Europas besuchten, fielen diese Kosten durchaus ins Gewicht. Schließlich verringern sich für die Volkswirtschaft insgesamt die makroökonomischen Risiken. Die alte Bundesrepublik wurde in Zeiten von Währungsunruhen oft dadurch zerrieben, dass Zeiten der Aufwertung der D-Mark gegenüber dem Dollar damit verbunden waren, dass gleichzeitig auch die italienische Lira (ganz früher auch der französische Franc) schwach wurde.

Es gibt Schätzungen, dass die gemeinsame Währung das Wachstumspotenzial Europas langfristig um rund einen Prozentpunkt erhöhen könnte. Sicher soll man mit solchen Berechnungen vorsichtig sein und die positiven Effekte werden sich wie bei den Economies of Scale erst langfristig einstellen. Aber sie zeigen, dass das Lob für den Euro nicht von ungefähr kommt.

Am wichtigsten aber: Wir haben mit dem Euro nicht nur eine einheitliche, sondern auch eine gute Währung. Das beginnt mit der Stabilität. Die Preissteigerung innerhalb der Euro-Zone ist deutlich niedriger als die in vergleichbaren Regionen. In den letzten beiden Jahren lag die jährliche Geldentwertung in der Euro-Zone bei 2,1 %, verglichen mit 2,5 % in den Vereinigten Staaten. Japan hatte eine noch niedrigere Preissteigerung (minus 0,1 %), aber hier hatte man den Teufel der Inflation mit dem Beelzebub der Deflation ausgetrieben. Deflation ist, wie sich am Beispiel Japans zeigt, in vieler Hinsicht noch schlechter als Inflation.

Selbst in den immer so gerühmten Zeiten der D-Mark war die Geldentwertung höher. Sie lag von 1950 bis 1998 im Schnitt bei 3,5 %. Freilich ist dieser Vergleich nicht ganz fair, da in diesen Jahren die internationale Inflation höher war und da in diese Zeit auch die drastischen Ölpreissteigerungen fielen. Insofern hatte die Deutsche Bundesbank erheblich schwierigere Herausforderungen zu bestehen.

Wichtiger als die Zahlen der aktuellen Preisentwicklung ist, dass die Preis*erwartungen* trotz der starken Ölpreissteigerungen in 2004 und 2005 niedrig geblieben sind. Die Menschen vertrauen auf die Politik der Notenbank.

Auch gemessen am Außenwert nimmt der Euro eine Spitzenposition ein. Von 1999 bis Ende 2004 hat sich die neue europäische Währung gegenüber den wichtigsten Währungen der Welt um 6 % aufgewertet. Der Außenwert des US-Dollar ist in dieser Zeit um 15 % gefallen, der des japanischen Yen hat sich um knapp 3 % erhöht, der des britischen Pfundes ist in etwa unverändert geblieben.

Die Entwicklung vollzog sich dabei unter erheblichen Schwankungen. In den ersten zwei Jahren seiner Existenz wertete sich der Euro im Schnitt gegen die anderen Währungen der Welt um 17 % ab. Seitdem stieg sein Außenwert um 27 % an. Solche Schwankungen sind für die Wirtschaft sicher nicht angenehm und mit hohen Kosten verbunden. Es wäre schöner, wenn es sie nicht gebe. Andererseits ist das aber in einem Währungssystem mit floatenden Wechselkursen kein Makel des Euro. Auch andere Währungen sind solchen Schwankungen ausgesetzt. Und wenn man das Auf und Ab der Devisenmärkte in der Zeit der D-Mark und des Euro vergleicht, so kann man keinen großen Unterschied feststellen. Mit dem Euro ist die Volatilität also weder größer noch kleiner geworden.

Es wird oft gesagt, ein stabiler oder gar steigender Außenwert sei nichts Gutes für eine Wirtschaft. Hilfreich sei eher ein sinkender Außenwert, weil er die preisliche Wettbewerbsfähigkeit der Unternehmen auf den Weltmärkten verbessert. Es ist richtig, dass sich die Unternehmen bei einer Abwertung auf ausländischen Absatzmärkten zunächst besser stellen. Schließlich können sie ihre Produkte auf den ausländischen Märkten dann billiger anbieten. Das ist aber nur eine einseitige und kurzsichtige Betrachtung. Denn längerfristig gesehen steigen bei einer schwachen Währung die Zinsen, das inländische Preisniveau erhöht sich, die Löhne ziehen an etc. Auf Dauer geht es den Unternehmen damit kaum besser, im Zweifel sogar schlechter.

Die deutschen Unternehmen haben sich in der Nachkriegszeit häufig über die Belastungen durch die starke D-Mark beklagt. Andererseits wirkte die Aufwertung immer als „Peitsche“, um die Produktivität weiter zu steigern. Per saldo steht die deutsche Exportwirtschaft heute besser da als beispielsweise die italienische, die französische oder die spanische, also all der Länder, die früher häufiger ihre Währungen abgewertet haben. All diese Länder haben jetzt erheblich größere Schwierigkeiten, mit dem starken Euro zurechtzukommen. Unternehmen sollten ihre Wettbewerbsfähigkeit auf qualitativ guten Produkten basieren, nicht auf einer schwachen Währung.

Nichts ist so gut, dass es nicht auch Fehler hat. Der amerikanische Ökonom Adam S. Posen weist in einer Bewertung der Pros und Cons des Euro darauf hin, dass durch die neue europäische Währung zwar in einigen Ländern die

Zinsen gesunken seien und auch die Integration der europäischen Kapitalmärkte weiter vorankam. Er sagt aber auch, dass der Euro nicht die Strukturreformen in Europa vorangetrieben und auch nicht zu einer disziplinierteren Finanzpolitik geführt habe. Beides waren Ziele, die sich die Europäer eigentlich vorgenommen hatten. Das darf man allerdings nicht dem Euro an sich anlasten. Eine Zentralbank hat wenig Möglichkeiten, Strukturreformen durchzusetzen oder für eine solidere Finanzpolitik zu sorgen. Was man sagen kann, ist, dass die Regierungen, die den Euro eingeführt haben, ihre Hausaufgaben nur zur Hälfte – nämlich nur auf dem monetären Gebiet – gemacht haben. Die zweite Hälfte, die Anpassung der Wirtschafts- und Finanzpolitik steht noch aus.

Eine gute Zentralbank

Die Europäische Zentralbank (EZB), die für die Stabilität des Euro verantwortlich ist, ist heute die modernste Notenbank der Welt. Sie wurde nach dem Vorbild der Deutschen Bundesbank konstruiert. Sie hat dabei aber auch gute Elemente anderer Notenbankstrukturen integriert. Und sie hat die Erfahrungen der ersten fünf Jahre genutzt, um ihre Strategie zu überprüfen und an veränderte Gegebenheiten anzupassen.

Die großen Vorteile der Europäischen Zentralbank sind: ihre klare Strategie zur Wahrung der Stabilität des Geldwertes, ihre modernen Instrumente und – das Allerwichtigste – ihre Fachkompetenz und allseits unbestrittene stabilitätspolitische Entschlossenheit. Wer hätte sich in Deutschland vor Einführung des Euro vorstellen können, dass die EZB in Fachkreisen und in der breiten Öffentlichkeit in so kurzer Zeit ein Standing erreichen würde, das dem der Deutschen Bundesbank gleichkommt (und es inzwischen sogar übertrifft)! Und das, obwohl die EZB das selbst gesteckte Ziel einer Preissteigerung von leicht unter 2 % bisher erst in einem Jahr erreicht hat! Das zeigt, dass Vertrauen in erster Linie nicht auf den richtigen statistischen Zahlen beruht, sondern auf dem überzeugenden Auftritt. Und wer hätte gedacht, dass die EZB heute auf internationalen Konferenzen ganz selbstverständlich zusammen mit der amerikanischen Federal Reserve in der ersten Reihe steht? Die Bundesbank war auch immer hoch geachtet, aber sie gehörte doch immer eher zu den „Kleineren".

Eine Zeit lang wurde die EZB immer am Vorbild der amerikanischen Federal Reserve gemessen. Das taten vor allem die so genannten „ECB-watcher". Das ist jene Gruppe von häufig argwöhnisch beobachteten Experten auf den Finanzmärkten, die den ganzen Tag nichts anderes tun, als die Handlungen und Aussagen der EZB zu analysieren und daraus Vorhersagen über die künftige Zinspolitik abzuleiten. Die ECB-watcher sitzen, das ist bemerkenswert, in der Regel nicht in Frankfurt, sondern in dem 700 Kilometer entfernten London. Sie rieten der EZB, sich stärker am Vorbild der amerikanischen Federal Reserve zu orientieren.

Diese Ratschläge waren ungerecht. Europa ist anders und braucht daher auch eine andere Zentralbank. Die amerikanische Federal Reserve ist eine hervorragende Institution, aber nicht so sehr wegen ihrer Struktur, sondern wegen ihres Präsidenten Greenspan. Die Struktur der Federal Reserve ist – dies auszusprechen mag als „Blasphemie" erscheinen – eher antiquiert. Sie ist vor allem nicht klar auf die Preisstabilität ausgerichtet. Die Federal Reserve orientiert sich an einer Vielzahl von Zielen, angefangen von der Konjunktur und der Beschäftigung bis hin zu allgemeinen kapitalmarkt- und wirtschaftspolitischen Zielen. Sie geht damit einen schwierigen Drahtseilakt. Denn aus der Theorie der Wirtschaftspolitik ist bekannt, dass die Politik mit einem Instrument immer nur ein Ziel erreichen kann. Wer trotzdem mit der Geldpolitik mehrere Ziele zu verfolgen sucht, geht das Risiko ein, auf keinem Gebiet wirklich erfolgreich zu sein. Allerdings muss man hinzufügen, dass die amerikanische Notenbank mit ihrem Ansatz gleichwohl überraschend gut war. Das lag vor allem an ihrem Präsidenten Alan Greenspan. Er war es, der die US-Geldpolitik durch alle Untiefen der letzten 16 Jahre geführt hat und dafür sorgte, dass weder die Inflation zu stark wurde noch die US-Wirtschaft in eine längere Rezession geriet. Der Lackmustest für die amerikanische Zentralbank kommt, wenn Alan Greenspan Anfang 2006 (dann läuft sein Mandat aus) zurücktritt und durch seinen Nachfolger Ben Bernanke abgelöst wird. Viele Experten vermuten, dass die Federal Reserve dann in ihrer Struktur modernisiert werden muss.

Die Unabhängigkeit der Federal Reserve ist bei weitem nicht so klar definiert wie die der Europäischen Zentralbank. In den Vereinigten Staaten kann der Kongress die rechtliche Struktur der Notenbank jederzeit ändern (so, wie das auch in Zeiten der Bundesbank in Deutschland möglich war). Die Unabhängigkeit der Europäischen Zentralbank ist dagegen durch einen völkerrechtlichen Vertrag gesichert. Er kann nur geändert werden, wenn alle Staaten, die ihn unterschrieben haben, ausdrücklich zustimmen.

Ein Vorteil der EZB ist auch, dass sie weniger aktivistisch agiert, sondern eher langfristig orientiert ist. Von 2000 bis Ende 2005 veränderte die Federal Reserve ihre Zinsen insgesamt 25-mal, die EZB dagegen nur 15-mal. Die EZB richte sich, so ihr Präsident Trichet, weniger „nach erratischen Erwartungen und Moden des Marktes“. Das hilft, die Markterwartungen zu stabilisieren und mehr Kontinuität in die wirtschaftliche Entwicklung zu bringen – freilich auch um den Preis, dass Phasen langsamen Wachstums weniger schnell überwunden werden können.

Ein Kritikpunkt an der EZB ist häufig die Kommunikation. Sie bereiteten, so wirft man den europäischen Geldpolitikern vor, die Märkte nicht ausreichend auf Zinsänderungen vor und gäben bisweilen widersprüchliche Signale, die an den Märkten zu unnötigen Kosten führten. Auch hier wird der Vergleich mit der Fed gezogen. Alan Greenspan wird als Meister der Kommunikation bezeichnet, der es versteht, den Märkten durch sibyllinische Äußerungen einerseits genügend Spielraum zu lassen, ihnen andererseits aber auch, wenn nötig, klare Hinweise zu geben, wo es langgeht. Freilich ist daran zu erinnern, dass auch Alan Greenspan das am Anfang nicht so perfekt beherrschte. Als er das Amt übernahm, wurde er vielfach kritisiert, dass seine Äußerungen nicht klar genug seien und dass sie zu viel Interpretationsspielraum ließen. Heute wird er genau dafür gelobt. Es ist mit Notenbankpräsidenten und den Finanzmärkten wie in einer alten Ehe: Beide Partner müssen sich aneinander gewöhnen und lernen, wie diese oder jene Äußerung und dieses oder jenes Verhalten richtig zu interpretieren sind. Die EZB ist dafür zu jung, und sie hatte in den ersten sieben Jahren zwei Präsidenten, an die sich die Märkte gewöhnen mussten.

Ein Problem für die Kommunikation der Europäischen Zentralbank ist auch die Vielzahl der Sprachen. Das macht beispielsweise das Schreiben des Monatsberichts der Europäischen Zentralbank so kompliziert. Es erschwert es auch der EZB, bei den Bürgern ganz Europas ein Grundvertrauen zu erwerben, wie es beispielsweise die Deutsche Bundesbank hatte. Das, was die EZB in Frankfurt tut, muss bei den Griechen auf dem Peloponnes (die nie eine Institution wie die Deutsche Bundesbank hatten) genauso verstanden und akzeptiert werden wie bei den Sachsen in Dresden oder bei den Finnen in Helsinki. Das zu erreichen braucht viel Zeit und Geduld. Solange dies nicht geschafft ist, wird die Europäische Zentralbank bei den Bürgern eher distanziert als eine weit entfernte Institution angesehen, mit der man nicht viel anfangen kann.

Der Euro auf den Finanzmärkten

Auf den internationalen Finanzmärkten hat sich der Euro schneller und besser etabliert, als viele ursprünglich gedacht haben. Insgesamt gesehen hat er nach Angaben der Europäischen Zentralbank heute einen Marktanteil zwischen 30 und 40% des Gesamtgeschäfts, verglichen mit 40 bis 50% Marktanteil für den US-Dollar und weniger als 10% für den japanischen Yen. In einzelnen Marktsegmenten hat der Euro den Dollar sogar überholt – beispielsweise im Euro-Commercial-Paper-Markt, also dem Markt für kurzfristige Schuldverschreibungen von Unternehmen. Hier hat der Euro einen Marktanteil von 48%, verglichen mit nur 29% für den US-Dollar.

Woran liegt es, dass sich der Euro auf den Märkten so schnell durchgesetzt hat, fast kann man sagen: dass sich der Markt so auf den Euro gestürzt hat? Es hängt sicher nicht mit dem Gewicht der europäischen Wirtschaft in der Welt zusammen – sonst müsste der japanische Yen viel besser dastehen. Es hat auch nichts zu tun mit der Größe der europäischen Kapitalmärkte. Sie sind viel kleiner als die amerikanischen. Es hat – um es ehrlich zu sagen – auch nicht unbedingt etwas zu tun mit der Qualität der neuen Währung.

Offenbar gab es an den Märkten einen großen Bedarf an einer zweiten internationalen Währung neben dem Dollar, mit der man die Währungsrisiken auf den Devisenmärkten besser absichern kann. Diesen Bedarf konnte der Yen nicht erfüllen, weil Japan seine Märkte nicht in dem erforderlichen Maß geöffnet hat. Wenn es den Euro nicht gegeben hätte – man hätte ihn erfinden müssen. Ich wäre nicht überrascht, wenn sich der Euro in Zukunft in seiner Bedeutung für die internationalen Finanzmärkte etwa gleichauf mit dem US-Dollar bewegen würde.

Bei den Währungsreserven der Zentralbanken sieht die Situation etwas anders aus. Auch hier gewinnt der Euro zunehmend an Bedeutung. Er hatte Ende 2003 aber erst einen Anteil von 20% (Ende 1999: 16,0%) erreicht. Das hängt damit zusammen, dass die Zentralbanken außerordentlich vorsichtig und konservativ sind. Sie wenden sich dem Euro erst dann in stärkerem Maße zu, wenn sie wirklich sicher sind, dass er sich etabliert. Die privaten Märkte sind da wesentlich schneller. Es ist daher zu erwarten, dass der Anteil des Euro an den Weltwährungsreserven in den kommenden Jahren weiter steigen wird. Bei einer Reihe von Zentralbanken – das reicht von China und Japan über Russland, den Nahen und Mittleren Osten bis hin nach Brasilien – sind entsprechende Überlegungen im Gange.

Allerdings werden Währungsreserven anders als die Anlagen der Privaten nicht nur als Vermögensanlage verwandt. Ihre primäre Funktion ist es, für Interventionen auf den Devisenmärkten zur Verfügung zu stehen. Alle Länder, die sich bei der Entwicklung ihrer Währung am US-Dollar orientieren – und dazu gehören Japan und China, die Länder mit den derzeit höchsten Währungsreserven –, werden ihre Reserven daher primär in US-Dollar halten und nicht in Euro. Allerdings war am Markt immer wieder zu hören, dass selbst solche Länder zunehmend Euro erwerben (teils mit Optionsgeschäften, die nicht in den Statistiken aufscheinen), um ihre Wechselkursrisiken entsprechend geringer zu halten.

Für private Investoren ist das Argument der Risikodiversifizierung bei der Wahl der Anlagewährung entscheidend. Wer die Währungsrisiken gering halten will, wird nicht alle Eier in einen Korb legen, sondern Euro und Dollar gut mischen. In Zeiten der Dollar-Abwertung wird dabei der Euro übergewichtet.

Für manche dieser Investoren spielt aber auch noch ein politisches Argument eine Rolle. Ein saudi-arabischer Scheich erklärte mir einmal: Bis vor kurzem habe er sein Geld fast vollständig in Dollar angelegt und sei auch regelmäßig in die USA gefahren, um dort nach dem Rechten zu sehen (auch Inhaber großer Vermögen handeln in dieser Hinsicht manchmal einigermaßen irrational). Nach den Ereignissen vom 11. September 2001 fühle er sich bei solchen Reisen in die USA zunehmend unwohl. Er habe das Gefühl, dort nicht mehr willkommen zu sein. Daher wolle er sein Geld in Zukunft eher in Europa und in Euro anlegen.

Der Euro und der Welthandel

Es gibt einen Bereich, in dem der Euro bisher noch nicht so stark etabliert ist. Das ist die Fakturierung des Welthandels. Das ist an sich überraschend angesichts der Tatsache, dass die EU sowohl Export- als auch Importweltmeister ist. Tatsächlich werden derzeit „nur“ 50 bis 60 % der Exporte von Gütern und Dienstleistungen aus den großen Ländern der EU (Deutschland, Frankreich, Italien) in Euro abgewickelt. Bei den Einfuhren dieser Länder liegt der Anteil mit 40 bis 50 % sogar noch etwas niedriger. In Großbritannien ist der Anteil der Euro-Fakturierung mit rund 20 % natürlich noch geringer.

Es gibt zwei wichtige Gründe für die Dominanz des Dollar auf diesem Gebiet. Das eine ist, dass es für die Europäer schwer ist, im Handel mit den USA ihre Währung als Geschäftsgrundlage durchzusetzen. Die Amerikaner sind nun einmal stark binnenorientiert. Wenn sie schon mit Ausländern Geschäfte machen, dann wenigstens in ihrer eigenen Währung. Zudem stehen die Europäer mit ihren US-Exporten stark im Wettbewerb mit anderen Ausländern, vor allem den Japanern, zum Teil auch den Chinesen. Diese Länder treten aber auf dem US-Markt praktisch überhaupt nicht mit ihrer eigenen Währung auf. Wenn ein europäischer Lieferant in den Vereinigten Staaten vor der Wahl steht, entweder auf der Euro-Fakturierung zu bestehen oder den Auftrag zu verlieren, wird er das Geschäft in Dollar tätigen.

Der zweite Grund ist insgesamt noch wichtiger: Die Rohstoffe werden international zum großen Teil in Dollar notiert (daneben spielt aufgrund der Historie das Pfund Sterling noch eine gewisse Rolle). Der Euro hat hier wenig zu melden. Warum? Rohstoffmärkte sind hocheffizient und haben breite Terminmärkte. Sie brauchen einfache Preisnotierungen. Es ist schon schlimm genug, dass es bei den Rohstoffen so viele unterschiedliche Qualitäten mit verschiedenen Preisen gibt. Unterschiedliche Währungen kann man sich hier überhaupt nicht leisten. Wenn der Handel in einem Rohstoff auf eine andere Währung umgestellt wird, dann entweder ganz oder gar nicht. Zwischenlösungen mit mehreren Währungen machen wenig Sinn.

Die Nutzung des Dollar bei der Notierung vieler Rohstoffe, insbesondere natürlich des Öls, ist auch ein Politikum. Kann man wirklich ernsthaft annehmen, dass die Vereinigten Staaten es ohne Not zulassen würden, dass Öl in Euro fakturiert wird? Amerika ist – anders als Europa – einer der großen Ölproduzenten der Welt. Amerikanische Ölgesellschaften spielen auf den Märkten eine dominierende Rolle. Die Nutzung des Dollar zur Fakturierung des Öls bringt den Vereinigten Staaten einen nicht unbeträchtlichen Nutzen als Seigniorage. Seigniorage ist der Gewinn, den ein Staat daraus erzielt, dass er seine Währung praktisch ohne Kosten selbst druckt und sie den Bürgern und Unternehmern dann als verzinslichen Kredit überlässt. Je mehr Geld der Staat druckt, umso mehr Kredit kann er damit geben und umso mehr Zinseinnahmen erzielt er. Solange die Dollars im Privatsektor gehalten werden, muss der Kredit auch nicht zurückbezahlt werden. Die USA können sich auch aufgrund ihrer Weltmachtposition das Heft auf den Ölmärkten nicht aus der Hand nehmen lassen.

Alle Überlegungen, die immer wieder im Nahen Osten aufgestellt werden, das Öl in Euro zu denominieren, um damit die Amerikaner unter Druck zu setzen, sind daher – um das Geringste zu sagen – voreilig. Soweit ich weiß, gab es in den letzten Jahren nur einen einzigen Rohstoffmarkt, auf dem ernsthaft nachgedacht wurde, von der Dollar- zur Euro-Notierung überzugehen. Das war der – für die Weltwirtschaft relativ unbedeutende – Zuckermarkt. Aber auch das ist zunächst gescheitert. Zucker wird auch heute noch in Dollar notiert.

Wenn man sich den Aufstieg des Euro zur Weltwährung und die teilweise Verdrängung des US-Dollar in den letzten Jahren anschaut, stellt sich die Frage: Wie weit kann das gehen? Kann man sich vorstellen, dass der Euro den US-Dollar völlig als Weltwährung ablöst? Die Parallele zu den 30er Jahren des vorigen Jahrhunderts bietet sich an, als der US-Dollar das britische Pfund immer weiter zurückdrängte und zur führenden Währung auf den internationalen Märkten avancierte. Noch Anfang des 20. Jahrhunderts war das Pfund Sterling *die* entscheidende Währung der Welt. Nach dem Zweiten Weltkrieg spielte sie praktisch keine Rolle mehr.

Ich glaube nicht, dass sich diese Entwicklung so wiederholt. Sicher wird der Euro auf den internationalen Finanzmärkten noch auf dem einen oder anderen Segment weiter an Bedeutung gewinnen. Es wird auch dazu kommen, dass er im Welthandel und auf den Rohstoffmärkten noch eine größere Rolle spielen wird. Die Zentralbanken werden in den kommenden Jahren ihre Währungsreserven weiter in Euro umschichten. Insofern wird die Bedeutung des Euro in der Welt zunehmen. Die Welt braucht ganz einfach eine zweite Währung, um Risiken besser zu diversifizieren.

Das heißt aber nicht, dass der Euro den Dollar ablösen wird. Auch wenn das nächste Jahrzehnt eine europäische Dekade wird, wird die US-Währung nicht in Bedeutungslosigkeit versinken. Denn zum einen wird die amerikanische Wirtschaft stark und ein wichtiger Pfeiler der Weltwirtschaft bleiben. Es ist in keiner Weise erkennbar, dass sie das Schicksal der britischen Wirtschaft erleiden wird. Zum anderen bleiben die Vereinigten Staaten politisch eine Weltmacht. Es ist nicht denkbar, dass sie sich von der Bühne des Weltgeschehens verabschieden. Beides – das wirtschaftliche und das politische Argument – sichern dem US-Dollar auch in Zukunft eine hervorragende Stellung, neben und zusammen mit dem Euro.

Der starke gemeinsame Kapitalmarkt

Eine starke Wirtschaft braucht nicht nur eine gute Währung, sondern auch einen leistungsfähigen und effizienten Kapitalmarkt. Verglichen mit dem Binnenmarkt und dem Euro ist der europäische Kapitalmarkt noch relativ am wenigsten ausgebildet. Hier ist noch das meiste zu tun.

Der Aktienmarkt der Euro-Zone hat derzeit eine Marktkapitalisierung von 4000 Milliarden Euro. Unter einer solchen Zahl kann man sich noch nicht viel vorstellen. Um es anschaulicher zu machen: Der Aktienmarkt der Euro-Zone ist damit mehr als viermal so groß wie der deutsche Markt. Das ist ein gewaltiger Unterschied. Hier hat sich die Situation für die Wirtschaft und für die Anleger also erheblich verbessert. Der deutsche Markt war für viele internationale Investoren, aber auch für große Kapitalnachfrager im Inland ganz einfach zu klein. Das ist ein Grund (neben vielen anderen) für die viel beklagte mangelnde Aktienkultur in Deutschland. Dabei ist zu bedenken, dass hier eine wechselseitige Beziehung besteht. Ein kleiner Aktienmarkt erschwert die Herausbildung einer Aktienkultur und eine unzureichende Aktienkultur lässt den Aktienmarkt nicht richtig wachsen. Das wird sich jetzt ändern. Private und institutionelle Anleger in der Bundesrepublik können jetzt französische oder italienische Aktien ohne Währungsrisiko wie deutsche kaufen. Unternehmen haben mehr Möglichkeiten, sich mit modernen Instrumenten breit auf dem europäischen Kapitalmarkt zu refinanzieren. Das erhöht ihre Rentabilität und senkt ihre Risiken. Mit dem Euro ist eine Größenordnung des Aktienmarkts entstanden, die aus deutscher Sicht schon sehr viel attraktiver ist als der alte deutsche Markt.

Der Euro-Aktienmarkt ist mit diesem Volumen, gemessen an der Marktkapitalisierung, auch 50% größer als der japanische Aktienmarkt, der häufig als Alternative zum amerikanischen betrachtet wird. Freilich spielt der Kabuto Cho nach dem großen Crash der Jahre 1989/90 keine bedeutende Rolle in der Welt. Er hat sich von dem damaligen Schock nie mehr ganz erholt. Insofern sollten die Europäer nicht gar zu stolz sein, dass sie die Japaner überholt haben.

Die entscheidende Größe, an der sich Europa messen muss, ist der amerikanische Aktienmarkt. Hier sieht die Europäische Währungsunion aber noch vergleichsweise armselig aus. Die Marktkapitalisierung der US-Börse liegt derzeit bei 10900 Milliarden Euro. Das ist rund das Zweieinhalbfache des Volumens aller kontinentaleuropäischen Börsen zusammengenommen. Amerika spielt bei den Aktien ganz einfach in einer anderen Liga. Dieser Vorsprung ist auf absehbare Zeit kaum aufzuholen. Man muss sich nur einmal die Größenordnungen der Markkapitalisierung großer US-Unternehmen im Vergleich zu europäischen Firmen anschauen. General Electric hat derzeit eine Marktkapitalisierung von 378 Milliarden Dollar, IBM von 155 Milliarden Dollar, Cisco von 118 Milliarden Dollar. Auf der anderen Seite stehen Siemens mit 71 Milliarden Dollar Marktkapitalisierung und Volkswagen, der größte europäische Automobilhersteller, mit gerade 13 Milliarden Dollar. Dazwischen liegen Welten.

Auf den Märkten für festverzinsliche Papiere sieht die Situation etwas günstiger für Europa aus. Anleger kaufen hierzulande mehr Pfandbriefe, Staatsanleihen und Unternehmensanleihen für ihre Altersvorsorge als die risikoreicheren Aktien. Die gesamte Marktkapitalisierung aller Bonds beträgt in der Euro-Zone derzeit 9400 Milliarden Euro. Das ist mehr als doppelt so viel wie die Marktkapitalisierung der Aktien. Die Einführung des Euro hat beim Wachstum vor allem des europäischen Rentenmarkts immens geholfen. Beim Markt für Unternehmensanleihen gab es seit 1999, also seit der Gründung der Europäischen Währungsunion, vor allem in Deutschland ein dramatisches Wachstum.

Aber auch hier liegen noch Welten zwischen Europa und den USA. In den Vereinigten Staaten beläuft sich die Marktkapitalisierung des Rentenmarktes auf 16 500 Milliarden Euro, also rund doppelt so viel wie in Europa.

Warum hinken die europäischen Kapitalmärkte so stark hinter den amerikanischen her? Hier kann man zunächst darauf verweisen, dass die europäischen Kapitalmärkte nach wie vor im Entstehen sind. Wenn heute ein Deutscher in Frankreich Wertpapiere erwerben will, muss er trotz der gemeinsamen Währung mehr Kosten aufwenden. Die Abwicklung ist komplizierter und dauert auch länger. Hinzu kommen häufig schwierige steuer- und aufsichtsrechtliche Fragen. Das ist für viele Investoren lästig. Die Europäische Kommission steht daher unter großem Druck, die noch fehlenden Direktiven endlich fertig zu machen. Angesichts der Dringlichkeit des Problems haben sich alle Beteiligten darauf geeinigt, die Beratung und Verabschiedung dieser Direktiven zu vereinfachen und damit zu beschleunigen. Dieses neue Verfahren ist bekannt als der Lamfalussy-Prozess. Zudem drängt die Kommission die Mitgliedsländer, die Umsetzung der schon in Kraft befindlichen Regeln für den gemeinsamen Wertpapierhandel zu beschleunigen. Bisher sind hier Frankreich, Spanien, Griechenland und Finnland am weitesten im Verzug (interessanterweise nicht die neuen EU-Mitglieder in Zentral- und Osteuropa). Insgesamt wird all das aber noch eine Weile dauern. So, wie es aussieht, wird der europäische Kapitalmarkt nicht vor dem Jahr 2008 verwirklicht sein.

Aber selbst wenn das erreicht ist, sollte man sich davon keine Wunder erwarten. Europa wird die Amerikaner in Sachen Aktien- und Rentenmarktvolumen auf absehbare Zeit nicht einholen können. Es wird auch kaum in der Lage sein, den Abstand maßgeblich zu verringern. Das ist zweifellos ein Nachteil. Aber er ist nicht unüberwindlich. So merkwürdig das klingt: Europas Schwäche im Hinblick auf die Größe des Kapitalmarkts kann auch eine Stärke sein. Denn die europäischen Unternehmen finanzieren nicht weniger, sie finanzieren anders. Es gibt ein eigenes europäisches Kapitalmarktmodell, das in den letzten Jahren erheblich weiterentwickelt wurde und inzwischen international, auch für die Amerikaner, attraktiv ist.

Das zeigt sich an einem Vergleich des Marktes für Bankkredite. Er hat in der Euro-Zone ein Volumen von 11000 Milliarden Euro, verglichen mit lediglich 7700 Milliarden Euro in den Vereinigten Staaten. Einschließlich der Länder, die bisher nicht dem Euro beigetreten sind (also vor allem Großbritannien), beläuft sich der europäische Kreditmarkt auf 14300 Milliarden Euro. Das ist fast doppelt so viel wie in den USA. Das bedeutet: Das, was die Amerikaner vornehmlich über den Kapitalmarkt finanzieren, tun die Kontinentaleuropäer über die Banken.

Das wurde lange Zeit als Nachteil angesehen. Denn der große Vorteil der Kapitalmarktfinanzierung sind die Transparenz und die Effizienz. Es gibt eben für alles einen Preis und einen Markt. Jeder kann sehen, was der andere macht. Jeder kennt die Konditionen, die ein anderer bekommt. Da können die Banken nicht mithalten. Andererseits hat die Bankfinanzierung aber auch Vorteile, vor allem für kleinere und mittlere Unternehmen. Sie kann stärker auf die individuellen Verhältnisse des Unternehmens, das Geld braucht, abgestellt werden. Sie ist ein Maßanzug für den Kunden. Die Bankfinanzierung kann auch viele Zwischenformen zwischen Fremdkapital und Eigenkapital enthalten (die für den Mittelstand besonders wichtig sind, weil diese Unternehmen sich vom Kapitalmarkt nicht gerne „hereinreden“ lassen wollen). Man spricht hier von Mezzanin-Finanzierungen, also von Finanzierungen, die „in der Mitte“ zwischen Eigen- und Fremdkapitalfinanzierungen liegen.

Die Bankfinanzierung ist darüber hinaus für mittelständische Unternehmen sowie für Firmen mit einem schlechteren Rating in aller Regel auch billiger. Wenn eine Fünf-Jahres-Finanzierung für einen Mittelständler Mitte des Jahres 2005 bei einer Bank beispielsweise 4,5% pro Jahr kostete, konnte der entsprechende Preis auf dem Kapitalmarkt bei 7,5% liegen. Die Banken verfügen meist über bessere Informationen über die Situation und die Perspektiven des Kunden. Sie können damit die Risiken besser einschätzen. Bei der Bankfinanzierung entfallen die hohen Kosten der Prospekte und der Rating-Agenturen.

Im Grunde handelt es sich bei dem europäischen Modell des Bankkredits um eine vollwertige Alternative zur angelsächsischen Kapitalmarktfinanzierung. Lange Zeit haben die Europäer von den Vorteilen des angelsächsischen Modells geschwärmt. Sie versuchten, sich in diese Richtung zu bewegen. Umgekehrt schien den Amerikanern und Briten das kontinentaleuropäische System der Universalbank als ineffizient und überholt. In letzter Zeit ist die Argumentation auf beiden Seiten differenzierter geworden. Die Kontinentaleuropäer sehen, dass der Kapitalmarkt nicht in allen Fällen die bessere Alternative ist und dass Bankfinanzierungen vorteilhaft sein können. Umgekehrt lernen die Angelsachsen, dass die Kunden keineswegs immer der Anonymität und Volatilität des Marktes ausgesetzt sein möchten und dass sie auch strukturierte Produkte brauchen, die am Markt in dieser Form so nicht gegeben sind. Gefragt ist eine Art Mittelweg zwischen beiden Modellen. Dies auch deshalb, weil die Unternehmen durch die Internationalität der Banken inzwischen an jedem beliebigen Ort zwischen den beiden Modellen wählen können.

Diesen Mittelweg gibt es nun in der Tat. Ermöglicht wurde er durch das Modell der Sekuritisation. Danach tritt die Bank dem Kunden gegenüber wie bisher bei einer Finanzierung auf. Sie bewertet die Risiken und strukturiert die Finanzierung so, wie sie am besten für den Kunden passt. Sie bleibt für die ganze Laufzeit des Kredits Ansprechpartner des Kunden. Das ist ihre ureigenste Aufgabe. Aber – und das ist das Neue – sie behält den Kredit nicht in ihren eigenen Büchern. Vielmehr bündelt sie die Kredite, die sie gewährt hat, mit anderen ähnlich gelagerten Forderungen und verkauft sie an Investoren, die solche Kredite als rentablere Alternative zu simplen Anlagen auf dem Aktien- oder Rentenmarkt halten wollen. Dass dieses Geschäft in den letzten Jahren so erfolgreich war, hängt wiederum mit dem Euro zusammen. Denn der Wegfall des Währungsrisikos macht den Handel mit Krediten noch attraktiver, weil der Absatzmarkt größer ist. Hier werden also die Vorteile der Bankfinanzierung und die Vorteile des Kapitalmarkts miteinander gebündelt.

Es wäre sicher übertrieben, hier von einem europäischen Kapitalmarktmodell im Gegensatz zum angelsächsischen zu sprechen. Denn dieses Modell wird inzwischen auf beiden Seiten des Atlantiks praktiziert – in den USA mit einer größeren Schlagseite zum Kapitalmarkt, in Europa mit einer größeren Affinität zur Bankfinanzierung. Was man aber in jedem Fall festhalten kann: Bei der Entwicklung des neuen Modells hat die europäische Bankfinanzierung in erheblichem Maße Pate gestanden. Und die Europäer sind mit ihrem stärkeren Vertrauen in die Banken gar nicht so altmodisch und abwegig, wie das lange Zeit schien.

Die menschlichen Stärken: Synergien der Begabungen

Größe und die Zukunftschancen auf den Märkten ziehen menschliche Begabungen an. Lange Zeit waren die Europäer in dieser Hinsicht den Amerikanern unterlegen. Jetzt kommen junge Leute nach Europa, um Neues zu erleben und zu gestalten.

Alle Welt beneidet die Amerikaner um die Vielzahl der großen Begabungen in ihrem Land. Man muss nur auf die Zahl der Nobelpreisträger schauen oder auf die exzellenten Sportler, die Literaten, die Schauspieler und Sänger sowie die bildenden Künstler. 70% aller Nobelpreisträger arbeiten in amerikanischen Forschungsstätten. 17 der zwanzig weltbesten Universitäten sind in den USA. 44% der am meisten zitierten Artikel in Fachzeitschriften stammen von Amerikanern.

Jeder, der geschäftlich in den USA zu tun hat, weiß, dass der Wettbewerb in keiner Stadt so hart und herausfordernd ist wie in New York. Nirgendwo werden so bohrende Fragen gestellt von den Analysten, den Rating-Agenturen oder bei den Interviews mit den „anchor women" bei CNN oder CNBC. Um dort zu bestehen, muss man sich als Europäer schon ganz warm anziehen. Das zweitschwerste Pflaster in dieser Beziehung ist London. Und dann kommt lange nichts und erst mit weitem Abstand kommen Städte wie Frankfurt oder Paris auf dem Kontinent. Die asiatischen Plätze mit Shanghai, Hongkong, Tokyo oder Singapur kann man in dieser Hinsicht wegen sprachlicher Hürden und der unterschiedlichen kulturellen Usancen nicht vergleichen.

Warum haben die Amerikaner hier einen so großen Vorsprung? Nicht dass sie intelligenter oder klüger wären. Auch nicht, dass sie ein besseres Ausbildungssystem hätten. Wohl aber, weil es wie bei großen Märkten auch im Bereich der Begabungen Economies of Scale gibt. Mit einer Einwohnerzahl von 291 Millionen sind die USA hier jedem einzelnen Mitgliedsland der Europäischen Union weit überlegen. Sie haben ein ganz anderes Reservoir an Menschen, aus dem sie schöpfen können. Die Menschen selbst stehen unter einem ganz anderen Druck, wenn sie sich gegenüber so vielen Mitmenschen qualifizieren müssen, als das beispielsweise in Irland oder Spanien der Fall ist.

Wer die Nummer eins in Österreich werden will, muss sich gegenüber acht Millionen Menschen durchsetzen. Wer das in den USA erreichen möchte, muss sich gegenüber 291 Millionen Menschen qualifizieren. Das ist natürlich schwieriger.

Mit dem Zusammenwachsen der Europäischen Gemeinschaft ändern sich aber auch hier die Konkurrenzverhältnisse. Die EU hat mit seinen 450 Millionen Einwohnern ein noch größeres Potential an Begabungen und potentiellen Konkurrenten als die USA. Das bedeutet, dass europäische Unternehmen und Institutionen aus einem ungeheuer großen Potential an Bewerbern wählen können. An die Europäische Zentralbank schreiben natürlich viel mehr und bessere Kandidaten als an die Banque de France oder die Österreichische Nationalbank. Die Europäische Zentralbank muss, um gute Leute zu bekommen, auch nicht damit werben, dass sie ihren Mitarbeitern einen Beamtenstatus und damit lebenslange Unkündbarkeit anbietet. Bei einem Unternehmen wie EADS stehen viel mehr und besser qualifizierte Frauen und Männer bei der Personalabteilung Schlange als bei einem deutschen Mittelständler. Auf solche Stellen melden sich häufig auch Bewerber, die zuvor in die USA gegangen waren und unter den Bedingungen des größeren Europa bereit sind, zurückzukehren.

Aber nicht nur die Unternehmen haben eine breitere Auswahl an Mitarbeitern. Wer sich auf attraktive Stellen, die europaweit ausgeschrieben werden, bewerben will, steht unter einem größeren Konkurrenzdruck, als dies auf nationaler Ebene der Fall ist. Jeder weiß, dass er mit den Besten aus Gesamteuropa konkurrieren muss.

Die europäischen Institutionen bestechen daher durch die Exzellenz der Menschen und der Begabungen, die hier arbeiten. Europäische Gremien bringen aber nicht nur eine andere Qualität der Menschen auf die Waage, sondern auch eine größere Vielfalt der Erfahrungen. Ich war mehrere Jahre Vorsitzender des Wirtschafts- und Währungsausschusses der Europäischen Bankenvereinigung, in dem Chefvolkswirte der Banken und Bankenverbände aus allen europäischen Ländern sitzen, und ich war gleichzeitig einige Jahre Vorsitzender des entsprechenden Ausschusses im Bundesverband Deutscher Banken. Nicht dass die Diskussionen in dem Ausschuss in Deutschland schlecht gewesen wären. Im Gegenteil, es waren die Besten der Bundesrepublik, die hier zusammensaßen. Aber die Herausforderung auf europäischer Ebene war unvergleichlich größer. Die Diskussion erwies sich als reichhaltiger und fruchtbarer, ganz einfach, weil mehr Argumente aus unterschiedlichen Erfahrungs- und Kulturhorizonten zusammenkamen.

Exzellenz gebiert neue Exzellenz. Europa entwickelt zunehmend seine Eliten. Lange Zeit sind gute Wissenschaftler nach Amerika gegangen, weil dort die Arbeitsbedingungen so viel besser sind und das Leben so viel freier ist. Auch heute würde ich jeder jungen Frau und jedem jungen Mann raten, im Rahmen der Ausbildung oder der Berufserfahrung ein oder mehrere Jahre in die Vereinigten Staaten zu gehen. Es wäre falsch verstandener Patriotismus, wenn junge Menschen heute nur in Europa blieben. In einer globalen Welt müssen die Menschen auch global denken lernen. Das erfordert, dass sie auch die Welt kennen, nicht nur als Touristen, sondern auch im normalen Leben.

Was aber wichtig ist, ist, dass die Menschen nach der Erfahrung in den Vereinigten Staaten wieder nach Europa zurückkommen und zurückkommen wollen. Europa muss ihnen die Arbeits- und Lebensqualität bieten, die die Wiederkehr attraktiv macht. Und das ist zunehmend der Fall.

Wenn in einer Institution gute Leute arbeiten, dann zieht sie auch gute Leute an, nicht nur aus Europa, sondern auch aus Übersee. Es ist der große Vorteil der USA, dass sie gerade wegen ihres Pools an Begabungen gute Mitarbeiter und gute Studenten und Wissenschaftler aus aller Welt angelockt haben. Europa beginnt, sich auch auf diesem Gebiet einen Namen zu machen und mit den USA gleichzuziehen. In der Europäischen Zentralbank arbeiten inzwischen auch Professoren aus berühmten amerikanischen Universitäten wie Harvard, Yale oder Berkeley. Vor kurzem teilte die deutsche Bundesforschungsministerin mit, dass die Zahl ausländischer Studenten in Deutschland zunimmt. Sie liegt inzwischen mit 10% aller Studierenden sogar etwas höher als in den USA. Freilich sagt dies noch nichts über die Qualität der Studierenden aus. Ich vermute, dass hier die USA die Nase nach wie vor weit vorne haben.

Die Osterweiterung wirkt sich auch positiv auf das Angebot an Begabungen in Europa aus. Nicht nur kommen hochbegabte Menschen aus den neuen Mitgliedsländern hinzu. Junge Leute – sei es aus den alten Mitgliedsländern, sei es aber auch aus Amerika oder Asien – suchen durch eine Tätigkeit im Osten des Kontinents neue Herausforderungen. Europäische Unternehmen haben heute in der Regel keine Schwierigkeiten, gute Mitarbeiter zu finden, die nach Zentral- und Osteuropa gehen wollen. Diese jungen Leute haben im Studium die Vereinigten Staaten kennen gelernt. Sie suchen jetzt etwas Neues und glauben, es im Osten zu finden. Moskau, Prag oder Warschau sind beziehungsweise werden für sie attraktive Alternativen zu New York, Paris oder Rom. Erfahrene Manager in amerikanischen Unternehmen kommen zurück nach Europa, weil sie bei den neuen EU-Mitgliedsländern mithelfen wollen, etwas Neues zu gestalten.

Es gibt in Europa aber nicht nur eine Konkurrenz der Menschen, sondern auch einen fruchtbaren Wettbewerb der Systeme und der Politiken. In Deutschland etwa wird die Mobilität von guten Leuten durch das System der Verbeamtung in Hochschulen und Behörden gebremst. In der Bundesbank erleben die meisten Mitarbeiter den größten Gehaltssprung ihres Lebens durch die Verbeamtung in jungen Jahren, weil sie dann keine Beiträge zu den Sozialversicherungen mehr zahlen müssen. Das ist kein besonders leistungssteigerndes System. In der Europäischen Zentralbank gibt es gar keinen Beamtenstatus mehr. Das zwingt die Mitarbeiter, sich besonders zu qualifizieren, damit sie nach Ablauf von zeitlich befristeten Verträgen nicht auf der Straße sitzen. Allerdings ist auch hinzuzufügen, dass die Europäische Zentralbank wie auch die Behörden in Brüssel durch die steuerliche Begünstigung der Gehälter ihrer Mitarbeiter einen Wettbewerbsvorteil gegenüber nationalen Einrichtungen haben. Das ist nicht ganz fair. Es passte in eine Zeit, in der die internationalen Organisationen für Beschäftigte nicht attraktiv waren und daher einen besonderen Bonus erhalten mussten. Das ist heute nicht mehr der Fall. Immerhin muss man berücksichtigen, dass die Angestellten europäischer Institutionen die staatliche Infrastruktur der Länder, in denen sie wohnen, ebenfalls nutzen.

Hilfreich für die Entwicklung von Eliten ist auch der Wettbewerb der unterschiedlichen Erziehungssysteme in der Gemeinschaft. Jedes Land schaut auf die Nachbarn, um zu sehen, was man besser machen kann. Die – über die Europäische Union hinausreichende – PISA-Studie beispielsweise zeigte, dass deutsche Schüler in vielen Bereichen schlechter abschnitten als etwa Finnen oder Südkoreaner. Das war ein Schock für die Deutschen und kratzte an der nationalen Ehre. Es rief unter Politikern hektische Aktivität hervor und wird am Ende dazu führen, dass vermehrte Anstrengungen zur Verbesserung der Ausbildung unternommen werden.

Dabei sind die Ergebnisse der Studie häufig durch nationale Sonderfälle bedingt. Die Tatsache etwa, dass finnische Kinder besser lesen können, hängt nicht unbedingt mit einer besseren Ausbildung oder größerer Begabung der Finnen zusammen. Vielmehr spielt hier eine Rolle (darauf wies mich der frühere Hamburger Bürgermeister Klaus von Dohnanyi hin), dass der finnische Markt so klein ist, dass sich das Synchronisieren von amerikanischen Filmen nicht lohnt. Die Folge: Die Filme werden im Fernsehen mit Untertiteln gezeigt. Kinder, die viel fernsehen und die Filme verstehen wollen, müssen also Untertitel lesen können.

Europa hat an seinen führenden Universitäten Exzellenz, die der der entsprechenden Institute in den Vereinigten Staaten in Teilen durchaus entspricht. Die Mailänder Universität Bocconi oder die London School of Economics können – zumindest in Teilen – mehr und mehr mit dem Massachusetts Institute of Technology, mit Princeton oder Chicago mithalten. Die europäischen Universitäten profitieren dabei auch davon, dass die USA im Rahmen des Krieges gegen den Terror ihre Offenheit gegenüber Ausländern nicht im gleichen Ausmaß fortführen. Wie mühsam ist es inzwischen für einen ausländischen Studenten, ein dauerhaftes Visum für die Ausbildung an amerikanischen Universitäten zu bekommen! Deutschland setzt ein Programm zur Entwicklung von Elite-Universitäten auf.

Die Europäer profitieren aber auch dadurch, dass sie sich am amerikanischen Beispiel orientieren können. Wie organisieren die Amerikaner ein System der Exzellenz? Was müssen die Europäer tun, um mithalten zu können? Wir haben den Japanern in den 70er und 80er Jahren des vorigen Jahrhunderts vorgeworfen, dass sie sich viel von Europa und den Vereinigten Staaten abgeschaut haben. Das war aber ein Grund für ihren großen Erfolg in den späteren Jahren. Jetzt sind die Chinesen dabei, auf andere Weise Knowhow zu importieren, und das hilft ihnen bei dem Aufstieg. Warum sollen nicht auch die Europäer von anderen lernen? Was ist schlecht daran, nach Amerika, China und Japan zu fahren, um sich dort neue Ideen zu holen? Eine lernende Gesellschaft ist besser als eine Gesellschaft, die sich selbst für die beste hält. Ich persönlich empfinde Besuche in den USA immer als Anregung und Quelle neuer Gedanken.

Europa kann sich Forschungseinrichtungen und Entwicklungsprojekte leisten, die auf nationaler Ebene nicht möglich wären. Ein Beispiel ist die Luftfahrtindustrie. Ohne den Zusammenschluss zu einem europäischen Unternehmen wäre der Airbus nie ein ernsthafter Konkurrent von Boeing geworden. Die Entwicklung des neuen spektakulären Großflugzeuges A 380, das 2005 seinen Jungfernflug hatte, zeigt, zu welchen Leistungen europäische Ingenieure, zu welchem unternehmerischen Mut aber auch die europäischen Kaufleute in der Lage sind. Natürlich haben hier die Mitgliedsstaaten mit Subventionen geholfen. Aber auch der große amerikanische Konkurrent Boeing kassiert über Militäraufträge erhebliche Staatsgelder. In dieser Branche ist ohne Unterstützungen der öffentlichen Hand offenbar kein Erfolg zu erreichen.

Auch in der Wissenschaft sind durch den größeren Markt und die größeren Finanzmittel, die hier zur Verfügung stehen, größere Forschungsprojekte möglich. Forschung ist heute ohnehin international. Für bedeutsame Vorhaben etwa im Bereich der Kernfusion oder der Energiegewinnung sind Mittel erforderlich, die die Budgets einzelner Staaten weit überfordern. Solche Forschungsprojekte wirken sich aber auf Dauer auf die Wettbewerbsfähigkeit der beteiligten Staaten aus. Nach allem, was man aus dem

Bereich der Wissenschaften hört, sind die Europäer hier inzwischen keineswegs mehr auf allen Gebieten schlechter als die Amerikaner. Und wenn die Wissenschaftler hier durch größere Forschungseinrichtungen auch die entsprechenden Arbeitsmöglichkeiten bekommen, werden weniger in die Vereinigten Staaten gehen und mehr ihre Forschungen in Europa betreiben. Freilich sollte man sich die positiven Effekte nicht zu kurzfristig erwarten.

Der Wille zum Aufstieg: Reformen in Europa

Europa hat Ehrgeiz. Die Reformpolitik, die in den letzten Jahren in Gang gekommen ist, zeigt den Willen und die Fähigkeit der Europäer zum Aufstieg. Die EU mobilisiert Kräfte, die ihr niemand zugetraut hätte.

Die politischen, wirtschaftlichen und gesellschaftlichen Strukturen in Europa sind in den 60 Jahren der Nachkriegszeit mehr und mehr verkrustet. Die Menschen sind – verwöhnt durch die Erfolge hohen Wachstums und niedriger Arbeitslosigkeit während langer Zeit – immer weniger flexibel und anpassungsfähig geworden. Die Vorschriften in den einzelnen Mitgliedsstaaten und in der EU insgesamt wurden umfangreicher und lebensferner. Sie ersticken die unternehmerischen Aktivitäten. Besonders stark betroffen sind die Arbeitsmärkte, was sicher auch mit der starken Stellung der Gewerkschaften zusammenhängt. Die Kosten der Unternehmen sind hoch und werden nicht durch eine entsprechende Zunahme der Produktivität aufgefangen. Die Bundesrepublik konnte bei externen Schocks wie der deutschen Wiedervereinigung nicht mehr die notwendigen Kräfte zur Schaffung neuer Strukturen mobilisieren. Die Herausforderung der Globalisierung trifft Europa zu einem denkbar schlechten Zeitpunkt.

All das trug dazu bei, dass das Wachstum in Europa immer langsamer wurde. Wenn man nur das Europa der zwölf – also die Euro-Zone – nimmt, dann lag die Wachstumsrate des Bruttoinlandsprodukts in den 60er Jahren noch bei 5,3% pro Jahr (Deutschland allein 4,4%). In den 70er Jahren reduzierte sie sich auf 3,2% (Deutschland 2,8%), in den 80er Jahren auf 2,4% (Deutschland 2,3%) und in den 90er Jahren auf 2,1% (Deutschland 1,9%). In den ersten Jahren des neuen Jahrzehnts lag es lediglich noch bei 1,7% (Deutschland 1,1%). Das ist es, was sich an realen Entwicklungen hinter dem Pessimismus in Europa und der „Eurosklerose" verbirgt. Dabei muss man berücksichtigen, dass die Eurosklerose schon seit 20 Jahren diskutiert wird. Zeitweise war sie im Zusammenhang mit der Gründung des Binnenmarkts und der neuen Währung etwas in Vergessenheit geraten. Aber zuletzt ist sie wieder aufgeflammt.

Das wird sich ändern. Zu den treibenden Kräften, die Europa nach vorne bringen, gehört auch, dass auf dem Kontinent Reformen in Gang gekommen sind, die niemand den Europäern zugetraut hätte, schon gar nicht die Europäer sich selbst. Es ist das typische Phänomen, das wir aus der Theorie der Evolution kennen. Der Schwache wird mit seiner Situation immer unzufriedener. Er will nicht mehr immer der Letzte sein. Europa will nicht mehr von den Amerikanern, den Chinesen und den Japanern bei allen Verhandlungen gesagt bekommen, dass es doch bitte mehr für sein Wachstum tun möge. Der Schmerz muss nur groß genug werden. Dann schlägt eines Tages das Pendel um. Und so mobilisiert Europa jetzt Kräfte, die es am Ende stark machen werden.

Es war auch höchste Zeit. Der Historiker Arnold Toynbee hat gezeigt, dass Länder, die sich an externe Schocks nicht anpassen oder nicht anpassen wollen, auf Dauer dem Untergang geweiht sind. In der Geschichte siegen nicht die Großen über die Kleinen, sondern die Schnellen über die Langsamen, die Anpassungsfähigen über die Unflexiblen. Hunter S. Thompson schreibt in seinem Roman „The Rum Diary" etwas ironisch: „Das Rennen machen nicht die Schnellen, und die Schlacht gewinnen nicht die Starken, sondern diejenigen, die rechtzeitig zur Seite springen." Wenn Europa überleben und erfolgreich sein will, dann muss es die Qualitäten der Veränderungsbereitschaft unter Beweis stellen.

Das gilt insbesondere für Deutschland, lange Zeit die Vorzeigewirtschaft in der Welt und dann zum kranken Mann Europas abgestiegen. Die Deutschen wollten offenbar nicht mehr in dieser Situation bleiben. Sie waren bereit, Reformen in Angriff zu nehmen, die weh tun und die niemand ihnen zugetraut hätte.

Jetzt haben Reformen eingesetzt und sind dabei, die wirtschaftlichen Rahmenbedingungen zu verbessern. In der Bundesrepublik sind in den letzten Jahren erhebliche Anstrengungen unternommen worden, um die Wirtschaft wieder zu beleben und die Arbeitslosigkeit zu verringern. Deutschland will wieder Anschluss gewinnen an die Entwicklung wenigstens in den anderen Staaten der EU, möglichst aber auch in der Welt insgesamt.

Die Maßnahmen, die hier ergriffen wurden, werden in der öffentlichen Diskussion oft als kleinlich und „viel zu wenig" angesehen. Sicher ist es richtig, dass man mehr tun könnte und dass noch viel getan werden muss. In einzelnen Fällen wurden bisher auch nur marginale Veränderungen vorgenommen, etwa wenn die Ladenschlusszeiten an Samstagen von 16 auf 20 Uhr, also gerade mal um vier Stunden pro Woche verlängert wurden. Zum Vergleich: In den Vereinigten Staaten gibt es gar keinen gesetzlich festgelegten Ladenschluss. Dort sind die Läden zum Teil an sieben Tagen in der Woche jeweils 24 Stunden offen. In Italien und Frankreich kann man in vielen Läden auch an Sonntagen einkaufen. Die Menschen in diesen Ländern gehen aber auch nicht weniger in die Kirche. Die Beschäftigten in den Läden machen nicht den Eindruck, dass sie unglücklicher sind.

Vorreiter Lohnpolitik

Trotzdem: Wenn man sich aber das Gesamtpaket der Reformen in Deutschland anschaut, dann geht es weit über das hinaus, was sich ein unbeteiligter Beobachter je hätte vorstellen können. Selbst die OECD (Organisation für wirtschaftliche Zusammenarbeit und Entwicklung) kommt in einer umfangreichen Bewertung der Reformmaßnahmen am Arbeitsmarkt zu einem überraschend positiven Ergebnis sowohl für Deutschland als auch für andere europäische Staaten.

Die größten Erfolge wurden dabei nicht in der Wirtschaftspolitik der Regierung, sondern in der angeblich so unflexiblen Lohnpolitik erzielt. Hier zeigt sich, was an so vielen anderen Stellen zu beobachten ist: Europas Aufstieg kommt nicht oder kommt weniger von der Politik als von der Dynamik und dem Willen der hier lebenden Menschen. In Deutschland sind in den letzten Jahren in der Volkswirtschaft insgesamt die Lohnkosten zeitweise absolut (und nicht nur im Verhältnis zu den Preissteigerungen) zurückgegangen. Die effektiven Löhne und Gehälter aller Arbeitnehmer in Deutschland lagen nach der Statistik der Deutschen Bundesbank im zweiten Halbjahr 2004 knapp unter dem Vorjahr. Und dies, obwohl die Tariflöhne in dieser Zeit weiter angehoben wurden (vor allem natürlich die Tariflöhne in boomenden Bereichen wie der Stahlindustrie oder in Sektoren, in denen es zeitweise besser ging, wie der Chemie).

Die Lohnstückkosten – also die um die unterschiedliche Produktivität bereinigten Lohnkosten – steigen schon seit Ende der 90er Jahre langsamer. Sie lagen Mitte 2005 um knapp 2% unter dem Niveau von 2003. Das hat einen erheblichen Einfluss auf die deutsche Volkswirtschaft. Denn das große Manko der Bundesrepublik im internationalen Wettbewerb waren in den vergangenen Jahren immer die zu hohen Kosten. Inzwischen sind die Kosten zwar nach wie vor zu hoch. Aber der Abstand vor allem zu den Konkurrenten in Westeuropa wird geringer. Seit 1998 sind die Lohnstückkosten in Deutschland in etwa stabil geblieben, während sie in Frankreich, Italien und Spanien deutlich gestiegen sind.

Die Menschen arbeiten wieder mehr, bekommen dafür aber nicht mehr Lohn. Die 35-Stunden-Woche, lange Jahre der Traum aller Gewerkschaftler und in Frankreich erst vor kurzem landesweit eingeführt, ist als Zielmarke tot. Einen Meilenstein in dieser Entwicklung setzte der deutsche Elektrokonzern Siemens. Er überzeugte die Arbeitnehmer und den

Betriebsrat in seiner Handyfertigung in Kamp-Lintfort, dass die Wochenarbeitszeit von 35 auf 40 Stunden ohne Lohnausgleich heraufgesetzt werden müsste. Andernfalls wäre das Unternehmen gezwungen, Arbeitsplätze zu streichen beziehungsweise zu verlagern. Das entspricht einer einmaligen Kürzung der Stundenlöhne um über 10%. Ähnliches geschah später bei Daimler, in den Opelwerken in Rüsselsheim und Bochum und in vielen mittelständischen Unternehmen in der Bundesrepublik. Selbst im öffentlichen Dienst, in dem es grundsätzlich keine Beschäftigungsrisiken gibt, wurden die Löhne und Gehälter je Stunde gesenkt.

Das bringt jetzt die anderen Mitglieder in der EU unter Druck. Auch dort wird die Kostensteigerung nicht mehr so weitergehen können, wie das in den vergangenen Jahren der Fall war. Spanien leidet zunehmend unter der Konkurrenz der deutschen Exporteure. Diese Fehlentwicklung lässt sich – anders, als das früher der Fall war – nicht mehr durch Währungsabwertung korrigieren. Das einzige Mittel, das hilft, ist eine moderate Lohnpolitik auch in diesen Ländern.

Diese Veränderung auf den Arbeitsmärkten Europas ist deshalb so wichtig, weil sie nicht durch politische Initiativen angestoßen wurde, sondern sich durch das Handeln der Menschen (und deren Organisationen!) auf den Märkten ergab. Die steigende Zahl der Arbeitslosen hat dazu geführt, dass die Lohnforderungen geringer geworden sind. Das ist genau das, was man erwarten musste. Es zeigt, dass die marktwirtschaftlichen Reflexe in Europa nach wie vor funktionieren.

Natürlich ist dies für die betroffenen Arbeitnehmer eine schmerzliche Entwicklung. Aber „externe Schocks", wie der Ökonom sagt, gibt es immer wieder. Entscheidend für die Gesundheit einer Volkswirtschaft ist es, wie sie auf solche Schocks reagiert. Für diesen Fall muss man vor allem Deutschland, vermutlich aber Europa insgesamt eine gute Note geben. Interessant ist, dass dies alles zu einer Zeit passierte, in der die Gewerkschaften zum Teil erheblich gegen die Reformbemühungen auf der politischen Ebene demonstrierten.

Reformen im politischen Bereich
Auch im politischen Bereich gab es in Deutschland Reformen, die über das hinausgingen, was man sich in diesem Land hätte vorstellen können. Der Spitzensteuersatz der Einkommensteuer wurde auf 42% gesenkt. Die Bezugsdauer von Arbeitslosengeld wurde von 32 auf zwölf Monate reduziert. Arbeitslosenhilfe und Sozialhilfe wurden zusammengelegt. Es wurde eine Pflicht für Arbeitslose eingeführt, Beschäftigung anzunehmen, wenn sie ihren Anspruch auf Arbeitslosenhilfe nicht verlieren wollten. Deutsche werden mehr oder weniger gezwungen, Hilfsarbeiten in der Landwirtschaft zu übernehmen, Renten werden nicht mehr angehoben. Wer keine Kinder hat, muss erhöhte Beiträge zur Pflegeversicherung zahlen. Die Proteste einzelner Gruppen gegen diese Politik waren nur kurz beziehungsweise hielten sich insgesamt in Grenzen.

Selbst die „heilige Kuh" des Föderalismus, das heißt die Mitwirkung von Bundestag und Bundesrat bei der Verabschiedung von Gesetzen, wurde auf den Prüfstein gestellt. Das Gesetzgebungsverfahren sollte vereinfacht und beschleunigt werden. Eine Regierung, die im Bundestag eine Mehrheit hat, soll auch in der Lage sein, eine entsprechende Politik auf Bundesebene durchsetzen zu können. Auf diese Weise sollte die Reformfähigkeit des Landes verbessert werden. Das Projekt scheiterte unter der Regierung Schröder, aber nicht, weil sich die Politiker der verschiedenen Parteien in der Grundfrage nicht einigen konnten, sondern weil es Unstimmigkeiten in der Frage der Zuständigkeit für die Bildungspolitik gab, eines Problems, das mit der Reform wenig zu tun hat. In der großen Koalition der Kanzlerin Merkel wurde es wieder aufgenommen und die Aussichten auf eine Verwirklichung stehen gut.

In der Reformpolitik zählen nicht nur die harten Fakten der Maßnahmen, sondern ebenso die „soft facts". Wichtig ist vor allem die Tatsache, dass Reformen in verkrusteten Gesellschaften, wenn auch unter großem Ächzen, angegangen werden können. Keine der demokratischen Parteien plädiert heute dafür, keine Reformen zu machen (sie würde sicher nicht gewählt, weil alle Bürger wissen, dass sich etwas ändern muss). Die Erfahrung mit Reformen und Restrukturierungen in den Unternehmen zeigt, dass die Arbeitnehmer bereit sind, mitzuwirken, wenn sie die Notwendigkeit der Veränderungen sehen und wenn sie bei der Implementierung der Maßnahmen eingebunden werden. Reformen sind möglich und mehr Reformen werden kommen. Im Sommer 2005 stellte der Bundeskanzler im Bundestag die Vertrauensfrage, weil er sich seiner parlamentarischen Mehrheit bei der Fortsetzung der Reformpolitik nicht mehr sicher war. Die Oppositionsparteien CDU/CSU veröffentlichten ein Wahlprogramm, das unter anderem Steuererhöhungen und eine Lockerung des Kündigungsschutzes vorsah.

Die anschließenden Wahlen im September 2005 waren ein Rückschlag in der Reformpolitik. Keine der großen Parteikonstellationen erhielt eine Mehrheit, was manchen an der Veränderungsbereitschaft der Bevölkerung zweifeln ließ. Es war interessant, dass die Finanzmärkte, die normalerweise ein sehr feines Sensorium für Veränderungen haben, auf diesen Rückschlag kaum reagierten. Es gab einen kurzen Kursrückgang am Montag nach der Wahl, dann gingen die Märkte wieder zur Tagesordnung über. Ausländische Anleger nannten drei Gründe, weshalb sie zuversichtlich für Deutschland blieben. Der eine war, dass deutsche Unternehmen schon lange nicht mehr den Hauptteil ihres Geschäfts in der Bundesrepublik machen, sondern im restlichen Europa und in Übersee. Sie sind also von Veränderungen in diesem Land weniger betroffen, als viele meinen. Der zweite war, dass die Politik gar nicht so wichtig sei, sondern dass es vor allem auf die Reformen in der Wirtschaft ankäme. Und der dritte: Deutschland sei so stark in die EU eingebunden, dass keine größeren Fehlentwicklungen passieren könnten. Die EU also gewissermaßen auch als Sicherheitsnetz für ihre Mitglieder. Der Brüsseler Kommissionspräsident Barroso wurde nicht müde, die Deutschen zu einer schnellen Regierungsbildung zu drängen, weil Europa ein starkes und handlungsfähiges Deutschland brauche.

Bei den Reformen in Deutschland spielen auch die positiven Erfahrungen und der Wettbewerb der Politiken in Europa eine Rolle. Wenn Engländer, Holländer und Schweden in der Vergangenheit nicht so erfolgreich mit wirtschaftspolitischen Reformen gewesen wären, hätte auch die Bundesrepublik in den letzten Jahren nicht so große Anstrengungen zur Modernisierung des marktwirtschaftlichen Rahmens unternommen. Der deutschen Kanzlerkandidatin Angela Merkel wurde unterstellt, sie wolle eine neue Margaret Thatcher werden. Und wenn die Bundesrepublik damit jetzt nicht angefangen hätte, hätten auch Österreich, Frankreich und andere EU-Mitgliedsstaaten nichts oder weniger in dieser Richtung getan.

Dass all diese Maßnahmen noch nicht zu mehr Wachstum und Beschäftigung in Deutschland und Europa geführt haben, ist kein Argument gegen die Reformen. Es sollte niemanden daran zweifeln lassen, dass hier eine neue Stärke Europas entsteht. Im Gegensatz zu nachfragepolitischen Maßnahmen haben angebotspolitische Reformen der Art, wie sie in Deutschland in den letzten Jahren ergriffen wurden, eine lange Inkubationszeit. Erfahrungsgemäß braucht es etwa fünf bis acht Jahre, bis die erwünschten Erfolge in Form von höherem Wachstum und niedrigerer Arbeitslosigkeit eintreten. Auch die Reformen in den USA unter Präsident Reagan oder die drastischen Maßnahmen der legendären britischen Ministerpräsidentin Margaret Thatcher brauchten sehr lange, bis sie zu höherem Wachstum und zu neuer wirtschaftlicher Stärke führten. Thatcher begann ihre Reformpolitik bereits mit ihrem Regierungsantritt 1979, die berühmte Niederschlagung des Bergarbeiterstreiks fand in den Jahren 1984/85 statt. Das Wachstum der britischen Wirtschaft ist aber erst seit Anfang der 90er Jahre nachhaltig höher als im Rest der europäischen Gemeinschaft.

Reformen auf europäischer Ebene

Auch auf europäischer Ebene besteht eine hohe Einsicht in die Notwendigkeit von Reformen. Bereits im Jahr 2000, als in vielen Nationalstaaten noch wenig von Reformdruck spürbar war (auch weil sich das Wachstum damals so ordentlich darstellte), beschlossen die Staats- und Regierungschefs der EU ein Programm, das Europa binnen zehn Jahren zum „wettbewerbsfähigsten und dynamischsten wissensbasierten Wirtschaftsraum der Welt“ machen sollte.

Leider war das Programm in seiner ursprünglichen Form zu ambitioniert und zu wenig operational. Es enthielt in der ersten Fassung 28 Haupt- und 120 untergeordnete Ziele. Dabei wurden insgesamt 117 verschiedene Indikatoren verwendet. Das Berichterstattungssystem führte dazu, dass von den 25 Mitgliedsstaaten insgesamt jährlich 300 Berichte abgefasst werden mussten, die – so gibt die Kommission in einem Dokument selbst zu – „im Grunde niemand liest“. Dies sowie der abnehmende Druck von Seiten der wirtschaftlichen Entwicklung (das Jahr 2000 war ein hervorragendes Jahr in puncto Wachstum und Beschäftigung) führten dazu, dass den Beschlüssen des Rates wenig Taten folgten. Erst unter dem Eindruck der nachhaltigen Wachstumsschwäche in den folgenden Jahren wurde das Thema 2004 wieder aufgenommen und als Priorität der 2004 gewählten Kommission gesehen.

Wichtig ist dabei, dass das umfangreiche Maßnahmenpaket entschlackt und auf wenige Punkte reduziert wurde. Das wird bei der Umsetzung helfen. Die Lissabon-Strategie verfolgt jetzt drei Prioritäten:

- die Förderung von Wissen und Innovation als Triebkräfte eines dauerhaften Wachstums; die Investitionen für Forschung und Entwicklung sollen auf 3 % des Bruttoinlandsprodukts angehoben werden;
- die Verbesserung der Attraktivität des europäischen Wirtschaftsraums für Investitionen und Arbeit; hierzu gehören der Abbau von Verwaltungsbürokratie und die Förderung des Unternehmertums; und

- die Steigerung von Wachstum und Beschäftigung im Dienste des sozialen Zusammenhalts; die Beschäftigungsquote soll auf 70% (Frauen 60%) angehoben werden.

Gleichzeitig legte die Kommission die Verantwortlichkeiten bei der Realisierung fest. Auch das war richtig und notwendig. Dabei zeigte sich, dass die Hauptlast der Umsetzung des Lissabon-Prozesses – wie nicht anders zu erwarten – bei den nationalen Regierungen liegt. Die Kommission wird weitgehend darauf beschränkt, die Umsetzungspläne zu entwickeln und die tatsächliche Umsetzung zu überwachen.

Das bedeutet für die Mitglieder freilich einen Zielkonflikt: Einerseits müssen sie ihre nationalen Reformprojekte verwirklichen, was schon schwer genug ist. Andererseits bekommen sie von Brüssel weitere Hausaufgaben, um den Lissabon-Prozess weiterzutreiben. Es ist jetzt schon absehbar, dass dies zu Schwierigkeiten und Konflikten führen wird. Kann man sich vorstellen, dass eine deutsche Bundeskanzlerin nach der Verwirklichung vieler schmerzhafter Reformen in der Bundesrepublik noch einmal vor das deutsche Volk tritt und sagt: Es tut mir leid, ich habe bei der ganzen Reformagenda noch etwas vergessen. Wir müssen ja noch die Reformen im Rahmen des Lissabon-Prozesses verwirklichen. Also fangen wir doch bitte noch einmal von neuem an …

Die Lösung des Dilemmas der europäischen Reformen wird darin liegen müssen, dass nationale und europäische Reformen vernünftig aufeinander abgestimmt werden. Nachdem die nationale Reformpolitik vor der europäischen begonnen hat, muss man sehen, dass die dort ergriffenen Maßnahmen auch für die Lissabon-Agenda genutzt werden können. Zwei Arten von Reformen nebeneinander sind nicht erforderlich. Denn beide dienen demselben Ziel, die Schwäche Europas und seiner Mitglieder zu überwinden und die Region zur Stärke zu führen. Im Übrigen würden zwei Arten von Reformen die betroffenen Gesellschaften überfordern.

Ein Manko des Lissabon-Programms ist, dass es in seinem Kern etwas mechanistisch und bürokratisch ist. Es geht ihm nicht darum, wirtschaftliche Dynamik durch mehr Investitionen, mehr Verbrauch und mehr Zukunftsvertrauen zu entfalten. Es geht eher darum, wichtige wirtschaftliche Kennzahlen zu verbessern. So soll zum Beispiel die Beschäftigungsquote (Zahl der Beschäftigten in Prozent der gesamten Erwerbspersonen) erhöht werden, ebenso die Quote der Ausgaben für Forschung und Entwicklung oder die Zahl der Betreuungsplätze für Kinder und die Zahl der Schüler mit Abschluss Sekundarstufe. All das sind wichtige Ziele, die man nicht gering schätzen sollte. Im Lissabon-Programm wird zum ersten Mal anerkannt, dass mehr Menschen aus der aktiven Bevölkerung arbeiten müssen (also mehr Frauen, dazu kürzere Ausbildungszeiten und weniger Frühverrentung). Das ist eine bemerkenswerte Kehrtwende.

Aber es führt nicht zwangsläufig zu mehr Wachstum, denn es müssen auch die entsprechenden Arbeitsplätze da sein. Wenn Europa wirklich einen höheren Sozialproduktzuwachs haben soll, dann erfordert dies neben all diesen Dingen in erster Linie Unternehmer, die Vertrauen in die Zukunft haben und deshalb investieren und Arbeitsplätze schaffen. Es erfordert Verbraucher, die im Glauben an eine gedeihliche Entwicklung auch tatsächlich mehr kaufen. Die Menschen müssen an Europa und seine Chancen glauben, dann werden sie sich auch entsprechend verhalten. Dazu ist das Erreichen wichtiger Kennzahlen notwendige, aber nicht hinreichende Voraussetzung.

All das sind aber nur Zweifel an der Art der Reformen, nicht am Willen Europas, die wirtschaftlichen Bedingungen auf dem Kontinent zu verbessern und mehr Wachstum und Beschäftigung zu schaffen.

Der richtige Zeitpunkt: Die EU-Osterweiterung

Die EU-Osterweiterung hat Europa eine neue Qualität gegeben. Sie steigert die wirtschaftliche Attraktivität und erhöht das politische und zivilisatorische Gewicht des Kontinents. Sie gibt den Europäern neues Selbstbewusstsein.

Lange Zeit hat man gesagt, durch die Osterweiterung der EU ändere sich in Europa nicht viel. Die *Neue Zürcher Zeitung* titelte am 30. April 2005, ein Jahr nach dem Ereignis: „Spektakulär unspektakulär“. Es sind zwar, so wurde überall gesagt, acht neue Mitglieder dazugekommen. Diese hätten jedoch kein größeres wirtschaftliches Gewicht. Sie machten zusammengenommen nur 5% des Bruttoinlandsprodukts der Gemeinschaft aus. Alle acht sind damit, wirtschaftlich gesehen, zusammen gerade mal so wichtig wie etwa die Niederlande. Schon vor dem 1. Mai 2004, als die Osterweiterung der EU in Kraft trat, habe man mit diesen Ländern Handel getrieben. Der Großteil der Direktinvestitionen aus Deutschland in den Staaten Zentral- und Osteuropas fand Ende der 90er Jahre statt, weit vor dem offiziellen Beitritt in die Union.

Die Osterweiterung der EU für die Zukunft Europas also ein „Non-Event“? Nein, in keiner Weise. Im Gegenteil. Die Osterweiterung war eine Wegscheide in der Entwicklung Europas. In 20, 30 Jahren wird man sagen, dass Europa erst mit dem 1. Mai 2004 so richtig entstanden ist. Gunter Hofmann schreibt: „Nach dieser großen Zäsur, dem Fall der Mauer und der Systemgrenze, ist die Europäische Gemeinschaft nicht mehr nur erweitert und peu à peu um Kompetenzen bereichert worden, sie verwandelte sich radikal auch in ein anderes Unterfangen.“

Die Osterweiterung hat Europa eine neue Qualität gegeben. Sie hat Möglichkeiten eröffnet, die man vorher nie für denkbar gehalten hat. Europa hat durch die Osterweiterung Gestalt bekommen. Wir haben das nur noch nicht richtig gemerkt. Ulrich Beck und Edgar Grande schreiben zu Beginn ihres Buches über das kosmopolitische Europa: „Nicht erst, aber erst recht mit der Osterweiterung der Europäischen Union wurde ein neues Zeitalter der grenzenüberschreitenden, grenzenverwischenden Kooperation eröffnet."

Politik, Kultur und Wirtschaft fallen mit der Geographie zusammen

Was hat sich geändert? Das Wichtigste: Zum ersten Mal in der neueren Geschichte fällt das politische, kulturelle und wirtschaftliche Europa weitgehend auch mit dem geographischen zusammen. Als sich die sechs Gründerstaaten der EWG 1958 zusammentaten, die europäische Integration ausriefen und sich selbst als Europa bezeichneten, war das, gelinde gesagt, Hybris (im Nachhinein freilich vielleicht auch visionär). Deutschland, Frankreich, Italien und die Benelux-Länder konnten, so wichtig sie waren, weder damals noch heute für sich in Anspruch nehmen, repräsentativ für Europa zu sein und für Europa zu sprechen. Sie machten nur gut 30% der Fläche, 50% der Bevölkerung und 60% des Bruttoinlandsprodukts des heutigen Europas der 25 aus. Rechnet man noch das frühere Jugoslawien, den europäischen Teil Russlands, die Ukraine und andere Länder, die geographisch zu Europa gerechnet werden, hinzu, ist der Anteil der Gründungsmitglieder der EU an Europa noch geringer.

Mit den Erweiterungen der Gemeinschaft in den 70er, 80er und 90er Jahren wurde das Missverhältnis zwischen Geographie und europäischem Anspruch kleiner. Aber erst durch die Osterweiterung kann die EU mit Recht für den ganzen Kontinent Europa sprechen. Das verleiht ihr eine Glaubwürdigkeit, die sie vorher nie gehabt hatte.

Das, was jetzt noch fehlt, ist eher die Minderheit. Mit Bulgarien, Rumänien und Kroatien laufen Beitrittsverhandlungen. Der Balkan wird dazukommen, wenn die Verhältnisse dort geordneter sind. Die Investitionstätigkeit der Ausländer in dieser Region nimmt aber schon deutlich zu. Der westliche Teil Russlands bis zum Kaukasus, der geographisch eigentlich noch zu Europa gehört, ist ein Fall sui generis. Russland steht an einem Scheideweg. Es wird sich entweder als eurasische Macht profilieren (und dann zwischen den USA und China stehen). Oder es wird an die Petersburger Geschichte anknüpfen, sich nach Westen orientieren und dann näher an die EU rücken (was dann aber die Präsenz in dem rohstoffreichen Sibirien noch schwieriger macht). Aber selbst dann wird es, so, wie es heute aussieht, nicht der Union beitreten. In jedem Fall wird es in einer besonderen Beziehung zur EU stehen.

Durch die Osterweiterung der EU ist eine neue Weltmacht entstanden. Sie befindet sich geographisch zwischen Amerika und Russland. Politisch und wirtschaftlich rangiert sie neben den USA, China und vielleicht Japan. Sie hat eine Vielfalt der historischen und zivilisatorischen Beziehungen, die einmalig ist und um die andere sie beneiden. Wenn die EU im Iran verhandelt, dann sitzen neben dem „EU-Außenminister“ Javier Solana auch die Vertreter Deutschlands, Frankreichs und Großbritanniens mit am Tisch, die traditionell gute Beziehungen zu dem Land unterhielten. Wenn die EU mit der Ukraine spricht, dann wird Solana von den Polen als Nachbarn und langjährigen Gesprächspartnern in Kiew begleitet. Wenn es Gespräche mit den Staaten Lateinamerikas gibt, dann sind natürlich die Spanier und die Portugiesen mit von der Partie. Das verschafft der EU einen Einfluss und eine Glaubwürdigkeit in der Welt, die monostrukturierte Mächte in dieser Form nie erreichen können.

Es ist zu vermuten, dass der Zerfall der „Gemeinschaft Unabhängiger Staaten“, also dem ursprünglich sowjetischen Hoheitsgebiet, nicht so schnell voranschreiten würde, wenn es die erweiterte EU nicht gäbe. Für diese Staaten ist klar, dass sie allein und ohne Verbündete nicht sein können. Die Wahl zwischen Russland und den USA ist für sie keine wirkliche Alternative. Europa ist – ungewollt – in die Rolle des unabhängigen Dritten hineingewachsen und stellt zumindest für einige dieser Länder eine Art sicheren Hafens dar. Dies insbesondere dann, wenn sie „ihre Gemeinschaft“ mit dem vergleichen, was sie in Europa sehen. Diese Länder beobachten auch, wie es den Staaten Zentral- und Osteuropas – mit denen sie in der Zeit der Sowjetunion an einem Tisch saßen – in der Europäischen Union geht und sie streben eine ähnliche Entwicklung an.

Die Macht von gestern wird zur Macht von morgen

Die Europäische Union hat durch die Osterweiterung „Geschichte bekommen". Die alte EU war ein Konstrukt der Moderne, entstanden durch die Restriktionen des Kalten Krieges. Die neue EU knüpft an die gesamte Historie des Kontinents in den letzten 1000 Jahren an. Damit werden die heutigen Strukturen in Frage gestellt, vor allem der Nationalstaat. Süddeutschland, Österreich und Norditalien waren in der Geschichte selten separate Einheiten. Der Nationalstaat Deutschland ist erst ganz jungen Datums. Polen reichte einmal von Danzig bis ans Schwarze Meer. Es wird in dieser Form nicht wiedererstehen, zeigt aber die Zusammengehörigkeit dieses Raums. Neue wirtschaftliche Strukturen werden sich an diesen Mustern orientieren. Die Tradition der deutschen Sprache lebt wieder auf. Deutsch und Französisch treten neben das Englische. Vor allem in Osteuropa sind vielfältige Bemühungen erkennbar, die Strukturen des Kalten Krieges zu überwinden.

Das neue Europa hat mehr mit den historischen Strukturen bis ins 19. Jahrhundert zu tun als mit denen der Römischen Verträge.

Die Osterweiterung hat auch der europäischen Kultur neues Gewicht gegeben und sie durch die Zusammenführung von Teilen, die lange getrennt waren, befruchtet. Ich habe darüber auf den Seiten 117ff berichtet.

Wirtschaftliche Vorteile

Erst mit der EU-Osterweiterung ist der größte Binnenmarkt der Welt entstanden. Zu dem bisherigen Markt von 350 Millionen kamen 100 Millionen hinzu. Dabei ist der Teil, der dazustieß, derjenige, der für die Wirtschaft und auch für ausländische Unternehmen der interessanteste ist. Es ist ein Markt mit einer großen Zahl von motivierten und gut ausgebildeten Arbeitnehmern. Hier gibt es erhebliche Wachstumschancen. Direktinvestitionen fließen nach Europa, um von den neuen Märkten in Zentral- und Osteuropa zu profitieren. Dadurch kommen Know-how und technischer Fortschritt aus anderen Erdteilen nach Europa.

Natürlich sind die Direktinvestitionen nicht erst mit dem 1. Mai 2004 nach Zentral- und Osteuropa gegangen. Aber was wichtig war: Mit diesem Datum entstand eine ganz neue Qualität der Rechtssicherheit. Erst seit diesem Termin sind dies Investitionen in der Europäischen Union. Vorher waren es für die anderen Europäer Investitionen im Ausland.

Die Integration der Staaten Zentral- und Osteuropas verändert die tarifpolitische Landschaft in der EU. In Deutschland wäre das Bewusstsein, dass die Löhne zu hoch sind, nie so deutlich geworden, wenn es nicht den Druck der niedrigen Arbeitskosten aus Osteuropa gäbe. Die Korrektur, die ja keineswegs nur gegenüber Osteuropa nötig ist, sondern in erster Linie gegenüber den westeuropäischen Konkurrenten, wäre nie in dieser Stärke und Radikalität durchgeführt worden.

Gleichzeitig gibt sich eine ganz neue Art von wirtschaftlicher Arbeitsteilung. Lohnintensive Fertigungsbereiche werden nach Osteuropa verlagert. Bratislava in der Slowakei ist neben Stuttgart, München und Wolfsburg zu einem neuen Zentrum der Automobilindustrie geworden, in dem Arbeitskräfte knapp geworden sind. Österreichische Automobilarbeiter pendeln inzwischen in die Slowakei.

Kulturrevolution durch die Osterweiterung

Durch die EU-Osterweiterung wird auch die wirtschaftspolitische Diskussion in der EU bereichert. Die neuen Mitglieder aus Zentral- und Osteuropa haben im Rahmen der Transformation Marktwirtschaften wie auf dem Reißbrett aufgebaut. Diese Modell-Marktwirtschaften treten nun in Konkurrenz zu Wirtschaftsordnungen im westlichen Teil Europas, die durch die lange Geschichte in vielen Bereichen verkrustet, unflexibel und „unordentlich“ geworden sind. Das ist eine ungeheure Herausforderung für die alten Mitglieder. Es ist ein Jungbrunnen an neuen Ideen. Jede Gesellschaft braucht von Zeit zu Zeit eine solche Art Kulturrevolution. Die Bundesrepublik hatte mit der deutsch-deutschen Wiedervereinigung schon einmal die Chance einer solchen Kulturrevolution. Sie wurde damals nicht genutzt, weil die Politik und die Wirtschaft der alten Bundesländer ihre Strukturen in der Eile des Integrationsprozesses den neuen Bundesländern überstülpten. Diesmal wird das nicht wieder passieren. Dazu haben die neuen EU-Mitglieder in Zentral- und Osteuropa zu viel Selbstbewusstsein. Und natürlich haben sie aus den Fehlern der Deutschen gelernt.

In jedem Fall ist es eine Vorstellung, an die man sich erst gewöhnen muss, wenn man sieht, wie Lettland oder die Tschechische Republik so gestandenen Volkswirtschaften wie Deutschland und Frankreich Lehrstunden in Sachen Liberalismus und Wettbewerb erteilen. Diese Länder haben die marktwirtschaftlichen Prinzipien heute besser verinnerlicht als viele alte EU-Mitglieder.

Man muss sich nur einmal die niedrigen Steuern anschauen. In der Slowakei beträgt der Satz für Unternehmenssteuern nur 19%. Soweit diese Steuern nur deshalb so niedrig sind, weil die Länder Unternehmen in unfairem Wettbewerb anlocken wollen oder weil sie ihren Staat durch Subventionen aus Brüssel finanzieren, ist dies nicht richtig und sollte bekämpft werden. Aber vielleicht zeigt sich hier auch, dass sich Staaten mit einer geringeren Steuerquote finanzieren können.

Der Steuerwettbewerb durch die neuen Mitgliedsstaaten ist insgesamt positiv zu sehen. Freilich gibt es auch hier Grenzen. Die Steuerquote in der Bundesrepublik liegt schon jetzt deutlich unter der, die in den 50er Jahren in Deutschland gegeben war. Ein weiterer Rückgang erscheint problematisch, da eine Gesellschaft ein gewisses Maß an Versorgung mit öffentlichen Gütern braucht. Was in Deutschland so hoch ist und Unternehmen wie Verbraucher drückt, sind nicht so sehr die Steuern, sondern die gesamten Abgaben für die Sozialversicherung. Sie sind mit 470 Milliarden Euro inzwischen schon höher als die Steuern (440 Milliarden). Zu hoch sind auch die Steuersätze; sie führen nicht zu hohen Steuereinnahmen, weil sie mit so vielen Ausnahmetatbeständen bei der Bemessungsgrundlage verbunden sind.

Mit der Osterweiterung der EU hat sich auch die währungspolitische Problematik in Europa verändert. Über Jahrzehnte hinweg war der US-Dollar (zum Teil zusammen mit der D-Mark) eine Art inoffizieller Parallelwährung in Zentral- und Osteuropa. In Warschau konnte man mit Dollar fast genauso gut einkaufen wie mit Zloty. Das hat sich geändert. Der Dollar spielt als Parallelwährung in Osteuropa praktisch keine Rolle mehr. Die nationalen Währungen haben erheblich an Bedeutung gewonnen. Und wo das nicht oder noch nicht der Fall ist (zum Beispiel auf dem Balkan), da hat der Euro die Funktion der Nebenwährung. Selbst in Russland werden die Preise in den Duty-free-Läden auf dem Flughafen in Euro angegeben. In Moskauer Hotels wird häufig mit „Units" gerechnet, wobei eine Unit heute nicht mehr ein Dollar, sondern ein Euro ist.

Die Gewichte verschieben sich

Innereuropäisch haben sich die Gewichte verschoben. Durch die Süderweiterung der Union in den 80er Jahren ist Frankreich ins Zentrum der Gemeinschaft gerückt. Jetzt hat sich der Schwerpunkt der Union vom Süden nach Osten verlagert. Damit ist Deutschland zu einem Schwerpunkt Europas geworden.

Das Negative: Durch die Osterweiterung der EU wird die Willensbildung innerhalb der Union langwieriger. Die Entscheidungen werden schwieriger. Das liegt nicht nur an der größeren Zahl der Mitglieder. Es liegt auch daran, dass die neuen Mitglieder in den letzten Jahren aus einer ganz anderen politischen Umgebung kommen und keine Erfahrungen mit den Usancen und Gegebenheiten innerhalb der Union haben. Zudem verfügen sie über ein außerordentliches Selbstbewusstsein und wollen sich nicht als Junior-Partner dominieren lassen. Sie bringen auch ganz andere Interessen ein. Die neuen Mitglieder befürworten eher die

Erweiterung der Union, vor allem natürlich die Erweiterung nach Osten. Sie suchen Sicherheit, auch Sicherheit vor russischem Einfluss, weil sie nicht wissen, wohin sich Russland in den nächsten Jahren entwickeln wird.

Sie treten für mehr Flexibilität in der Gemeinschaft ein, für eine stärkere Öffnung der Märkte. Manch einer in den alten Staaten wird sagen: Die haben gut reden. Sie profitieren ja von der Öffnung der Märkte, weil sie geringere Kosten haben. Das ist aber nur die Hälfte der Wahrheit. Öffnung der Märkte heißt für die neuen Mitglieder nämlich auch, dass ihre großen Unternehmen und Banken von Investoren aus dem Westen übernommen werden. Zwei Drittel der gesamten Bilanzsumme der Banken in den Ländern Zentral- und Osteuropas liegen heute bei Instituten, die mehrheitlich Ausländern gehören. Das wäre in den alten Industrieländern sicher nicht akzeptabel. Es scheint den neuen EU-Mitgliedern jedoch wenig auszumachen. Sie denken hier viel weniger nationalistisch als die alten Mitglieder. Und wenn es ihnen etwas ausmacht – sie wissen, dass dies der einzige Weg ist, um den Abstand in Sachen Know-how zum EU-Durchschnitt aufzuholen.

Freilich ist nichts so schlecht, dass es nicht auch Vorteile hat. Denn die Schwierigkeiten bei der Willensbildung zwingen dazu, über neue Strukturen und Mechanismen nachzudenken. Man kann Europa nicht einfach um zehn Mitglieder aufstocken. Dies muss vielmehr Anlass sein, die bisherigen Verfahren auf den Prüfstand zu stellen und zu sehen, was man verbessern kann. Ohne die große Zahl neuer Mitglieder hätte man in Europa wahrscheinlich nicht so schnell und so dringlich über das Problem von Mehrheitsentscheidungen nachgedacht.

Schließlich kann die Osterweiterung die EU auch etwas stolz und optimistisch machen. Die Europäer haben etwas geschafft, was noch vor 20 Jahren als gänzlich unmöglich galt: nämlich die erfolgreiche Transformation früherer Planwirtschaften im Herrschaftsbereich der Sowjetunion in wachsende Marktwirtschaften und ihre Integration in ein geeintes Europa. Europa hat das viel besser gemacht als die

Bundesrepublik vor 15 Jahren mit den neuen Bundesländern, eine Integration, die immer noch nicht in trockenen Tüchern ist. Asien hinkt in dieser Hinsicht weit hinter Europa her. In Korea gibt es zwischen dem Norden und dem Süden noch einen Eisernen Vorhang. China hat die Transformation zu einer politischen Demokratie und einer funktionierenden Marktwirtschaft noch vor sich.

Ohne den Fall des Eisernen Vorhangs wäre Europa eine wirtschaftliche und politische Integrationsgeschichte von vielen in der Welt geblieben. Die Dynamik wäre bald verloren gegangen. Durch die Osterweiterung kann Europa selbstbewusst in die Zukunft schauen. Bei den neuen Mitgliedern Zentral- und Osteuropas ist das vielfach auch der Fall. Die Westeuropäer tun sich da noch schwerer, weil sie noch nicht voll begriffen haben, was sie gemeinsam mit den neuen Mitgliedern geleistet haben.

Die richtige Umwelt: Die Globalisierung

Europa profitiert – entgegen dem, was oft gesagt wird – von der Globalisierung in der Welt. Es zeigt Antworten auf viele Fragen, die die Menschen im Hinblick auf die Globalisierung stellen. Selbst wenn die Entwicklung der Weltwirtschaft ins Stocken geraten sollte, wird sich Europa besser als Asien oder Amerika schlagen. Europa als „Regenschirm für schlechte Zeiten".

Europa hat viele gute Eigenschaften, die es prädestinieren, eine wichtigere und zentrale Rolle in der Welt zu spielen. Die Zukunft hängt aber nie nur von einem selbst ab. Bei einem Rennen mit hochklassiger Konkurrenz muss eben alles stimmen – nicht nur die eigene Kondition, sondern auch die Windverhältnisse, das Stadion, das Publikum und all die anderen wichtigen und unwichtigen Dinge.

Es gibt drei unterschiedliche Reaktionen auf die Umweltbedingungen. Manche Rennfahrer erbringen die besten Leistungen, wenn die Umweltbedingungen richtig gut sind, wenn die Sonne scheint, wenn das Publikum applaudiert und wenn die Straßen nicht zu heiß und nicht nass sind. Es gibt aber auch Rennfahrer, die gerade bei Regen und glitschigen Straßen zu Hochform auflaufen. Der langjährige Formel-1-Weltmeister Michael Schumacher gehörte zur zweiten Kategorie. Er brachte sein Können immer dann so richtig zum Tragen und fuhr an allen anderen vorbei, wenn es regnete und die Straßenverhältnisse ungünstiger wurden. Und es gibt schließlich die, die bei guten und bei schlechten Bedingungen herausragende Leistungen erbringen. Die Europäische Union gehört zur dritten Kategorie.

Europa als Gewinner der Globalisierung
Natürlich profitiert Europa wie alle anderen von guten politischen und wirtschaftlichen Bedingungen in der Welt. Die Europäische Union ist groß geworden in der Zeit der zunehmenden Globalisierung. Sie hat aus der Zunahme der internationalen Arbeitsteilung enormen Nutzen gezogen. Einmal, weil Europa höhere Export- und Importquoten hat und relativ mehr Kapital im Ausland anlegt. Zum anderen ist es aber auch leichter, Zölle zu senken und Märkte zu integrieren, wenn dies im Zuge der Zeit liegt. Dann fühlen sich alle auf der richtigen Seite und dann kann man auch etwas schneller als die anderen vorgehen. Man stelle sich nur einmal vor, die Welt hätte im Regionalismus der 30er Jahre des vorigen Jahrhunderts verharrt. In einem solchen Umfeld wären wahrscheinlich schon die ersten Schritte der europäischen Einigung bis zu den Römischen Verträgen kaum denkbar gewesen. In jedem Fall wären die Europäer dann in den folgenden Jahren nicht mit der gleichen Verve vorangegangen, die innereuropäischen Markthindernisse abzubauen.

Die Europäer werden daher alles tun, um den Prozess der Globalisierung weiter zu befördern. Sie wissen, dass sie als größter Binnenmarkt der Welt eine Mitverantwortung für die internationale Wirtschaft haben und dass sie in einer funktionierenden Weltordnung mehr Einfluss und Gestaltungsmöglichkeiten haben als in einer nicht funktionierenden. Sie sind aus diesem Grund mehr Treiber als Getriebene der Globalisierung.

Andererseits fehlt bei gutem „Wetter“ in der Weltwirtschaft der große „Kick“ der Integration. Die Europäer machen dann das, was alle machen. Sie beteiligen sich am Welthandel und an den internationalen Kapitalmärkten. Sie schöpfen die Möglichkeiten der Arbeitsteilung aus. Der Unterschied zu anderen ist, dass sie es vielleicht etwas intensiver tun. Sie setzen sich nicht ab. Sie bieten nichts Besonderes. Sie schwimmen im Strom der anderen.

Anders, wenn die Globalisierung stagnierte oder sich sogar etwas zurückbilden würde. Dann wären die Europäer zunächst einmal negativ betroffen, weil Welthandel und internationaler Kapitalverkehr nicht mehr so stark wachsen würden. Die Fortführung der europäischen Integration würde davon aber nicht tangiert. Sie ist inzwischen auch in ihren Werten und in ihren Vorteilen in Europa so fest verankert, dass kein Politiker mehr daran rühren würde. Im Gegenteil. Probleme in der internationalen Arbeitsteilung würden die Europäer heute noch mehr zusammenschweißen. Einmal, um die EU und ihre Bürger vor aufkommenden Schwierigkeiten in der Weltwirtschaft zu schützen. Wenn's schon in der Welt insgesamt nicht vorangeht, dann wollen wir doch wenigstens in Europa alle Chancen der Zusammenarbeit nutzen. Zum anderen, um in den dann sicher härter werdenden internationalen Verhandlungen innerhalb der Welthandelsorganisation, im Internationalen Währungsfonds oder bei der Weltbank und ihren Töchtern eine gewichtigere Position zu haben. Je weniger durch Märkte und je mehr durch Verhandlungen gelöst wird, umso wichtiger ist es, dass man gemeinsam auftritt und eine gemeinsame Position hat.

So kommt es zu dem Ergebnis, dass Europa im Falle größerer weltwirtschaftlicher Schwierigkeiten zwar wie alle in der Welt absolut schlechter dasteht, dass es aber relativ besser als die anderen abschneiden würde. Es könnte sogar sein, dass die wirtschaftliche Integration in einem solchen Fall sogar schneller und intensiver vorangeht. Die europäische Integration wäre dann sozusagen der Regenschirm bei schlechtem Wetter.

Man kann es noch drastischer formulieren. Europa ist ein Champion für schlechtes Wetter. Wenn es in den kommenden Jahren größere Probleme und Schwierigkeiten in der Welt geben sollte, dann wird der Stern Europas umso heller strahlen. Wenn dagegen alles reibungslos geht, dann wird sich Europa zwar auch positiv entwickeln, aber es wird relativ weniger herausragen.

Globalisierung am Scheideweg

Wie wird nun das „Wetter“ in den politischen und wirtschaftlichen Beziehungen in den kommenden Jahren? Brauchen wir den Regenschirm oder vielleicht sogar noch einen größeren Regenschirm? Ich fürchte, dass wir uns auf rauere See einstellen müssen.

Geschichte vollzieht sich häufig in Zyklen. Es ist bekannt, dass die Globalisierung vor knapp 100 Jahren schon einmal einen ähnlichen Umfang erreicht hatte wie heute. Damals – vor dem Ersten Weltkrieg – waren sowohl die internationalen Waren- und Dienstleistungsströme als auch die globalen Kapitalbewegungen in etwa so stark ausgeprägt wie heute. Auch damals spielte China schon eine große Rolle. Auch damals schauten Kapitalanleger in den Nahen und Mittleren Osten und finanzierten zum Beispiel die Bagdad-Bahn. Ein gemeinsames Europa gab es freilich nur im Atlas. Auf politischer und wirtschaftlicher Bühne agierten diesseits des Atlantiks in jenen Jahren höchst unterschiedliche und voneinander unabhängig operierende Spieler: das Vereinigte Königreich mit all seinen Kolonien in der Welt, Frankreich mit seinen weltweiten Verbindungen, ebenso Italien, Spanien, Portugal, Belgien und die Niederlande, das habsburgische Kaiserreich und das noch sehr junge Deutschland unter Wilhelm II.

Die damalige Globalisierung haben wir allerdings aus dem Geschichtsunterricht mit weit weniger Problemen in Erinnerung als die heutige. Das liegt daran, dass die europäischen Mächte damals nicht die Getriebenen der Entwicklung waren, sondern eher die Treibenden. Sie besaßen die Kolonien und sie bestimmten die Bedingungen, unter denen die Geschäfte gemacht wurden. Die Dritte Welt hatte zwar seit den Zeiten Ricardos auch viel gelernt und konnte ihren Aufbau vorantreiben. Aber letztlich war sie von den Industrieländern abhängig.

Das hat sich geändert. Heute sind wir eher die Getriebenen. Wir profitieren zwar noch von der zunehmenden Arbeitsteilung, bekommen daneben jetzt aber auch mehr die negativen Effekte zu spüren. Der amerikanische Ökonom Jagdish Bhagwati hat vor kurzem mit Recht darauf hingewiesen, dass es derzeit nur die Amerikaner und die Europäer sind, die über die Gefahren und Nachteile der Globalisierung klagen, nicht die Asiaten. China, Indien, Korea und die anderen aufstrebenden Schwellenländer dieser Region sind eher die Gewinner der Globalisierung. Das, was Deutschland, Frankreich oder Großbritannien damals für die Weltwirtschaft waren, sind heute die Chinesen, Inder oder Koreaner.

Mit dem Ersten Weltkrieg brach die damalige Globalisierung zusammen. In der Welt entstand ein verhängnisvoller Bilateralismus. Das kostete Wachstum und Beschäftigung in allen beteiligten Ländern – bis hin zur Weltwirtschaftskrise Ende der 20er, Anfang der 30er Jahre. Und es brachte politische und militärische Konflikte mit sich, die sich in zwei schrecklichen Weltkriegen entluden.

Könnte es sein, dass uns jetzt wieder ein Rückschlag in der Globalisierung bevorsteht (hoffentlich freilich nicht mit den damaligen kriegerischen Begleiterscheinungen)? Es gibt Theorien, die belegen, dass die Welt nur ein bestimmtes Maß an Globalisierung verträgt. Wenn dieses erreicht ist und überschritten zu werden droht, dann gibt es einen Rückschlag. Das wäre also heute der Fall.

Für diese Annahme spricht, dass in letzter Zeit der Widerstand der Bevölkerung, der Regierungen und der Nichtregierungsorganisationen (NGOs, Nongovernmental Organisations) in Europa und Amerika gegen die Globalisierung deutlich wächst. Es heißt, Globalisierung gefährde die Verankerung der Menschen in ihrer Heimat. Sie führe zur Unverbindlichkeit des Multikulturalismus. Sie vernichte Arbeitsplätze in den industrialisierten Staaten. Sie entmachte die nationale Politik. Die Länder gerieten in nicht kalkulierbare Abhängigkeiten von weltweiten Entwicklungen, auch von multinationalen Konzernen.

Das ist aber nur die eine Hälfte der Wahrheit. So argumentieren die Verlierer dieser Entwicklung. Es gibt aber auch Gewinner. Die können von der Globalisierung nicht genug haben. Viele Unternehmen – auch in Europa und Amerika – sind derzeit unter dem Druck des Wettbewerbs dabei, die Chancen der internationalen Arbeitsteilung weiter zu nutzen. Die weltweiten Direktinvestitionen gehen weiter. Immer neue Spieler treten auf dem Weltmarkt auf und versuchen, andere zu verdrängen. Feiern wir im Augenblick noch die Chinesen, die die Märkte mit ihren Exporten überschwemmen, so macht sich inzwischen Indien bereit, mehr zu produzieren und seine Fähigkeiten auszuspielen. Der technische Fortschritt in der Logistik und in der Kommunikationstechnologie lässt die Welt enger zusammenwachsen und verringert die Kosten der Globalisierung.

Es ist schwer einzuschätzen, ob in Zukunft die Gegner oder die Befürworter der Globalisierung die Oberhand gewinnen werden. Es sieht zwar nicht danach aus, dass die Globalisierung am Ende ist und die Welt wieder vor einer Periode des Bilateralismus steht. Aber das Tempo der Globalisierung könnte sich verlangsamen. Der Widerstand gegen weitere internationale Verflechtung wächst. In einer solchen Zeit wird der Regenschirm Europas gebraucht.

Europa als Vorbild für Globalisierung

Europa ist im Hinblick auf die Globalisierung aber noch in einer anderen Hinsicht attraktiv. Globalisierung heißt letztlich nichts anderes als das Zusammenwachsen der nationalen Märkte zu einem globalen Markt. Globalisierung ist Marktwirtschaft im Weltmaßstab. Marktwirtschaft funktioniert aber nur – das wissen wir aus der Theorie der Wirtschaftspolitik –, wenn es entsprechende Rahmenbedingungen und eine Überwachung durch einen starken Staat gibt.

Der Staat muss dafür sorgen, dass Verträge eingehalten werden und im Zweifel einklagbar sind. Er muss verhindern, dass der Verbraucher übervorteilt wird. Er muss für Kartellvorschriften sorgen, damit der Wettbewerb nicht durch Konzentrationsbewegungen oder durch Absprachen der Unternehmen untereinander ausgehöhlt wird. Er muss eine stabile Eigentumsordnung herstellen. Er muss erreichen, das ist das Credo vor allem der deutschen Theoretiker, dass die sozialen Ungleichheiten nicht zu groß werden und die Stabilität der Gesellschaft gefährden.

All das ist bisher nur im nationalen Rahmen verwirklicht. Auf Weltebene gibt es das nicht. Daher die vielen Schwierigkeiten mit der Globalisierung. Die Europäische Union zeigt nun, wie man stabile Rahmenbedingungen für marktwirtschaftliches Handeln auch auf multinationaler Ebene organisieren kann. Sie hat eine stabile Rechtsordnung geschaffen, sie schützt den Verbraucher, sie verbietet Kartelle, sie wacht über die Eigentumsrechte, sie bekämpft die Inflation etc. Kurzum: Sie sorgt dafür, dass Marktwirtschaft auch im grenzüberschreitenden Rahmen funktioniert. Europa ist in diesem Sinne ein Modell für die ordnungspolitische Organisation der Globalisierung.

Europa zeigt aber nicht nur, wie man das macht. Es erklärt auch, dass dies nicht nur ein mechanischer Vorgang ist. Die einheitliche Gestaltung der Rahmenbedingungen erfordert nämlich gemeinsame Wertesysteme. Sie sind in Europa vorhanden, in der Welt insgesamt aber nicht. Insofern macht Europa deutlich, was in der Globalisierung geht und was nicht.

Globalisierung im wirklich globalen Maßstab wird – das ergibt sich aus der europäischen Erfahrung – nicht so befriedigend funktionieren können wie in den nationalen Wirtschaften. Zwar werden die Marktkräfte versuchen, immer mehr Grenzen niederzureißen. Es wird mehr internationalen Handel und Kapitalverkehr geben. Aber solange es keine entsprechenden politischen Rahmenbedingungen und keine gemeinsamen Werte gibt, wird das nicht stabil sein können. Es wird daher immer mehr Länder und Regierungen geben, die eine weitere Globalisierung ohne effiziente Kontrollen durch internationale Organisationen nicht hinzunehmen bereit sind – oder die sich durch regionale Vereinbarungen und Zusammenschlüsse wie in Europa dagegen zu schützen versuchen. Daher wird es neben der weltweiten Arbeitsteilung mehr regionale Freihandelsvereinbarungen wie in Europa geben.

Der amerikanische Präsident – ein Geschenk für Europa
Europa bekommt im internationalen Kontext noch von einer anderen Seite Rückenwind. Die Welt bewegte sich in den letzten Jahren vom Duopol durch die Vorherrschaft von Amerika und Russland zu einer multipolaren Welt. Diese Entwicklung hatte schon vor dem Ende des Kalten Krieges eingesetzt. Sie hat aber mit dem Fall des Eisernen Vorhangs und dem Ende der Dominanz der beiden Supermächte USA und Russland deutlich an Fahrt gewonnen.

Für die einzelnen Mitglieder der Weltgemeinschaft hat diese Veränderung große Bedeutung. Wenn es nur eine oder zwei wirklich große, die Welt dominierende Supermächte gibt wie im Kalten Krieg, sind alle anderen gleich, ob sie sich zusammenschließen oder nicht. Dann braucht man im Prinzip keine Unionen wie die EU. Das war auch die Ratio des nordatlantischen Verteidigungspakts, in dem die USA als damals einzige Atommacht und Weltmacht allen anderen Staaten des Bündnisses je einzeln gegenüberstanden.

Wenn aber das Übergewicht der Supermächte geringer wird, wie das in den letzten Jahren der Fall war, wenn mehr Länder Atomwaffen haben, dann kann es für einzelne Länder von Vorteil sein, wenn sie sich zusammentun. Denn dann bringen sie gemeinsam ein größeres Gewicht auf die Waage der Weltpolitik – ganz abgesehen von allen wirtschaftlichen Vorteilen durch größere Märkte. Daher der Trend zu regionalen Bündnissen. Die Europäer können für sich in Anspruch nehmen, dass sie diesen Trend durch ihr Beispiel wenn nicht initiiert, so doch erheblich befördert haben.

Dieser Trend zu regionalen Zusammenschlüssen ist umso größer, je stärker ein einzelner Staat seine Macht und seinen Einfluss zur Geltung bringt. Insofern hat der amerikanische Präsident George W. Bush durch seine bestimmende Art in der Weltpolitik dazu beigetragen, dass es mehr regionale Bündnisse gibt. Präsident Bush und seine Administration sind – ohne es zu wollen, vielleicht sogar ohne es zu wissen – „ein Geschenk“ für die europäische Integration. An ihm können sich die Europäer reiben und zu ihm können sie eine gemeinsame Position entwickeln. Der steigende politische Einfluss der Chinesen im ost- und südostasiatischen Raum tangiert die Europäer nicht. Er könnte aber zu verstärkter regionaler Zusammenarbeit in diesen Regionen führen.

Die emotionalen Qualitäten: Europa ist schön

Europa hat nicht nur deshalb gute Chancen, weil viele rationale Argumente für die Gemeinschaft sprechen. Es hat auch emotionale Kraft – für die Bewohner Europas selbst und für Ausländer. Eine Hommage an Europa.

Europa ist nicht nur eine utilitaristische Veranstaltung, „ein erbsenzählendes Europa, ein Europa ganz auf der Erde – ein langweiliges Europa“ (Charles Grant). Sein Aufstieg kann nicht nur mit rationalen Argumenten begründet werden. Bei dem Thema schwingt auch Gefühl mit – glücklicherweise.

Ich möchte diese emotionale Komponente bei meiner Argumentation nicht verschweigen. Nicht, um die rationalen Thesen zu entwerten, sondern um ihnen noch mehr Gewicht zu geben. Die Argumente sind nicht nur richtig, dahinter steht auch emotionale Kraft. Das macht das Ganze verständlicher und meinen Kasus hoffentlich sympathischer. Eine Gemeinschaft kann nicht auf Ratio allein gebaut werden. Das zuzugeben und zu beschreiben ist für einen nüchternen Ökonomen freilich nicht leicht. Ich versuch’s trotzdem.

Reisen nach Amerika und Europa
Im Juli 2005 erschien in der amerikanischen Wochenzeitschrift *Time* eine 66-seitige Spezialbeilage für Sommerreisen mit dem Titel „Die Wunder von Europa“ (The wonders of Europe). Darin werden mit beeindruckenden Bildern alle Sehenswürdigkeiten gezeigt, die Amerikaner in Europa interessieren könnten: von dem Aletsch-Gletscher in der Schweiz über den Palazzo Ducale in Urbino, den Smithfield-Markt in London, die Fjorde in Norwegen, die Prager Burg und den Baikalsee in Russland bis hin zum neuen Fußballstadion in München, dem Donana-Nationalpark in Spanien und dem Schloss Versailles in Paris. Ganz unterschiedliche Bereiche also – alles gedacht als Anregung für amerikanische Touristen. *Time* hat eine Auflage von über fünf Millionen Exemplaren weltweit. Die Redaktion überlegt es sich sicher gut, bevor sie so eine Werbung für Europa lanciert.

Was macht Europa so attraktiv? Ich bin viele Jahre lang regelmäßig mit meiner Familie in den Ferien durch die USA gereist. Wir haben mit dem Auto die wunderschönen Landschaften in Neuengland an der Ostküste „erfahren“, die weiten Steppen im Mittleren Westen, die Küsten vom Golf von Mexiko, die Rocky Mountains und die Westküste am Pazifik. Wir haben die großen Weiten des Landes schätzen und lieben gelernt. Wir waren auf den Spuren des Wilden Westens in Arizona und New Mexico, von Tom Sawyer und Huckleberry Finn am Mississippi und bei den Pilgrim Fathers an der Ostküste. Dazu kamen viele berufliche Besuche insbesondere in Washington und New York, bei denen ich von der Freundlichkeit und der hohen fachlichen Kompetenz vieler Amerikaner beeindruckt war. Ich gewann gute Freunde. Die Rückkehr von solchen Reisen war stets wie die Ankunft in der Provinz, in alter Kleinstaaterei. „Das alte Europa fühlte sich eng, sogar klaustrophobisch an für Amerikaner, die zu Hause den breiten Lebensraum genossen“ (Rifkin) – dasselbe empfanden auch Deutsche, die von Amerika wieder in Frankfurt oder München landeten.

Das hat sich seit den 90er Jahren sukzessive geändert. Ich fahre nach wie vor gerne in die USA und bin von diesem

Land begeistert. Aber auch in Europa tut sich etwas. Die Regionen wachsen zusammen. An den Grenzen innerhalb der EU muss man keinen Pass mehr zeigen. Bei Reisen von Italien nach Frankreich braucht man kein Geld mehr zu wechseln. Neue landschaftlich wunderschöne Gebiete im Osten des Kontinents sind hinzugekommen (von denen ich bisher nur in Büchern von Siegfried Lenz oder Günter Grass gelesen hatte). Mit einem Mal wurde deutlich, dass auch Europa weite Landschaften hatte. Alles war zwar ein bisschen gedrängter. Die Bevölkerung war größer. Dafür war aber auch die Vielfalt der Landschaften größer. Man sah bei Reisen auch nicht nur Landschaften, sondern Städte und Kulturdenkmäler, Museen und Kirchen. Jede Stadt war anders, von der architektonischen Gestalt bis hin zur Geschichte.

Wählen Sie einmal einen beliebigen Ort in den USA und in Europa aus, fahren von dort aus mit dem Auto 500 Meilen in alle vier Himmelsrichtungen und vergleichen Sie dann. Ausgangspunkt in den USA ist, sagen wir, Denver, Colorado. Nach Norden kommen Sie in den wunderschönen Yellowstone Park, nach Nordwesten durch die Rocky Mountains in das mormonische Salt Lake City. Nach Süden nach Arizona und Santa Fe und nach Osten durch die weiten Gebiete der Great Planes in Richtung Kansas City. Das ist ein unvergessliches Erlebnis unterschiedlicher Landschaften, wie es sie vielleicht nirgendwo sonst in der Welt gibt. Die Highways ziehen sich wie Schnüre durch die Landschaften und weisen den Weg. Am Abend kommen Sie aber immer in einer amerikanischen Stadt an mit breiten Straßen, Motels, Tankstellen, Steakhouses und Einkaufszentren. Sie wissen, wo Sie dort einkaufen können, wie das Essen in den Restaurants schmeckt und in welchen Motels man am besten wohnt. Die Menschen, die hier wohnen, denken und sprechen ähnlich wie die, die Sie am Abend vorher gesehen und mit denen Sie geredet haben, eben Amerikaner.

Dann machen Sie das Gleiche in Europa, sagen wir von München aus. Die Reise nach Süden führt Sie über die Alpen in die breite, im Sommer manchmal karge, im Winter neblige Po-Ebene. Am Schluss landen Sie in einem Ort, in dem eine ganz andere Sprache gesprochen wird, in dem es keine Hotels, sondern Albergos gibt, wo das Essen ganz anders schmeckt und natürlich auch die Tischsitten bis hin zu den Usancen des Trinkgeldes unterschiedlich sind. Wer die Strecke nach Osten fährt, schlängelt sich an der Donau entlang, sieht die mächtigen Bauten von Wien und erlebt das unnachahmliche Flair dieser Stadt. Er kommt schließlich durch die weiten Landschaften der Puszta und erreicht am Ende Budapest. Da muss der Reisende dann zwar mit anderem Geld zahlen, aber es herrscht der gemeinsame europäische Geist und er begegnet auf Schritt und Tritt der europäischen Historie. Der Reisende fühlt sich an die Geschichtsstunden über das habsburgische Reich erinnert.

Wer nach Westen fährt, kommt nach langen Wegen durch die Schlachtfelder des Ersten Weltkrieges rund um Verdun, vorbei an der großen Kathedrale von Reims durch die Champagne in das Pariser Becken mit der französischen Hauptstadt im Zentrum. Selbst wenn man heute von München nach Norden fährt (also im alten Deutschland bleibt) durchquert man die leichten Hügel der Mittelgebirge und kommt am Schluss nach Hannover und Hamburg. Hier wird zwar die gleiche Sprache gesprochen. Die Sitten, das Stadtbild und das Essen sind dort aber im Vergleich zu München unterschiedlicher, als das beispielsweise in Wien der Fall ist (wer kennt in München schon Grünkohl mit Pinkel? Wer weiß dort schon, wie wirklich richtig frischer Fisch am Hafen schmeckt?).

Das europäische Flair trifft natürlich in erster Linie Europäer ins Mark, weil es bei ihnen auch Heimatgefühle weckt. Ich vermute, dass aber auch Amerikaner oder Asiaten sich dem Charme der Vielfalt und der unterschiedlichen Historie und Zivilisation nicht entziehen können. Europa wird für die internationale Tourismusindustrie zunehmend attraktiv. Chinesen werden in Zukunft in noch größerer Zahl nach Europa kommen. Ein Kollege sagte kürzlich scherzend, das beste Investment in den nächsten Jahren sei ein Reisebüro für Chinesen auf Europa-Tour. Da kann man sich auf Dauer vor Kunden nicht retten. Der amerikanische Autor Jeremy Rifkin beschreibt Europa als „ein gigantisches Freiluft-Museum – voll von Schätzen und Erinnerungen, einige erschreckend, andere edel“. In jedem Fall wird der Tourismus nach Europa zu den Wachstumsindustrien der Zukunft gehören. Schon jetzt befinden sich drei europäische Länder unter den fünf attraktivsten Reisezielen der Welt (nach der Statistik der World Tourism Organisation): Frankreich als Nummer eins, Spanien als Nummer zwei und Italien als Nummer fünf. Die USA und China landeten auf den Plätzen drei und vier. Von den insgesamt 788 Stätten des Weltkulturerbes der UNESCO liegen 245 in Europa. Das sind rund 30%, obwohl Europa nur 7% der Weltbevölkerung ausmacht.

Die Vielfalt des Lebens

Europa ist aber nicht nur schön. Es ist auch interessant wie kaum eine andere Region. Europa zu sehen heißt, einem lebendigen Geschichtsunterricht beizuwohnen. Es heißt, unterschiedliche Antworten auf gemeinsame Probleme zu finden. Es heißt, die Vielfalt der Lebensstile zu erfahren, die unterschiedlichen Sprachen und Lebensentwürfe zu sehen.

Hinzu kommt die Verschiedenartigkeit der Menschen. Was Amerika und Europa verbindet (und sie von Japan und zum Teil auch von China unterscheidet), ist, dass hier Menschen aus unterschiedlichen Nationen beziehungsweise Regionen auf engem Raum zusammen leben. Es gibt hier aber einen wesentlichen Unterschied. Amerikaner sind stolz zu erzählen, wo ihre Vorfahren herkommen. Die Menschen, die aus China, Polen oder Italien in die Vereinigten Staaten gewandert sind, sind froh, dass sie inzwischen Amerikaner sind. Sie erwähnen ihre Herkunft gerne, im Kern sind sie aber Bürger der Vereinigten Staaten und wollen das sein. Sie sind vielleicht noch mehr Amerikaner als die, die schon länger da sind. So, wie ein Ausländer, der gerade in die Schweiz eingebürgert worden ist, „schweizerischer“ ist als die Schweizer selbst.

Ganz anders die Polen, Italiener oder Österreicher, die in

Europa leben. Sie sind in erster Linie Bürger ihrer Heimat und erst in zweiter Linie Europäer. Sie sind nicht Europäer geworden (und mussten sich nicht darum bemühen), sie sind es einfach. So ruhen sie mehr in sich selbst und wollen auch niemand anders sein. Das macht die Verschiedenheit der Menschen in Europa authentischer und vielleicht, hoffentlich auch kreativer. Andererseits ist es das, was das Zusammenwachsen in Europa so schwer macht und die Handlungsfähigkeit der Union erschwert.

Europa ist wegen seiner Werte ein Platz zum Wohlfühlen. Frieden und Freiheit sind in Amerika selbstverständlich. In China ist Freiheit ein Fremdwort, in Europa eine Erfahrung, die keineswegs zu allen Zeiten und in allen Regionen selbstverständlich war. Das Gleiche gilt für Toleranz. Das Besondere an Europa ist, dass die Menschen all diese Werte erlebt haben, wie sie da waren und wie sie nicht da waren. Das gibt ein ganz anderes Verhältnis.

Nach den Anschlägen des 11. September hat sich die Situation in den Vereinigten Staaten im Hinblick auf Freiheit und Beweglichkeit leider verschlechtert. Vergleichen Sie einen Flug von Washington nach New York und einen entsprechenden Flug von Frankfurt nach Rom. Wie werden Sie auf dem Ronald Reagan Airport untersucht! Müssen Schuhe und Gürtel ausziehen und werden wie ein Terrorist beäugt. Auf dem Flug dürfen Sie aus Sicherheitsgründen nicht aufstehen, nicht einmal zur Toilette gehen. Auf dem Flug nach Rom gibt es auch Sicherheitskontrollen, aber sie sind nichts gegen die in den USA. Auch das ist unterschiedliche Lebensqualität – wobei man den USA sicher keinen Vorwurf machen sollte, denn sie sind wirklich gefährdet und haben Recht, wenn sie sich gegen terroristische Gefahren wehren.

Europa ist wohlhabend. Es hat das drittgrößte Pro-Kopf-Einkommen der Welt. Es gibt Regionen und es gibt Menschen, die an diesem Wohlstand bisher nicht in ausreichendem Maße profitiert haben. Aber die Ungleichheit der Einkommen und der Vermögen ist in Europa kleiner als in anderen Ländern. Das gibt den Gesellschaften Stabilität und

Nachhaltigkeit. In den USA leben 2% der Bevölkerung in Gefängnissen. In Europa gibt es auch Gefängnisse, aber wesentlich weniger, und vor allem weniger Gefängnisinsassen.

Natürlich sind auch in Europa nicht alle Straßen sauber. In Paris stehen nachts stinkende Müllsäcke vor den Häusern. Und es ist auch richtig, dass der Flughafen von Riad in Saudi-Arabien wesentlich blanker geputzt ist als der Airport von Hamburg. Aber Europa sorgt sich – trotz hoher Bevölkerungsdichte – mehr um die Lebensqualität als andere Erdteile. Es ist schön, hier zu leben.

Europa kann man lieben, ohne in den Geruch des Nationalismus oder gar Chauvinismus zu kommen. Es gibt keine europäische Nation (und wird sie auch nicht geben) und es gibt auch keine Übertreibungen und Überhöhungen von Europa. Das ist gerade für Deutsche mit einem häufig gestörten Nationalgefühl wichtig. Franzosen oder Briten sehen das anders.

Zum Schluss: Wenn es so viele rationale Argumente gibt, die für einen Aufstieg Europas im kommenden Jahrzehnt sprechen – dann ist auch das ein Teil der Lebensqualität. Wer möchte schon gerne in einer Verlierer-Region leben?

KAPITEL 4
Was anders kommen kann

Wer Prognosen wagt, muss sich die Frage stellen, was anders kommen kann. Eine Analyse der Alternativszenarien zeigt, dass sie relativ unwahrscheinlich sind.

Die Argumente, die für einen Aufstieg Europas und ein europäisches Jahrzehnt in der nächsten Dekade sprechen, sind stark. In der Juristerei gibt es aber den Spruch „auditur et altera pars“. Man sollte auch die Gegenseite hören. In der Ökonomie arbeitet man mit Risikoszenarien. Wer eine These oder eine Prognose vorträgt, muss sich immer auch der Frage stellen: Was kann anders kommen? Was sind die Risiken?

Die Politik wird den Anforderungen nicht gerecht

Das Wichtigste, das immer wieder vorgebracht wird, betrifft die europäische Politik. Sie werde den Ansprüchen einer Macht von morgen nicht gerecht. Die nationalen Politiker wollten gar kein einiges Europa. Sie benutzten die Union nur als Alibi für nationale Ambitionen.

Es gebe auch keine großen Politiker mit Visionen. Sie alle hätten nur die nächsten Wahlen im Sinn und schauten auf die Meinungsumfragen. Damit aber könne man keine Jahrhundertprojekte realisieren. Nach den „großen Europäern“ in den 50er Jahren des vorigen Jahrhunderts habe es nur wenige Politiker gegeben, die Europa wirklich vorangebracht haben: Das waren Kommissionspräsidenten Jacques Delors oder Walter Hallstein, und Regierungschefs wie Helmut Schmidt und Valéry Giscard d'Estaing, Helmut Kohl und François Mitterand oder Jean-Claude Juncker. Ihre Zahl lässt sich an einer Hand abzählen. Was in all diesen Bedenken zum Ausdruck kommt, ist weniger ein Zweifel an Europa, als vielmehr ein genereller Mangel an Akzeptanz für die Politik.

Dieses Argument ist angesichts dessen, was wir täglich sehen und hören, verständlich. Es überschätzt aber bei weitem die Rolle der Politik. Sie hat eine viel kleinere Bedeutung für die Entwicklung Europas, als die meisten denken. Die meisten der in diesem Buch aufgeführten Argumente für den Wiederaufstieg Europas beruhen nicht auf der Politik, sondern auf fundamentalen wirtschaftlichen, sozialen und kulturellen Entwicklungen. Die EU ist ein Produkt der Geschichte, nicht der Politik. Sie wächst zusammen und wird stärker, ob wir es wollen oder nicht und ob sich die europäische Politik dafür einsetzt oder nicht. Der Point of no Return liegt hinter uns. Es sind keine weiteren grundlegenden Entscheidungen mehr erforderlich. Es gibt auch keine politische Alternative zur Union.

Das haben wir schon in anderen Regionen so erlebt. Die USA wurden nicht durch politische Interventionen zum Champion des letzten Jahrzehnts. Präsident Clinton hat die New Economy allenfalls insofern befördert, als er sie gewähren ließ und sie nicht behinderte. Der gegenwärtige Boom in China hat wenig mit der Politik der chinesischen Regierung zu tun. Die größte Leistung von Peking besteht darin, dass sie die Unternehmer in Shanghai und Umgebung arbeiten lässt und so wenig wie möglich stört.

Um ein altes Beispiel aus der Geschichte der Bundesrepublik zu zitieren: Das Wirtschaftswunder der 50er und 60er Jahre wurde durch drei grundlegende politische Entscheidungen zu Beginn auf den Weg gebracht: die Freigabe der Preise durch den damaligen Wirtschaftsminister Ludwig Erhard, die Etablierung einer sozialen Marktwirtschaft und die Integration innerhalb Europas. Alles andere ergab sich beinahe „von selbst“ durch das Handeln der Menschen und die koordinierenden Kräfte des Marktes.

So ist es jetzt auch in Europa. Wenn man die letzten 60 Jahre auf dem Kontinent nach dem Zweiten Weltkrieg Revue passieren lässt, dann gab es eigentlich nur eine wirklich grundlegende politische Entscheidung: Das war der Beschluss einiger Staatsmänner in Europa und in den Vereinigten Staaten Ende der 40er, Anfang der 50er Jahre des vorigen Jahrhunderts, den Kontinent nicht auf der Basis der Ordnung von vor den Weltkriegen wieder aufzubauen, sondern auf der Basis der Zusammenarbeit und der Integration. Damals hätte es noch Alternativen gegeben.

Die Amerikaner hätten sich aus Westeuropa zurückziehen und das Gebiet den Russen überlassen können. Sie hätten den Morgenthau-Plan realisieren können. Sie hätten die Nationalstaaten wieder aufleben lassen können nach dem Motto „divide et impera". Auch die Europäer hatten Alternativen. Frankreich und England hätten sich zusammentun und gegenüber Deutschland auf Konfrontationskurs gehen können. Die Bundesrepublik hätte sich nicht nach Westen, sondern nach Osten orientieren können. Sie hätte dann stärker mit Russland „zusammengearbeitet" (in welcher Form auch immer). Aus heutiger Sicht kann man sagen, dass all das glücklicherweise nicht geschehen ist.

Nachdem die grundlegende Entscheidung für ein integriertes Europa gefallen war, vollzog sich die Entwicklung aber weitgehend „automatisch". Integration schafft weitere Integration. Wenn die Zölle gesenkt werden, entsteht ein Druck, sie weiter zu verringern und am Ende völlig abzuschaffen. Wenn es Freihandel mit Gütern gibt, dann wird auch der Abbau der Kapitalverkehrskontrollen notwendig, weil die Marktchancen durch Direktinvestitionen noch besser wahrgenommen werden können. Wenn das Kapital zwischen den Mitgliedsstaaten mobil ist, dann muss man früher oder später auch den Arbeitern die grenzüberschreitende Wanderung erlauben. Wenn die Märkte für die Industrie zusammenwachsen, dann ist es kaum zu verhindern, dass auch die Dienstleistungsmärkte geöffnet werden.

Die Politik konnte das allenfalls beschleunigen oder verlangsamen oder in bestimmte Richtungen lenken. Sie konnte die Entwicklung mehr den Marktkräften überlassen (wie die Deutschen) oder sie konnte stärker industriepolitisch gestalten (wie die Franzosen). Sie konnte dezentralere Strukturen fördern oder sie konnte zentralistischer operieren. Aber verhindern konnte sie es nicht.

Die engere wirtschaftliche Kooperation erzwang auch

eine stärkere politische Integration. Wenn die Märkte zusammenwachsen, kann man auch die politischen Rahmenbedingungen nicht unverändert lassen. Steuern mussten aufeinander abgestimmt werden. Ebenso Verbraucherschutzbestimmungen, Umweltauflagen, Wettbewerbskontrollen, soziale Sicherungssysteme bis hin zu den Verkehrsregeln. Und wenn die Beziehungen zwischen den Ländern immer enger werden, dann machen auch die Grenzkontrollen keinen Sinn mehr. Das erfordert dann eine Zusammenarbeit der Polizei und der Justizbehörden. Nachdem die sechs Gründungsmitglieder wirtschaftlich so erfolgreich waren, war es auch nur noch eine Frage der Zeit, bis andere Länder an die Tür klopften und der Gemeinschaft beitreten wollten.

Selbst das gemeinsame Geld musste bei dieser Integration früher oder später kommen. Auch hier hatte die Politik nur die Chance, die Entscheidungen früher oder später zu fassen.

Europa ist – nach den grundlegenden Entscheidungen der 50er Jahre – ein Produkt der „Sachzwänge". Das erklärt vielerlei Wildwuchs in der europäischen Politik. Was hier zusammengekommen ist, ist keine „Ordnung", die bestimmten Regeln und Prinzipien folgte. Europa ist einfach „passiert". Das macht Europa nicht beliebter bei den Gegnern. In jedem Fall zeigt es aber, dass man die Politik nicht überschätzen sollte.

Der Euro bricht zusammen

Im Sommer 2005 kamen Sorgen auf, die gemeinsame europäische Währung Euro könne auseinander brechen. Sie wurden genährt durch politische Irritationen im Zusammenhang mit der Ratifikation der Verfassung und den Streit um das künftige Budget der EU-Kommission. Hinzu kamen die zunehmenden Divergenzen in den gesamtwirtschaftlichen Wachstumsraten der einzelnen Länder, steigende öffentliche Defizite und höhere Leistungsbilanzungleichgewichte. Die schlechte Wirtschaftslage in ihrem Land bewegte italienischer Politiker, Italien zum Austritt aus dem Euro aufzufordern. Dass all dies so heftig diskutiert wurde, hängt aber auch mit einem schon lange vorhandenen grundlegenden Unwohlsein von Investoren in London und New York zusammen.

Das Scheitern einer Währungsunion ist nicht nur Theorie. Das hat es in der Geschichte tatsächlich gegeben. Die österreichische Ökonomin Theresia Theurl hat in umfangreichen historischen Forschungen das Schicksal verschiedener Währungsunionen beschrieben. Gescheitert sind:

- Der Wiener Münzvertrag, in dem sich der Deutsche Zollverein, Österreich und Liechtenstein zusammengeschlossen hatten. Er hielt gerade einmal neun Jahre (1857 bis 1866).
- Die Lateinische Münzunion mit den Ländern Frankreich, Belgien, Schweiz, Italien und später Griechenland. Sie hielt relativ lange, nämlich 62 Jahre (1865 bis 1927). Sie fiel letztlich deshalb auseinander, weil vor allem Italien politisch, insbesondere finanzpolitisch immer wieder eigene Wege ging und sich nicht an die gemeinsamen Vorgaben hielt. Die Gemeinschaft musste am Schluss immer wieder nolens volens das Fehlverhalten der Italiener nachträglich gutheißen. Das konnte auf Dauer nicht gut gehen.
- Die Skandinavische Währungsunion aus Schweden, Norwegen und Dänemark. Hier gab es kein so starkes Fehlverhalten eines einzelnen Landes. Aber auch sie hielt gerade mal 45 Jahre (1873 bis 1918).

Es gab aber auch erfolgreiche Währungsunionen. Sie waren immer mit einer gemeinsamen Politik der Mitgliedsländer verbunden. Siehe etwa die währungspolitische Vereinigung der Schweizer Kantone zur Schweizer Eidgenossenschaft im Jahre 1848. Oder die erfolgreiche Währungsunion im Vereinigten Königreich (deren Realisierung mehr als 60 Jahre dauerte, nämlich von 1865 bis 1926). Das Deutsche Reich schaffte es nach der Reichsgründung von 1871 binnen vier Jahren, eine gemeinsame Währung zu etablieren. Der US-Dollar hatte eine recht wechselhafte Geschichte, bis er im Jahre 1913 als Währung der Vereinigten Staaten eingeführt wurde.

Interessant ist, das sei in Parenthese vermerkt, dass all die erwähnten Währungsunionen in der zweiten Hälfte des 19. Jahrhunderts stattfanden. Das war eine Zeit, die mit ihren starken Globalisierungstendenzen ähnlich der heutigen war. Es ist wichtig, daraus zu lernen und die damaligen Fehler nicht zu wiederholen.

Die Möglichkeit eines Scheiterns der Währungsunion wurde von der europäischen Politik in den 90er Jahren, also vor der Einführung des Euro, sehr ernst genommen. Daher wurde eine ganze Reihe von Vorsichtsmaßnahmen ergriffen. Dazu gehörte zum Beispiel die Sicherstellung der Unabhängigkeit der neuen Europäischen Zentralbank. Dadurch sollte gewährleistet werden, dass das Ziel der Preisstabilität in der weiteren Entwicklung der Integration nicht gefährdet wurde. Die Finanzierung des Staates durch die Notenbank (die selbst in den Zeiten der Deutschen Bundesbank möglich war, aber nie missbraucht wurde) wurde ausgeschlossen. Das hat eine wichtige Quelle früherer Inflationen verstopft.

Hinzu kam, dass strenge Kriterien für die Aufnahme in die Währungsunion festgelegt wurden. Die Preissteigerung eines Landes durfte nicht höher sein als der Durchschnitt der drei stabilsten Länder. Die Staatsverschuldung durfte nicht größer sein als 60% des Bruttoinlandsprodukts. Das aktuelle Budgetdefizit durfte nicht höher als 3% des Bruttoinlandsprodukts sein. Auch die Kapitalmarktzinsen eines Landes sollten nicht zu hoch sein. Das Land musste mit seiner Währung eine zweijährige Probezeit im europäischen Wechselkursmechanismus erfolgreich absolviert haben. Schließlich schlossen die Mitgliedsstaaten der Europäischen Währungsunion – im Wesentlichen auf Druck des deutschen Bundesfinanzministers Theo Waigel – einen Stabilitäts- und Wachstumspakt, mit dem sich die nationale Fiskalpolitik strengen Regeln hinsichtlich der Höhe des öffentlichen Defizits unterwarf. Durch all diese Vorkehrungen sollten politische Fehlentscheidungen oder Alleingänge einzelner Länder wie beispielsweise in der Lateinischen Münzunion verhindert werden.

An den Devisenmärkten glauben heute nur wenige wirklich an ein Auseinanderbrechen der Währungsunion. Sonst würden internationale Investoren nicht weiterhin so viel Geld in Euro anlegen. Sonst wären auch die Risikoaufschläge bei den unterschiedlichen nationalen Zinsen innerhalb des Euro-Raums nicht so niedrig. Die Langfristzinsen in Italien sind heute gerade einmal 0,2 Prozentpunkte höher als in Deutschland. All das kann aber kein sanftes Ruhekissen sein. Es besteht immer die Gefahr, dass divergierende Entwicklungen in einzelnen Ländern der Euro-Zone und mangelnde finanzpolitische Disziplin der einzelnen Mitgliedsländer auf Dauer auch unerwünschte Effekte für die Währung auslösen könnten. Die Zinsen könnten steigen, weil die Notenbank gegensteuern müsste. Die internationalen Rating-Agenturen könnten die Bonitätsnote der einzelnen nationalen Anleihen verschlechtern. Internationale Investoren könnten sich von Euro-Land abwenden und ihr Geld anderswo anlegen. Und was vielleicht am wichtigsten ist: Die Menschen in Europa könnten Vertrauen in die Währung verlieren und weniger sorgsam mit dem gemeinsamen Geld umgehen. Jede Währung ist aber nur so gut – darauf hat der frühere Bundesbank-Präsident Tietmeyer immer wieder hingewiesen – wie das Vertrauen der Menschen in dieses Geld.

All das ist ernst zu nehmen. Ich glaube gleichwohl nicht, dass der Euro auseinander bricht. Einmal kann man die Währung nicht so leicht wechseln wie ein Hemd. Die Einführung einer neuen Währung erfordert – das weiß jeder, der an der Umstellung auf den Euro beteiligt war – in einem hoch entwickelten Finanzsystem erhebliche technische Vorbereitungen. Zudem würde es gravierende wirtschaftliche Nachteile für alle Beteiligten mit sich bringen. Die Zinsen in Defizitländern wie Italien oder Spanien würden ansteigen und die Konjunktur und die Staatsfinanzen belasten. Gleichzeitig würden sich die Preise erhöhen und die Wettbewerbssituation schwächen. In den Überschussländern würden sich die Währungen aufwerten, weil Geld aus den Defizitländern zufließen würde. Auch hier ergäbe sich eine konjunkturelle Dämpfung. Die exportierende Wirtschaft müsste umfangreiche und teure Sicherungsmaßnahmen vornehmen, um ihre Erlöse vor einer Wechselkursaufwertung zu sichern. Es wäre zu befürchten, dass es auch zu protektionistischen Maßnahmen innerhalb des gemeinsamen Binnenmarkts käme. Von Drittländern würde Geld aus Europa abgezogen. Für die Union wäre ein Auseinanderfallen des Euro ein GAU (der größte anzunehmende Unfall).

Auf den Märkten gibt es ernst zu nehmende Stimmen, die zwar ein Auseinanderbrechen des Euro insgesamt für unrealistisch halten, wohl aber das Ausscheiden eines einzelnen Landes. Es könnte durch größere wirtschaftliche Schwierigkeiten in diesem Land ausgelöst werden, die dann einen politischen Umschwung zugunsten von nationalistisch argumentierenden Politikern führen. In Italien haben rechtsgerichtete Politiker im Sommer 2005 entsprechende Gedanken öffentlich geäußert und entsprechende Irritationen auf den Märkten ausgelöst. Ich halte es in der Tat in den nächsten zehn, 20 Jahren nicht für ausgeschlossen, dass so etwas in einem einzelnen Mitgliedsland passiert. Es wird aber nicht zu einem Auseinanderbrechen des gesamten Euro-Systems führen. Und es wird für das betroffene Land mit so vielen Nachteilen bei Zinsen, Preissteigerungen, Handelsrestriktionen und Ähnlichem verbunden sein, dass das Land schon noch kurzer Zeit wieder reumütig zurückkehrt. Das wäre dann auch eine Lehre für andere Länder, die später auf solche Gedanken kommen sollten.

Steigende Unterschiede zwischen der wirtschaftlichen Entwicklung der einzelnen Mitglieder

Eine andere Sorge der Europa-Skeptiker ist, dass Konjunktur und Wachstum in den Mitgliedsländern zu stark auseinander laufen und damit den Zusammenhalt in der Union, vor allem natürlich in der Währungsunion, gefährden könnten. Schaut man sich die faktische Entwicklung an, so sieht man in der Tat erhebliche Unterschiede in der wirtschaftlichen Entwicklung. Im Jahre 2004 reichte die Skala der Wachstumsraten von 1% in Italien und Portugal bis zu 3 bis 4% in Finnland und 4 bis 5% in Griechenland und Irland. In Frankreich und Spanien boomten die Immobilienmärkte mit Preissteigerungen von 13 bis 17%, in Deutschland gingen die Immobilienpreise weiter zurück. Solche Divergenzen bringen erhebliche Spannungen mit sich, auch für die einheitliche Geldpolitik der Europäischen Zentralbank.

Schaut man sich die Entwicklung in anderen Regionen an, so zeigt sich freilich, dass solche Unterschiede nicht ungewöhnlich sind. Innerhalb der Vereinigten Staaten gibt es ähnliche Unterschiede zwischen den einzelnen Bundesstaaten. Innerhalb der Bundesrepublik Deutschland kann man ebenfalls größere Unterschiede zwischen den Bundesländern und Regionen beobachten.

Gravierender sind die Differenzen in der Entwicklung der Wettbewerbsfähigkeit zwischen den einzelnen Regionen Europas. In den 90er Jahren verschlechterte sich die Wettbewerbsfähigkeit Deutschlands beispielsweise. Das wurde dann 1999 durch die Einführung des Euro in den Wechselkursen festgeschrieben und durch die Angleichung der Zinsen innerhalb der Währungsunion sogar noch verschärft. Es zwang die Bundesrepublik zu einem rigorosen und sehr schmerzhaften Anpassungskurs mit Lohnkürzungen.

Eine ähnliche Entwicklung vollzog sich dann in Spanien und Italien. Die Folge ist, dass Deutschland gegenüber seinen Nachbarländern erhebliche Leistungsbilanzüberschüsse aufbaute. Spanien hat inzwischen einen Fehlbetrag in den laufenden Positionen, der mit über 5% des Bruttoinlandsprodukts relativ so groß ist wie der der Vereinigten Staaten. Anders als bei den Salden in den USA hat Spanien aber nicht die Möglichkeit, sie durch Wechselkursanpassungen abzumildern und zurückzuführen. Da die Wechselkurse nicht mehr verändert werden können, werden diese Länder dann ebenfalls zu einem harten Restriktionskurs gezwungen sein, es sei denn, die Preise in Deutschland würden stärker steigen. Hier liegen in der Tat erhebliche Stolpersteine für die Europäische Union.

Anders als bei den einzelnen Staaten innerhalb der USA werden in Europa auch noch die Leistungsbilanzen der einzelnen Mitglieder veröffentlicht, so dass die Devisenmärkte auf größere Überschüsse oder Defizite reagieren können. Hinzu kommt, dass es in Europa – wiederum anders als in den USA – die so genannte „Non-bail-out-Clause“ gibt, nach der ein Land, das sich in Schwierigkeiten befindet, keinen Anspruch auf die Hilfe der anderen hat. Das bedeutet, dass der Markt im Falle eines größeren Leistungsbilanzdefizits eines Euro-Landes durchaus darauf spekulieren könnte, dass dieses Land in Schwierigkeiten kommt. Das würde dem Euro sicher nicht gut tun. Glücklicherweise gab es solche Spekulationen bisher nicht. Hier liegen „weiche Punkte“ der Gemeinschaft. Sie können zu Unfällen führen, wenn die Politik nicht rechtzeitig gegensteuert und die Ungleichgewichte beseitigt.

Brüsseler Bürokraten lassen wichtige Fragen links liegen

Die Brüsseler Kommission, so lautet ein anderer Vorwurf, bestünde zu einem großen Teil aus Bürokraten, die sich auf das Formulieren unsinniger Direktiven konzentriere, die wirklich wichtigen Fragen links liegen lasse und den Kontakt zu den Menschen verloren habe.

Auch darin kommt ein tiefer Frust der Menschen zum Ausdruck. Natürlich ist es richtig, dass nicht jede Direktive ein Meisterstück ist – das gilt auch für manches Gesetz in den Nationalstaaten. Aber niemand wird bestreiten, dass in Europa viel Gutes geschehen ist. Hinzu kommt, dass wie überall auch Europas Kompetenz mit seinen Aufgaben wächst. Es gab eine Zeit, in der sich die Kommission überwiegend mit Details des Agrarmarktes beschäftigte. Da machten alle guten und ambitionierten Beamten einen großen Bogen um Brüssel. Dort wollte man nicht arbeiten. Inzwischen ist das Spektrum sehr viel breiter geworden und umfasst zum Beispiel auch den wichtigen Bereich der Wirtschafts- und Währungspolitik. Je anspruchsvoller die Aufgaben der Kommission, umso weniger Zeit bleibt für unsinnige Direktiven und umso höher ist die Qualität der Beamten. Auch hier sollte man also auf die langfristige, geschichtliche Entwicklung vertrauen, die vieles richten wird.

Die Verfassung, so wird gesagt, sei mit den ablehnenden Voten der Franzosen und der Niederländer gescheitert. Das ist richtig. Wenn sich die Staats- und Regierungschefs nicht entgegen allen Schwüren zu einer Neubearbeitung entschließen, wird die Verfassung nicht kommen. Das wäre schade. Denn eine Verfassung ist ein wichtiges Bindemittel für eine Union. Sie würde die Zusammenarbeit erleichtern, zur Rechtssicherheit beitragen und auch ein gemeinsames europäisches Bewusstsein fördern. Aber wenn es keine Verfassung gibt, geht Europa nicht unter.

Die Menschen in Europa, so wird weiter eingewandt, seien zu unflexibel, um eine führende Rolle in der Welt spielen zu können. Sie könnten sich nicht oder nur schwer und unter großem Zeitaufwand an neue Situationen anpassen. Auch das ist nicht zu leugnen. Es ist sicher eine Folge der zunehmenden Verkrustung der Gesellschaft in den letzten 50 Jahren. Jede Gesellschaft unterliegt einem solchen Prozess der Erstarrung. Gewohnheiten schleifen sich ein. Verbände und Vereinigungen bauen ihre Macht aus. Veränderungen werden immer schwieriger. Das ist ein Prozess, den der Amerikaner Mancur Olson in seinem Buch „The Rise and Decline of Nations" (Aufstieg und Niedergang von Nationen) sehr anschaulich geschildert hat. Deshalb braucht jede Gesellschaft – wie auch jedes Unternehmen – von Zeit zu Zeit eine Art „Kulturrevolution", in der alte Zöpfe abgeschnitten und verfestigte Strukturen aufgebrochen werden. Europa ist für die alten Nationalstaaten die Chance zu einem solchen Neuaufbruch. Es könnte helfen, gerade die Handicaps zu beseitigen, die die Kritiker als bei der europäischen Einigung schwer überwindlich sehen.

Die Menschen in Europa, so wird gesagt, hätten nicht die Leidenschaft, das „Feuer", das Engagement und den Biss, die derzeit beispielsweise die Chinesen beim Aufbau ihres Landes auszeichnen. Sie ließen sich immer wieder von allerlei Bedenken gegen dieses und jenes einschüchtern. Europa also ein Kontinent der Bedenkenträger. Dies müssen sich die Kritiker freilich auch selbst entgegenhalten lassen. Es gibt eine Idee Europas. Es gibt wirtschaftliche, politische, kulturelle und gesellschaftliche Stärken und Chancen. Ihre Realisierung ist wie alles im Leben mit Risiken verbunden. Auch ein Scheitern ist nicht ausgeschlossen. Zum Erfolg ist es jedoch erforderlich, auch einmal über den eigenen Schatten zu springen.

Ein anderer Einwand: Der Nationalstaat ist so stark, dass die Menschen sich davon nicht verabschieden wollen. Sie akzeptieren nur ein bestimmtes Maß an Integration. Alles, was darüber hinausgeht, führt zu Gegenreaktionen (so, wie das etwa auch bei der Globalisierung der Fall sein könnte). Dann würde Europa nicht weit über eine Freihandelszone oder einen lockeren Staatenbund hinauskommen. Politisch kann man sich das vorstellen. Theorie und empirische Erfahrung sprechen jedoch dagegen. Die Theorie besagt, dass Integration ein dynamischer Prozess ist: Ein Schritt in Richtung mehr Gemeinsamkeit zieht weitere nach sich, wenn keine künstlichen Hürden dagegen aufgebaut werden. Die Erfahrung zeigt, dass viele Regionen schon erfolgreich zusammengewachsen sind. Wenn es den Nationalstaaten nicht gelingt, die Grenzen zwischen den Ländern wieder stärker zu schließen, werden sie wirtschaftliches Zusammenwachsen der Regionen nicht verhindern können.

Manche Skeptiker weisen auf die Unterschiede in den wirtschaftspolitischen Vorstellungen hin. Die marktwirtschaftliche Orientierung der Engländer sei nicht mit der sozialen Politik der Deutschen oder der interventionistischen Politik der Franzosen vereinbar. Das ist ein Streit, der gerade im Jahr 2005 mit der Übernahme der Ratspräsidentschaft der Engländer eine große Rolle spielte. Wenn die Politiker diesen Streit eskalieren lassen wollen, dann ist dies gewiss ein wichtiges Hemmnis für die wirtschaftliche Integration. Andererseits handelt es sich hier keineswegs um Grundsatzfragen der Politik. Es gibt einen gemeinsamen

Nenner, auf den man sich einigen kann, wenn man nur will. Ein solcher gemeinsamer Nenner könnte zum Beispiel sein:

- eine klare marktwirtschaftliche Basis nach englischem Muster,
- Sozialsysteme nach dem deutschen Modell, aber orientiert an dem wirtschaftlich Machbaren,
- dazu eine aktive Standortpolitik für Europa nach den französischen Vorstellungen und dazu schließlich
- auch Elemente einer korporativistischen Ordnung, wie sie etwa die Österreicher oder die Skandinavier mit Erfolg praktizieren.

Wirtschaftsordnungen müssen sich nicht immer am Lehrbuch orientieren. Hybridformen sind möglich. In keinem Fall sind solche Wirtschaftsordnungsfragen ein Sprengstoff, der die Union insgesamt in Frage stellen muss.

Schließlich, so heißt es, seien die mentalen und sozialen Gegensätze in der Union zwischen verschiedenen Regionen zu groß, als dass es zu einer Gemeinsamkeit kommen könnte. Siehe etwa die Rivalität zwischen Franzosen und Engländern oder zwischen Österreichern und Italienern in der Südtirolfrage. Es gibt gar keinen Zweifel, dass die Unterschiede zwischen den Menschen und ihren Haltungen innerhalb der Europäischen Gemeinschaft groß sind. Freilich gab es auch in Deutschland vor der Reichsgründung erhebliche Differenzen zwischen Preußen, Sachsen und Bayern. Auch diese Staaten haben vorher Krieg gegeneinander geführt. Sie sind dann zum Teil mehr durch Zwang als durch freiwillige Entscheidung in einem Nationalstaat zusammengekommen. In anderen Nationalstaaten war dies ähnlich; zum Teil gibt es noch heute Probleme, siehe etwas das Baskenland oder Irland. Das zeigt, dass ein Zusammenleben auch unterschiedlicher Menschen möglich ist.

Was das Zusammenleben auf europäischer Ebene erschwert, sind die unterschiedlichen Sprachen in den Regionen, die in Europa zusammenkommen. Aber auch hier gibt es aber Beispiele, wo das geklappt hat. In China etwa gibt es kaum weniger unterschiedliche Sprachen als in Europa. Ein Sprecher des Mandarin kann sich normalerweise nicht mit einem des Kantonesischen verständigen. Ich vermute, dass die Kommunikationsprobleme in Europa durch die weite Verbreitung des Englischen geringer sind als die in China.

Auf all das muss man beim Bau Europas Rücksicht nehmen. Es macht eine föderale Struktur mit möglichst vielen Kompetenzen auf der regionalen Ebene und nur den notwendigsten Vereinheitlichungen auf zentraler Ebene unabdingbar. Es steht aber nicht generell einem Zusammenwachsen entgegen. Vielleicht ließen sich manche Regionalkonflikte innerhalb der heutigen Nationalstaaten durch eine geschickte Regionalreform innerhalb der Europäischen Union sogar mildern.

Amerika entzieht Europa das Schutzschild

Ein anderes Risikoszenario: Amerika könnte sich angesichts der vielen Querelen mit europäischen Regierungen in Sachen Irak, Internationaler Gerichtshof, Kyoto-Protokoll und anderer Fragen aus Europa zurückziehen und sich mehr nach Westen, also zum Pazifik nach Japan und China wenden. Was würde dann in Europa passieren? In der EU lebt es sich ganz gut im Schatten des großen Bruders. Er hilft mit Militär, wenn es nötig ist. Er unterstützt politisch in großen internationalen Konflikten. Er ist (anders als die Asiaten) in vielen Dingen wesensverwandt und denkt in ähnlichen Kategorien. Er ist ein großer internationaler Handelspartner, der viele Waren aus Europa aufnimmt. Er hat einen großen Kapitalmarkt, den europäische Unternehmen und Finanzanleger brauchen.

Ein Zusammenbrechen dieses amerikanischen Daches wäre ein großer Rückschlag für Europa. Es wäre mit einem Mal auf sich selbst gestellt. Es müsste sich sicherheitspolitisch und außenpolitisch neu organisieren. Es müsste neue Wachstumsquellen für seine Wirtschaft entwickeln. Insgesamt ergäben sich erhebliche und länger dauernde Schwierigkeiten. Eine solche Krise wäre um ein Vielfaches schlimmer als die Krise im Zusammenhang mit der Ratifizierung der Verfassung im Jahre 2005. Andererseits fragt es sich, ob die Amerikaner an einer solchen Krise wirklich interessiert sein könnten. Amerika braucht Europa als Partner in der Weltpolitik genauso, wie Europa Amerika braucht, um seine Ideen zu verwirklichen. Ich halte das Risikoszenario eines Rückzugs der Amerikaner daher für außerordentlich gravierend, aber unwahrscheinlich.

Weiteres Risikoszenario: Europa kommt in Sachen Wachstum und Arbeitsplätze nicht auf die Beine. Mit einer Zunahme des realen Bruttoinlandsprodukts von 1 bis 2% und einer Arbeitslosigkeit von 10% kann die EU natürlich nicht zur Nummer eins des neuen Jahrzehnts werden. Die anderen Staaten in der Welt werden Europa ob seiner politischen Leistungen und der Integrationsmodelle bewundern, sie werden es auch als Touristen gerne besuchen. Sie werden aber sagen: Schade, dass die wirtschaftlich nicht erfolgreich sind. Wenn's ernst wird und wenn es ums Geschäft geht, dann gehen wir woanders hin.

Auch dies ist nicht auszuschließen. Ich halte jedoch auch das für relativ unwahrscheinlich. Denn Europa ist derzeit wirtschaftlich so stark unter Druck, dass es in den kommenden Jahren alle Kraft nutzen wird, um aus dem Keller der Stagnation herauszukommen. Nach aller wirtschaftlichen Logik wird dies am Ende auch von Erfolg gekrönt sein. Dies umso mehr, als Europa bei seinen Anstrengungen nicht nur auf kurzfristige nachfragepolitische Maßnahmen setzt (wie die Japaner in den 90er Jahren), sondern auch auf angebotspolitische Verbesserungen.

Es fehlt die Begeisterung der Menschen

Viele der vorgebrachten Argumente sind im Grunde nur Rationalisierungen eines generellen Unwohlseins über Europa. Europa hat die Menschen noch nicht überzeugt. Es hat sie gefühlsmäßig nicht mitgenommen. Hier liegt der entscheidende Mangel, der beseitigt werden muss. Das geht aber nicht durch Austausch von rationalen Argumenten, sondern erfordert gemeinsame Erfahrungen und/oder bewusste politische Maßnahmen. Eine ähnliche Diskussion, wie wir sie heute in Europa führen, hatten wir vermutlich vor 150 Jahren in Deutschland oder in Italien oder noch früher – und sicher in anderer Form – im Vereinigten Königreich mit all den Problemen zwischen Schottland, England und Wales. Die Existenz dieser Diskussion über pro und kontra Europa ist daher auch ein Beweis für die Umbruchsituation, in der sich Europa befindet. Wenn alles klar wäre und wenn alle einer Meinung wären, dann stünde Europa ganz anders da. Dann bräuchte es auch nicht mehr ein Buch wie dieses.

Die Schlussfolgerung, die ich aus den Argumenten der Skeptiker gegenüber Europa ziehe, ist nicht, dass die These Europas als der Nummer eins von morgen falsch ist. Dazu sind die treibenden Kräfte zu stark und die Einwände zu schwach. Worüber wir uns trefflich streiten können, ist, ob das Morgen nicht vielleicht auch übermorgen sein könnte und ob es neben Europa nicht auch andere Mächte geben könnte, die versuchen, Europa den Platz streitig zu machen. Und das Wichtigste: Auf dem Weg zur Nummer eins kann es immer wieder Rückschläge und Krisen geben.

KAPITEL 5

Was die Politik tun sollte: Ein Acht-Punkte-Programm

Europa wird sich auch ohne Nachhilfe der Politik weiterentwickeln. Aber wenn die Politik mitarbeitet, dann geht es schneller, werden Umwege vermieden und gibt es weniger Wildwuchs. Acht Felder, auf denen die Politik das europäische Anliegen befördern kann.

Die gute Nachricht: Eigentlich braucht Europa die Unterstützung der Politik nicht. Das heißt aber nicht, dass die Politik nicht hilfreich sein kann. Wenn die Regierungen im Europäischen Rat, die Europäische Kommission und das Europäische Parlament die richtigen Schritte unternehmen,

- ... dann kann die Entwicklung schneller gehen; bis zum nächsten Jahrzehnt ist nicht mehr viel Zeit. Da macht es schon einen Unterschied, ob die wichtigen Maßnahmen schon im Jahr 2010 fertig sind oder erst im Jahr 2015. Wenn sich Europa zu viel Zeit lässt, kann es passieren, dass sich noch eine andere Region dazwischenschiebt, bevor Europa als Nummer eins der Welt drankommt.
- ... dann können schmerzhafte Umwege auf dem Weg zum Ziel wie beispielsweise das Scheitern der Verfassungsreform in den Volksbefragungen in Frankreich und den Niederlanden vermieden werden. Gerade in der Beitrittsfrage ist es wichtig, dass Europa durch den Druck der Verhältnisse nicht zu viele Mitglieder aufnimmt. Viel spricht dafür, dass der „Betriebsunfall“ durch die Verfassungsreferenden in Frankreich und den Niederlanden nicht ein Fehler der Integrationsentwicklung, sondern ein Fehler der Politik war.
- ... dann kann Wildwuchs umgangen werden, der sich

bei Marktentwicklungen zwangsläufig ergibt. Das ist wichtig, denn Wildwuchs heißt Unordnung und ist häufig ein Grund für manche Unzufriedenheit der Menschen mit der Entwicklung in Europa.

- ... dann kann schließlich den Gegnern Europas der Wind eher aus den Segeln genommen werden. Sich Sachzwängen zu beugen ist immer unangenehm. Politiker sind bei Sachzwängen nicht gezwungen, Entwicklungen zu erklären und für die Vorteile von Europa zu werben. Sie können es damit belassen, dass die Integration eben nicht aufzuhalten ist. So, wie die Globalisierung nicht populär ist, weil sie den Menschen durch die Wirtschaft aufgezwungen wird, so könnten auch die Gegner der EU versuchen (und tun dies auch), Europa in die Rolle des Buhmanns zu schieben.

Die Politik entscheidet bei der weiteren Entwicklung also nicht über das „Ob", sondern über das „Wie" – „wie gut" und „wie schnell". Im Folgenden sollen acht Punkte aufgezählt werden, mit denen die Entwicklung Europas beschleunigt und in die richtige Richtung getrieben werden kann. Ziel ist, dass Europa rechtzeitig zur nächsten Dekade seine Hausaufgaben gemacht hat und zu einem Champion der Weltwirtschaft werden kann.

1. Ausbau der Politischen Union

Auch wenn manche skeptisch sind: Europa braucht eine Politische Union. Sie muss einen hauptamtlichen Präsidenten, einen Außenminister, einen Verteidigungsminister und eine gemeinsame Wirtschaftsregierung umfassen.

Golfturnier im irischen Kildare, im malerisch gelegenen Carton Golf Club. Es ist das Nissan Irish Open des Jahres 2005. Am Start steht die Elite der europäischen, zum Teil auch der amerikanischen Golfer. Die Ordner beim ersten Abschlag bitten für die Spieler um Ruhe. Da fliegen plötzlich fünf Jagdbomber der irischen Luftwaffe mit lautem Getöse im Formationsflug über das Gelände. Sie stammen, so wird gesagt, aus einem nahe gelegenen Stützpunkt und absolvieren gerade Übungsflüge. Der unbefangene Besucher vom Kontinent fragt sich etwas irritiert: Wozu um Himmels willen braucht Irland eine eigene Luftwaffe? Wer und wo ist der Feind, der hier bekämpft werden soll? Wäre es nicht sinnvoll, die irischen Truppen in ein europäisches Militär zu integrieren und Irland unter den Schutz dieser Soldaten zu stellen? Damit könnte man ohne Verlust an Sicherheit viel Geld sparen.

Die Nationalstaaten und die allgemeine Öffentlichkeit in der EU haben zur Politischen Union noch ein gespaltenes Verhältnis. Es ist zweifellos schön, einen gemeinsamen Präsidenten, einen gemeinsamen Außenminister und eine gemeinsame Verteidigung zu haben. Es ist auch schön, wenn es einen europäischen Reisepass gibt. Das erleichtert vieles im täglichen Leben auf dem Kontinent.

Aber so richtig nötig, so das allgemeine Gefühl, ist die Politische Union in Europa nicht. Wir haben bisher ganz gut auch ohne sie gelebt. Europa wird nicht untergehen, wenn es das in Zukunft nicht gibt. Wir haben den gemeinsamen Binnenmarkt, wir haben den europäischen Kapitalmarkt und die gemeinsame Währung. Wozu dann auch noch eine Politische Union?

Dies umso mehr, als es in der gegenwärtigen Konstellation offenbar schwer ist, eine Politische Union zu erreichen. Die einzelnen Länder haben unterschiedliche Zielvorstellungen über das gemeinsame europäische Haus. Die Deutschen stehen – vielleicht auch aus der historisch schlechten Erfahrung mit dem Nationalstaat – der Integration bis hin zu einem europäischen Bundesstaat noch relativ am positivsten gegenüber (obwohl sich die Stimmung in letzter Zeit auch hier etwas dreht). Die Franzosen und die Briten dagegen können sich nicht vorstellen, dass ihre „grande Nation" oder ihre „grand nation" einmal zu einer Region in Europa „degeneriert". Sie streben eher einen Staatenbund an, in dem möglichst wenig auf gemeinschaftlicher Ebene und möglichst viel in den einzelnen Nationen geregelt wird. Warum also nicht das ganze Projekt ad acta legen?

Gründe für eine Politische Union

Die Politische Union in Europa ist unverzichtbar. Der wichtigste Grund dafür: Die Politische Union ist Voraussetzung für die Emanzipation der Europäer in der Welt. Ohne sie können sich die Europäer in der Welt nicht artikulieren. Sie bleiben am Katzentisch sitzen und müssen sich die Ratschläge und Forderungen der anderen anhören. Darüber haben wir im Zusammenhang mit der neuen europäischen Idee gesprochen.

Der zweite Grund: Die Politische Union ist – was häufig übersehen wird – Voraussetzung dafür, dass die Politik ihr Primat gegenüber der Wirtschaft behält. Nur mit einer Politischen Union kann die Politik gestalten und wird nicht zum Getriebenen der Wirtschaft. Europa hat zwar einen gemeinsamen Binnenmarkt, aber 25 zum Teil verschiedene marktwirtschaftliche Ordnungen. Natürlich arbeiten die Aufsichts- und Kartellbehörden und auch die verschiedenen Wirtschaftsministerien zusammen. Es ist aber ein Unterschied, ob Behörden mehr oder weniger formell kooperieren oder ob es eine gemeinsame Ordnung gibt, die für alle transparent und verbindlich ist. Die Marktwirtschaft braucht einen starken Staat, der eine Wettbewerbs-, eine Eigentums- und eine Rechtsordnung etabliert und dafür sorgt, dass diese auch eingehalten werden. Innerhalb dieser Ordnung können sich dann die Unternehmen und Haushalte bewegen und ihre Geschäfte machen.

Wenn es keinen starken Staat gibt, besteht die Gefahr, dass die Marktwirtschaft am Ende keine optimalen Ergebnisse liefert. Die Unternehmen verwenden dann viel Energie darauf, Schlupflöcher und Chancen durch unterschiedliche Regeln in einzelnen Ländern zu nutzen. Das Primat der Politik ist nicht mehr gewahrt. Dann droht die EU zu einem großen Supermarkt zu entarten, der ausschließlich den Gesetzen der Kapitallogik folgt (wie es Ulrich Beck formuliert). So etwas kann eine Politische Union verhindern.

Die marktwirtschaftliche Ordnung innerhalb einer Politischen Union muss freilich nicht alles so detailliert regeln, wie dies derzeit in den Nationalstaaten der Fall ist. Sie kann regionalen Besonderheiten mehr Spielraum lassen. Es ist durchaus denkbar, dass die Italiener schärfere Vorschriften für die Geldwäsche erlassen als andere Mitglieder der Gemeinschaft. Es ist auch denkbar, dass Deutschland in manchen Branchen Investivlöhne einführt und Frankreich dies nicht tut. Das ist im Gegenteil heilsamer Wettbewerb zwischen unterschiedlichen wirtschaftspolitischen Konzepten. Nur zu groß dürfen diese Abweichungen nicht werden. Sie dürfen auch nicht an den Grundfesten der marktwirtschaftlichen Ordnung rütteln. Sonst können sie im Extremfall die gesamte Ordnung in Frage stellen.

Wenn beispielsweise in der Bundesrepublik die Fusionskontrolle strenger als in Frankreich gehandhabt wird, dann werden Firmen, die sich zusammenschließen wollen, dies eher nach französischem Recht tun. Wenn es unterschiedliche Mitbestimmungsregeln in der EU gibt (und die Unternehmen darin keine Vorteile für sich sehen), dann werden Konzernzentralen möglicherweise eher in Holland oder in Luxemburg als in der Bundesrepublik etabliert, um den deutschen Mitbestimmungsregeln zu entgehen.

Braucht die Währungsunion eine Politische Union?

In der Diskussion wird häufig noch ein dritter, wichtiger Grund für die Schaffung einer Politischen Union genannt. Das ist der Euro. Eine Währungsunion, so heißt es, funktioniert auf Dauer nur in einer Politischen Union. Aus der Theorie der Integration wissen wir, dass gemeinsames Geld die Krönung einer Integration ist. Wenn alle Bereiche einer Union voll integriert sind, wenn es also freien Waren-, Kapital- und Personenverkehr gibt und wenn auch die Politik der beteiligten Länder zusammengeführt ist, dann kann man als letzten Schritt die einzelnen nationalen Währungen zu festen und unveränderlichen Kursen aneinander binden und den Menschen gemeinsames Geld geben.

Dieses Prinzip wurde in Europa lange Zeit hochgehalten. Erst in den späten 80er und den 90er Jahren des vorigen Jahrhunderts kam es zu einem Sinneswandel. Könnte man nicht auch, so damals die Überlegung, die Währungsunion als Vehikel dazu nutzen, die Integration weiter voranzutreiben? Die Krönung sollte also nicht erst dann erfolgen, wenn das Reich geeint ist. Der König sollte schon vorher gekrönt werden können. Dann könne er, so die Rechnung der Vertreter dieser neuen Theorie, die Einigung des Reiches am Ende schneller herbeiführen.

Das war ein nicht ganz ungefährlicher Weg. Er stieß ursprünglich auch bei vielen Ökonomen und Zentralbankern auf erhebliche Ressentiments. Manch einer fürchtete, dass eine gemeinsame Währung, hinter der keine Politische Union steht, nicht das nötige Vertrauen der Menschen im In- und Ausland erreicht. Zerwürfnisse und unterschiedliche Politiken der einzelnen Regierungen würden die Stabilität der Währung gefährden. Am Ende könnte die Währungsunion vollends auseinander brechen – was für eine arbeitsteilige Wirtschaft wie die unsere eine Katastrophe ist. Denn alle Transaktionen einer Volkswirtschaft finden heute in Geld statt. Geld ist die allgemeine Recheneinheit. Es ist das Mittel, in der das Vermögen der Menschen aufbewahrt wird. Stabiles Geld ist in der heutigen Welt letztlich die Voraussetzung für eine stabile Gesellschaft.

Trotzdem ist Europa diesen Weg gegangen. Bisher auch ohne größere Schäden. Freilich sollte man die Ratio des Ganzen nicht aus dem Kopf verlieren: Es wurde nicht beschlossen, auf die Politische Union zu verzichten, sondern sie nur später zu realisieren. Die Verwirklichung der Politischen Union sollte also auch aus diesem Grund nicht auf die lange Bank geschoben werden. Eine Reihe von Politikern, vor allem aber auch die Öffentlichkeit, scheint inzwischen vergessen zu haben, dass das eigentliche Ziel war, die Politische Union zu erreichen und dass diese eine Voraussetzung für die Währungsunion darstellt.

Inzwischen gibt es hierzu aber auch Gegenstimmen. Warum, so kann man argumentieren, braucht die Europäische Währungsunion überhaupt eine Politische Union? Der Euro funktioniert doch auch so ganz gut. Es reicht, wenn die einzelnen Länder ihre Hausaufgaben bei der Finanzpolitik gemäß Stabilitäts- und Wachstumspakt machen. Dass sie also die öffentlichen Defizite so klein wie möglich halten, wenn es geht, auch die Verschuldung absolut zurückführen. Das würde bei in- und ausländischen Investoren ausreichend Vertrauen in die neue Währung schaffen.

Das ist freilich eher statisch gedacht. Denn die Finanzpolitik soll ja nicht nur neutral im Sinne des gut wirtschaftenden Haushaltsvaters sein, sie soll im Konjunkturverlauf antizyklisch wirken. Man kann angesichts der gegebenen Konjunkturschwankungen die Aufgabe der Stabilisierung nicht nur der Europäischen Zentralbank überlassen. Natürlich gibt es die sogenannten automatischen Stabilisatoren (also die Tatsache, dass die Steuereinnahmen im Abschwung stärker zurückgehen und die Ausgaben überproportional wachsen). Sie funktionieren in Europa wegen der größeren Sozialsysteme auch besser als beispielsweise in den USA. Aber wenn es hart auf hart kommt, braucht man gemeinsame Aktionen aller Finanzminister.

Hinzu kommt, dass man sich nicht zu sehr darauf verlassen sollte, dass die einzelnen nationalen Finanzminister wirklich ihre stabilitätspolitischen Hausaufgaben machen. Eine Politische Union mit einem gemeinsamen Finanzminister, der ein Pendant zur Europäischen Zentralbank ist und der die Finanzpolitik der einzelnen Mitgliedsstaaten stärker an die Kandare nimmt und ihr eine gemeinsame Richtung gibt als der jetzige Stabilitäts- und Wachstumspakt, wäre da schon hilfreich.

Die Elemente einer Politischen Union

Was heißt Politische Union? Um mit dem Negativen zu beginnen: Es heißt nicht, dass es nur noch eine Regierung wie bei den früheren Nationalstaaten geben darf. Es heißt auch nicht, dass es wie bei einer Währungsunion nur noch eine Entscheidungsinstanz – die Europäische Zentralbank – gibt. Politische Union bedeutet ganz einfach, dass die Mitgliedsstaaten auf den zentralen Feldern der Politik gemeinsame

Ziele verfolgen. Es muss einen gemeinsamen ordnungspolitischen Rahmen geben, der für alle verbindlich ist. Und es darf bei der Stabilisierungspolitik keine sich gegenseitig widersprechenden und möglicherweise neutralisierenden Aktionen einzelner Regierungen geben.

Das offensichtlichste Kriterium für eine Politische Union ist die gemeinsame Außenpolitik mit einem gemeinsamen europäischen Außenminister. Es kann zwar noch verschiedene nationale Minister geben. Das ist sogar sinnvoll, um die gewachsenen Beziehungen der einzelnen Länder zu bestimmten Regionen zu nutzen. Aber es muss einer da sein, der am Ende sagt, wo es langgeht. Unverbindliche Abstimmungen der nationalen Außenminister auf eine gemeinsame Linie reichen nicht.

Zudem müssen die einzelnen nationalen Botschaften rund um die Welt sukzessive zusammengelegt werden. Eine noch so gute Abstimmung der außenpolitischen Ziele und Aktionen der nationalen Regierungen kann nie die gleiche Durchschlagskraft haben wie ein europäischer Außenminister mit dem „Apparat" der gebündelten europäischen Botschaften. Der Schritt dazu ist heute bei weitem nicht mehr so groß, wie viele denken. In einzelnen Regionen gibt es schon eine mehr oder minder intensive Zusammenarbeit der Botschaften der EU-Mitgliedsländer, zum Beispiel auf dem Verwaltungsgebiet (gemeinsamer Pool von Autos etc.), beim Austausch von Informationen oder bei der Wahrnehmung repräsentativer Termine.

Auf Dauer werden auch die Stimmen der EU-Mitglieder in internationalen Organisationen wie dem Internationalen Währungsfonds oder der Weltbank gepoolt werden müssen. Denn nur dann kann die Union auch hier ihr volles Gewicht auf die Waage bringen.

Im Sicherheitsbereich ist das Gleiche erforderlich. Nationale Militäreinheiten sind in der Union auf Dauer nicht mehr notwendig, weil es innerhalb Europas keine nationalen Grenzen mehr zu verteidigen gibt. Das nationale Militär ist heute nicht viel mehr als ein Relikt des Nationalstaates. Wozu das Militär gebraucht wird, ist als Flankierung der außenpolitischen Kompetenz. Wenn diese in der EU liegt, dann sollte auch der militärische Bereich dort angesiedelt sein. Freilich ist dies politisch kein einfacher Schritt. Denn mit der Europäisierung des Militärs ist eine wichtige Symbolkraft verbunden. Wenn die Nationalstaaten keine Soldaten mehr haben, dann ist die Gemeinschaft im Bewusstsein der Menschen noch unumstößlicher, als sie es jetzt schon ist.

Wichtig ist als dritter Pfeiler der Politischen Union, dass es auch eine gemeinsame Wirtschaftsregierung in Europa gibt. Sie sollte drei Aufgaben wahrnehmen, eine ordnungspolitische, eine stabilisierungspolitische und eine wachstumspolitische. Ordnungspolitisch muss sie für einen einheitlichen politischen Rahmen für die europäische Marktwirtschaft mit klaren Regeln für die Rechts-, Eigentums- und Wettbewerbsordnung sorgen. Das sieht harmlos aus, ist tatsächlich aber eine Herkulesaufgabe. Denn es geht um nicht weniger als eine Harmonisierung der derzeit in Europa vorherrschenden unterschiedlichen ordnungspolitischen Modelle (siehe Seite 224f). Es muss verhindert werden, dass die Franzosen etwa für einen großen Agrarhaushalt votieren, die Briten das Geld eher für Forschung und Entwicklung ausgeben und die Deutschen das Budget insgesamt kürzen.

Manche sagen, bei einer solchen Harmonisierung würden nationale Kulturen vergewaltigt. Das ist nicht richtig. Denn innerhalb der einzelnen Mitgliedsstaaten können durchaus unterschiedliche ordnungspolitische Facetten realisiert werden. Auch in Deutschland gab es im Rahmen der für alle geltenden sozialen Marktwirtschaft Abstufungen in den ordnungspolitischen Vorstellungen. Ordnungspolitisch muss man beispielsweise die erfolgreiche Standortpolitik der Bayern eher als merkantilistisch qualifizieren, da sie ganz konsequent Wachstumssektoren in ihrer Region ansiedelten. Warum soll nicht auch Frankreich in Zukunft agrarpolitisch andere Akzente setzen? Warum sollen die Franzosen industriepolitisch nicht nationale Champions unterstützen, wenn sie damit keine europäischen Wettbewerbsregeln verletzen? Warum sollen die Österreicher nicht stärker mit den Gewerkschaften und Verbänden zusammenarbeiten? Die korporativistischen Elemente Wiens haben sich bewährt – Österreich hat heute beispielsweise ein höheres Pro-Kopf-Einkommen als Deutschland – und sind auf regional begrenzter Ebene durchaus mit einer Marktwirtschaft auf Gemeinschaftsebene vereinbar.

Der zweite Schwerpunkt einer europäischen Wirtschaftsregierung ist die makroökonomische Stabilisierung. Das ist nicht nur als Ziel an sich wichtig. Es ist als Pendant zu der gemeinsamen Geldpolitik unabdingbar. Auf Dauer kann man Geld- und Finanzpolitik nicht unabhängig nebeneinander laufen lassen. Wenn etwa die Geldpolitik restriktiv ist, um ein Ausufern der Preissteigerungen zu verhindern, dann dürfen einzelne Staaten oder die Gemeinschaft als Ganze diese Politik nicht durch eine expansive Fiskalpolitik untergraben. Die Regeln des Stabilitäts- und Wachstumspaktes sind hierzu nicht ausreichend. Ein Beispiel (das in der gegenwärtigen Situation recht theoretisch aussieht, Regeln müssen aber für längere Zeiten gelten): Man stelle sich nur einmal vor, jedes Mitglied hat eine vorbildliche Finanzpolitik mit einem ausgeglichenen Haushalt. Nun tauchen plötzlich Inflationsgefahren auf und die Europäische Zentralbank will diese mit höheren Zinsen bekämpfen. Die Finanzminister könnten eine solche Politik konterkarieren, indem sie Haushaltsdefizite „fahren“, ohne den Stabilitäts- und Wachstumspakt zu verletzen.

Es ist daher wichtig, dass sich die Finanzminister der Euro-Zone (die so genannte Eurogruppe) regelmäßig in getrennter Runde vor den allgemeinen Ministerratssitzungen treffen und ihre Politik aufeinander abstimmen. Die Eurogruppe hat inzwischen auch einen Vorsitzenden, der nicht nur wie sonst in Brüssel üblich für sechs Monate gewählt wird, sondern für zwei Jahre.

Es gibt also schon Ansatzpunkte für eine europäische Wirtschaftsregierung auf stabilisierungspolitischem Gebiet. Aber es sind eben nur Anfänge. Sie haben es noch nicht vermocht, die herrschende Unordnung auf dem Gebiet der Wirtschaftspolitik zu verringern. Die Finanzpolitik wichtiger Staaten – auch Deutschlands – hält sich nicht an die vereinbarten Regeln. Einzelne Länder lieferten falsche oder gefälschte Zahlen nach Brüssel ab.

Dritte Aufgabe einer europäischen Wirtschaftsregierung ist die Mobilisierung der Wachstumskräfte in Europa, damit Europa auch in Sachen Zunahme der gesamtwirtschaftlichen Leistung und der Arbeitsplätze wieder zu den führenden Regionen der Welt aufschließt. Das umfasst alles, was heute unter dem Stichwort „Lissabon-Prozess" zusammengefasst wird. Ich habe dies im Kapitel über die Reformpolitik in Europa beschrieben. Hierzu gehören auch die „Broad Economic Policy Guidelines", die die EU-Kommission jährlich herausgibt und die auch für die einzelnen Länder konkrete angebotspolitische Vorschläge machen, um das Wachstum zu befördern.

Von Gegnern des Projekts einer Wirtschaftsregierung in der Union wird gesagt, dass wirtschaftlicher Erfolg nicht zwangsläufig eine Zentralisierung der wirtschaftlichen Kompetenz erfordert. In den 50er, 60er und 70er Jahren des vorigen Jahrhunderts war Europa auch ohne eine gemeinsame Wirtschaftsregierung erfolgreich. Aber damals ging es noch darum, Grenzen zu öffnen, dadurch nationale Dynamik zu entfalten und daraus Wachstum zu generieren. Jetzt liegen die wesentlichen Wachstumsquellen darin, die Integration und den Binnenmarkt weiterzuentwickeln. Das ist sehr viel anspruchsvoller.

Wie man die europäische Wirtschaftsregierung institutionell ausgestaltet, ist offen. Hier gibt es viele Möglichkeiten. Man kann das etwa dadurch erreichen, dass man – wie in der Außenpolitik – eine neue Institution schafft. Also einen gemeinsamen europäischen Wirtschafts- und Finanzminister, der unmittelbar dem Präsidenten des Europäischen Rates verantwortlich ist. Man kann es aber auch so verwirklichen, dass man dem Kommissar und der Generaldirektion Wirtschaft und Finanzen mehr Macht und Einfluss gibt – und zwar sowohl innerhalb der Kommission, wo die wirtschaftspolitischen Kompetenzen noch stark aufgespalten sind, als auch gegenüber dem Ratspräsidenten, der künftig das Machtzentrum in der Union sein soll.

Man kann auch einen Vizepräsidenten der Kommission mit Verantwortlichkeit für die Wirtschaft insgesamt schaffen (wie das in der Kommission Barroso im Jahr 2004 geschah, allerdings nur für den Bereich der Wachstumspolitik). Freilich sollte dieser Vizepräsident nicht auf die Koordination der verschiedenen Ressorts in der Kommission beschränkt bleiben (wie es derzeit weitgehend der Fall ist), sondern wirklich Wirtschafts- und Wachstumspolitik aus einem Guß betreiben. Schließlich kann man auch daran denken, den Vorsitzenden der Eurogruppe als Nukleus für eine Wirtschaftsregierung zu nutzen. Dann wäre die Wirtschaftsregierung zwar auf die Währungsunion beschränkt und sie würde sich primär mit makroökonomischer Stabilisierung und weniger mit Ordnungspolitik befassen – aber auch das wäre ein Fortschritt.

2. Überarbeitung der europäischen Verfassung

Die Vorlage der europäischen Verfassung war ein Riesenfortschritt in der europäischen Integration. Die Ablehnung des Entwurfs ist bedauerlich, aber kein schreckliches Unglück. Sie kann im Gegenteil ein Glücksfall sein, denn sie ermöglicht es, noch Verbesserungen anzubringen. Eine solche Verbesserung könnte die Direktwahl des Präsidenten sein.

Die europäische Verfassung ist besser als ihr Ruf. Die Ablehnung des Verfassungsentwurfs durch die Franzosen und die Niederländer hat die Union zunächst in eine tiefe Krise gestürzt, wird langfristig gesehen aber einmal als ein Glücksfall in die Geschichte eingehen. Sie ermöglicht es nämlich, etwas Gutes noch besser zu machen.

Wer den Verfassungstext liest (das sind freilich die wenigsten), kann die Kritik, die so oft daran geäußert wird, schwer nachvollziehen. Natürlich ist der Text zu lang (185 Seiten in der deutschen Fassung und 436 Artikel). Er enthält Wiederholungen, auf die man leicht verzichten kann. Es ist auch richtig, dass er „sehr juristisch“ und wenig mitreißend formuliert ist. Aber eine Verfassung ist nun einmal kein Kriminalroman.

Zum Teil sind auch Dinge aufgenommen worden, über die sich der unbefangene Leser wundert. So werden etwa in der Aufzählung der ausschließlichen Zuständigkeiten der Union nicht nur so wichtige Dinge wie die Handelspolitik, die Zollunion, die Währungspolitik und die Wettbewerbsregeln des Binnenmarkts genannt. Im gleichen Atemzug erwähnt die Verfassung, dass die Union für die „Erhaltung der biologischen Meeresschätze im Rahmen der gemeinsamen Fischereipolitik" ausschließlich zuständig ist. Warum nicht auch für den Artenschutz im Tierreich oder die Erhaltung des Waldes, fragt man sich. Der Philosoph Jürgen Habermas weist darauf hin, dass der Entwurf schon aus dem „trivialen Grund" unlesbar sei, „dass er das Gestrüpp internationaler Verträge festhält (auf den letzten 100 Seiten) und nicht wie jede echte Verfassung ein transparentes Gerüst von Grundnormen darstellte". Aber dieses Manko ist leicht zu beheben.

Ein Riesenschritt nach vorne

Wichtig ist, dass es eine Verfassung gibt. Das ist ein entscheidender Schritt in Richtung auf die Staatlichkeit der Europäischen Union. Ohne Verfassung ist unter den heutigen Gegebenheiten keine staatliche Gemeinschaft denkbar. Die Tatsache, dass sich die Europäer überhaupt eine Verfassung geben wollen, zeigt, wie weit der Integrationsprozess schon gediehen ist.

Wichtig ist auch, dass der Text gemeinsame Grundrechte für alle Bürger der Union etabliert. Das mag für den Juristen und Staatsrechtler nicht so bedeutsam erscheinen, und es wurde in der öffentlichen Diskussion oft heruntergespielt, weil es solche Grundrechtskataloge ja schon in den einzelnen nationalen Verfassungen gibt. Andererseits ist es aber ein wichtiges Symbol: Hier einigen sich die Europäer auf ein gemeinsames Wertesystem. Das ist auch für alle kommenden Erweiterungen der Union bedeutsam. Der Grundrechtskatalog im deutschen Grundgesetz ist nicht überflüssig, nur weil es in den einzelnen Länderverfassungen schon Grundrechtskataloge gibt.

Die Verfassung schafft eine gemeinsame Außenvertretung der Union durch den – in seiner Rolle aufgewerteten – europäischen Präsidenten und seinen Außenminister. Europa bekommt damit auch für diesen Posten die bekannte Telefonnummer, die die Amerikaner angemahnt hatten. Die Verfassung spricht auch von der „schrittweisen Festlegung einer gemeinsamen Verteidigungspolitik, die zu einer gemeinsamen Verteidigung führen kann" (Artikel I-16). Wir sollen also auch das gemeinsame Militär bekommen, das für die Politische Union so wichtig ist.

Europa erhält gemeinsame Institutionen in Form eines klassischen Zwei-Kammer-Systems mit einem Präsidenten und einer Kommission als Exekutive, dem Europäischen Rat beziehungsweise dem Ministerrat und dem Europäischen Parlament als Legislativen und dem Europäischen Gerichtshof als Judikative. All diese Institutionen hat es auch bisher schon gegeben. Sie werden jetzt aber in einem Dokument geordnet und in ihren Kompetenzen formalisiert.

Es wird in bestimmten Bereichen eine moderne Form der Arbeitsteilung zwischen Union und Nationalstaaten formuliert. Sie beruht auf dem Prinzip der „offenen Methode der Koordinierung". Danach beschränken sich die europäischen Institutionen darauf, die Zielvorgaben zu formulieren und ihre Einhaltung zu kontrollieren. Sie werden also in den inneren Angelegenheiten der Nationalstaaten nicht selbst tätig. Diese Methode, die heute auch in großen Konzernen rund um den Globus angewandt wird, entspricht dem Netzwerkcharakter der Europäischen Union. Der Vorstand in der Zentrale formuliert die Ziele und wacht darüber, dass sie eingehalten werden. Die Exekutive liegt dagegen in den regionalen Einheiten.

Was oft übersehen wird: Die Verfassung schafft in begrenztem Umfang die Möglichkeit für ein Europa der verschiedenen Geschwindigkeiten. Das ist „die differenzierte Integration" (Weidenfeld). Danach können sich einzelne Länder in den Bereichen der nicht ausschließlichen Zuständigkeit zusammentun und schneller auf dem Weg der Integration voranschreiten als andere. In der Währungspolitik wird dies bereits heute praktiziert. „Eine strategisch profilierte Europapolitik wird dies aktiv zu nutzen wissen – und damit zugleich eine Entspannung in polarisierenden Erweiterungsdebatten auslösen. Denn in einem differenzierten Europa fällt es leichter, sensible Fälle neuer Mitgliedschaften zu lösen“ (Weidenfeld).

Wichtig ist auch, dass ein „Scheidungsparagraph“ eingeführt wurde. Eine Gemeinschaft, die so viele Länder und Regionen anzieht, wie das gegenwärtig bei der EU der Fall ist, muss auch die Möglichkeiten bieten, dass einzelne Länder später einen anderen Weg gehen. Das erleichtert nicht nur das Management künftiger Krisen. Es ist ein Zeichen von Größe und Selbstbewusstsein. Die Europäer sagen den Ländern: Ihr könnt beitreten. Ihr könnt die EU aber auch wieder verlassen, wenn ihr es für richtig haltet. Natürlich kann es keine Ermunterung sein für eine ständige Fluktuation. Es kann aber immer Dinge geben, die so nicht vorherzusehen waren, und es ist gut, wenn es dafür eine Regelung gibt. In der Europäischen Währungsunion gibt es leider keinen solchen Scheidungsparagraphen.

Schließlich – und das ist vielleicht das Wichtigste – wird das Institut der Mehrheitsentscheidung formalisiert. Das war eines der schwierigsten Unterfangen der jüngsten Vergangenheit in Europa. Seine Lösung dauerte viele Jahre. Am Ende wurde ein Kompromiss geschlossen. Um die Handlungsfähigkeit der Union von 25 Ländern zu gewährleisten, können 55% der Mitglieder – vorausgesetzt, sie repräsentieren 65% der Bevölkerung – auch gegen den Willen einer Minderheit Beschlüsse fassen und durchsetzen. Es gibt aber eine Sperrminorität von vier Mitgliedern.

Ganz viele Elemente, die für eine Politische Union notwendig sind, sind damit erfüllt. Die Verfassung wäre ein Riesenfortschritt. Sie sollte nach der gescheiterten Ratifizierung 2005 nicht ad acta gelegt werden. Natürlich kann sie in der gegenwärtigen Form nicht mehr in Kraft treten. Das würden die Bürger vor allem Frankreichs und der Niederlande nicht verstehen. Die Staats- und Regierungschefs sollten im Gegenteil die Ablehnung des Entwurfs als Chance nutzen. Sie sollten – allen gegenteiligen Schwüren zum Trotz – das Paket noch einmal aufschnüren und einige Verbesserungen vornehmen.

Direktwahl des Präsidenten?
Bei den Verbesserungen geht es nicht nur um Marginalien. Die Staats- und Regierungschefs müssen deutlich machen, dass sie Europa wirklich voranbringen wollen. Dazu bedarf es eines Big Bang. Hier ein Vorschlag: Der neue europäische Präsident wird nicht mehr vom Europäischen Rat, also den Staats- und Regierungschefs, gewählt, sondern wie das Europäische Parlament vom Volk. Das würde die Qualität der Europäischen Union mit einem Schlag verbessern. Der Präsident wäre dem Volk verantwortlich und müsste sich ihm gegenüber rechtfertigen. Es gibt eine Symbolfigur, die für Europa steht und die jeder in Europa und in der Welt kennt. Die Nationalstaaten stehen nicht mehr im Mittelpunkt, sondern die Union als Ganze. Die Direktwahl des Präsidenten steht in der Tradition der Franzosen und der Amerikaner. Sie hat sich dort bewährt.

Die Deutschen verbinden mit der Direktwahl des Präsidenten die Ängste aus der Weimarer Republik, dass dies Demagogen Vorschub leisten würde. Davor muss man in Europa keine Angst haben. Der Präsident steht innerhalb der Gemeinschaft so starken Kräften gegenüber, dass er kaum demokratische Traditionen verletzen könnte. Im Übrigen gibt es auch keine chauvinistischen Tendenzen für Europa insgesamt, wie dies in Nationalstaaten befürchtet werden könnte.

Daneben gibt es aber noch weitere, weniger radikale Verbesserungen: Eine ist, dass das emotionale Defizit Europas angegangen werden muss. Die Verfassung muss ihr Image verlieren, ein Werk der Bürokraten zu sein. Hilfreich wäre dazu, die vielen Einzelbestimmungen zu den Politikbereichen, die den Umfang des Textes aufblähen, aus dem eigentlichen Verfassungstext herauszunehmen. Man kann sie in einen Anhang „verdammen“. Man kann sie aber –

noch besser – in einem separaten Dokument aufführen. Immerhin ist es nützlich, dass all diese Bestimmungen nunmehr zusammen vorliegen und nicht mehr mühsam aus den verschiedensten Vertragsdokumenten zusammengestellt werden müssen.

Vielleicht kann man sich auch etwas einfallen lassen, wie man die „Vermarktung“ der Verfassung verbessert. Natürlich sind alle Verfassungen juristische Konstrukte, die fern vom Menschen sind. Gleichwohl verbinden die Deutschen mit dem Grundgesetz bestimmte Empfindungen. Die Väter des deutschen Grundgesetzes wurden immer mit einem gewissen Mythos umgeben. Das Gleiche gilt für die Amerikaner mit ihrer Constitution. Das Entstehen der US-Verfassung, vor allem die Federalist Papers von Alexander Hamilton, wird fast mit einem religiösen Schein umgeben. Wichtig ist zu beachten, dass eine Verfassung nicht nur ein juristischer Text ist, sondern eine Grundordnung für die europäische Gesellschaft darstellt. So muss sie geschrieben und so muss sie den Menschen nahe gebracht werden. Eigentlich sollte jeder Haushalt in Europa ein Exemplar der Verfassung zu Hause haben (so, wie viele Bundesbürger zum Teil noch aus der Schulzeit ein Exemplar des Grundgesetzes besitzen).

Ein weiterer Punkt zur Verbesserung: Es ist ein Fortschritt, dass das Europa der unterschiedlichen Geschwindigkeiten in der Verfassung durch das Instrument der „differenzierten Integration“ möglich gemacht wird. Besser wäre es aber, wenn die Verfassung die unterschiedlichen Geschwindigkeiten nicht nur zulässt, sondern sie ermutigt. Europa ist offen für Erweiterungen und wird neue Mitglieder aufnehmen. Das ist ein wichtiges Ziel. Genauso bedeutsam ist aber, dass das Kerneuropa – wie auch immer definiert – die Integration innerhalb der Union vorantreibt. Warum muss diese differenzierte Integration auch auf die Bereiche der nicht ausschließlichen Zuständigkeit beschränkt werden, wie das in der jetzigen Fassung der Verfassung der Fall ist?

Es wäre darüber hinaus schön, wenn die demokratische Legitimation der europäischen Entscheidungsträger verbessert werden könnte. Die Kommission sollte zum Beispiel vom Parlament gewählt werden, wie dies eigentlich guter demokratischer Tradition entspräche. Sie müsste sich dann auch dem Parlament verantworten. Ein anderes Beispiel: Der Ministerrat als die Kammer, in der die Mitglieder vertreten sind, sollte nicht mehr Macht und Einflussmöglichkeiten haben als das Europäische Parlament. Er sollte eine zweite Kammer sein, die gleichberechtigt neben der ersten steht. Durch solche Änderungen würde man die demokratischen Ordnungsprinzipien der einzelnen Mitgliedsländer mit denen in Europa harmonisieren.

Die Brüsseler Institutionen sollten klarere Kompetenzzuweisungen bekommen. Im Artikel 8 heißt es ausdrücklich: „Für die Abgrenzung und Ausübung der Zuständigkeiten der Union gelten die Grundsätze der begrenzten Einzelermächtigungen …“ Einzelermächtigungen bergen immer die Gefahr von Wildwuchs. Es fehlt die eigentliche Ordnung.

Die europäische Verfassung sollte – wie jede Verfassung – ausreichend Spielraum für Unvorhergesehenes lassen. Europa befindet sich in Bewegung. Niemand weiß mit Sicherheit, was sich hier noch alles tun wird. Lieber etwas weniger regeln und Platz für „Trial and Error“ (Versuch und Irrtum) lassen, als sich Wege verbauen, die einmal sinnvoll erscheinen mögen. Die EU-Verfassung muss eine offene Verfassung sein.

3. Mehr Budget für Brüssel

Die Budgetmittel für die Brüsseler Kommission sind viel zu klein. Sie sollten zu Lasten der Budgets der Nationalstaaten ausgeweitet werden. Die EU sollte nicht nur von Überweisungen der Mitgliedsländer leben, sondern eine eigene Steuerhoheit bekommen.

Sonntag, der 22. Mai 2005, war ein wichtiger Tag für Deutschland. Da verloren die Parteien der Regierungskoalition die Landtagswahl im größten Bundesland Nordrhein-

Westfalen und der Kanzler gab bekannt, dass er vorgezogene Neuwahlen für den Bundestag anstreben wolle. Am Abend dieses Tages saßen die Außenminister der Europäischen Union in Brüssel zusammen und berieten über die mittelfristige Finanzplanung der Union in den Jahren 2007 bis 2013. Es ging darum, ob die Ausgaben und Einnahmen der EU auf 1 % der europäischen Wirtschaftsleistung eingefroren würden oder ob sie – wie es die Kommission wünschte – etwas stärker (auf 1,25 % der Wirtschaftsleistung) ausgeweitet werden sollten.

Zwei Dinge sind an diesem Termin bemerkenswert: einmal, dass die Außenminister, nicht die Finanzminister oder die Regierungschefs über die mittelfristige Finanzplanung berieten. Das zeigt, wie wenig an der Sache orientiert die europäische Politik zum Teil noch ist. Nicht die Ressortminister einigen sich darüber, welche Mittel sie zur Verfügung haben, was sie davon der EU geben und was sie für die Finanzen ihrer Nationalstaaten behalten wollen. Es sind auch nicht die Regierungschefs, die die Sache an sich ziehen, wenn die Ressortminister keine Einigung erzielen. Es sind die Abgesandten der Mitgliedsländer in Form der Außenminister, die miteinander am Tisch darüber verhandeln, was sie an die „Stabsstelle EU" der Mitgliedsländer abzugeben bereit sind. Hier feiert der Staatenbund, den viele schon für überwunden hielten, fröhliche Urständ.

Die EU kostet weniger als ein Frisörbesuch

Zum anderen sind die Zahlen bemerkenswert, um die es bei diesen Verhandlungen geht. Die Minister streiten über einen Finanzrahmen, der für die Zentrale einer so wichtigen Institution lächerlich gering ist.

Der Gesamtbetrag der Mittel, den die Brüsseler Kommission für den Sieben-Jahres-Zeitraum von 2007 bis 2013 beantragt hat, liegt bei 1250 Milliarden Euro. Das sind pro Jahr gerechnet knapp 180 Milliarden Euro. In 2004 belief sich der EU-Haushalt gerade mal auf 100 Milliarden Euro.

Unter solchen Milliarden-Zahlen kann sich der Normalbürger nicht viel vorstellen. Daher ein paar Vergleiche, um die Zahlen ins rechte Licht zu rücken: Jeder Bürger soll in Zukunft pro Monat gut 30 Euro für die EU ausgeben. Das ist weniger als ein Frisörbesuch. In Deutschland zahlen wir fast das Zehnfache für den Bundesfinanzminister (280 Euro pro Monat). Für den deutschen öffentlichen Gesamthaushalt, also Bund, Länder, Gemeinden und Sozialversicherungen zusammengenommen, geben wir mehr als 30-mal so viel wie für die EU aus (rund 1000 Euro pro Monat).

In den Vereinigten Staaten von Amerika macht der Bundeshaushalt umgerechnet 1900 Milliarden Euro aus, das sind rund 20% des Bruttoinlandsprodukts beziehungsweise 6500 Euro pro Kopf der Bevölkerung (540 Euro pro Kopf und Monat). Der Etat der EU-Kommission ist in absoluten Beträgen kleiner als das, was allein der belgische Staat von seinen gerade einmal zehn Millionen Bürgern für öffentliche Zwecke verlangt.

Das passt nicht. Der Finanzrahmen der EU muss auf Dauer drastisch erhöht werden. Aber Vorsicht. Wir bewegen uns hier auf politisch glitschigem Boden. Denn jeder Betrag, den der Bürger an den Staat abführen muss, schmerzt. Jede Milliarde Euro Beitrag für Europa ist für die nationalen Finanzminister viel Geld, vor allem angesichts der augenblicklichen schwierigen Etatsituationen in allen Mitgliedsstaaten. Die nationalen Finanzminister ächzen schon jetzt unter der Last der Überweisungen an die EU und sind nicht bereit, mehr Leistungen für den Gemeinschaftshaushalt zu erbringen.

Hinzu kommt, dass Brüssel bisher wirtschaftspolitisch nicht so agiert hat, dass jeder bereit wäre, dem Haushaltskommissar noch mehr Mittel in die Hand zu drücken. Fast die Hälfte des bisherigen Budgets wird für landwirtschaftliche Zwecke ausgegeben. Ein Drittel geht für Strukturhilfen drauf. Das spiegelt in keiner Weise die Prioritäten einer Union, die unter hoher Arbeitslosigkeit und zu niedrigem Wachstum leidet. Bevor die Bürger mehr für die EU ausgeben, müssen die Ausgabenprioritäten neu geordnet werden.

Schließlich soll Europa ein sparsamer Netzwerkstaat sein. Für Europa darf nicht das alte finanzwissenschaftliche

Gesetz gelten, nach dem der Zentralhaushalt finanziell am besten ausgestattet und unter normalen Umständen die höchsten Zuwächse von den Einnahmen bekommt. Die europäische Regierung soll schlank sein, mit wenig Haushaltsmitteln auskommen und ganz sicher nicht in die Rolle der alten Nationalstaaten schlüpfen.

Trotzdem: Wenn man sich die Relationen zwischen den Budgets der einzelnen Ebenen in der Europäischen Union anschaut, dann kommt man nicht um das Urteil herum: Hier stimmen die Verhältnisse nicht mehr. Für die EU zahlen wir 1% des Bruttoinlandsprodukts, für die Nationalstaaten rund 10% (jedenfalls in der Bundesrepublik), für Länder und Gemeinden zusätzlich 10% und für die Sozialversicherungen noch einmal etwa 25%. Das kann so nicht bleiben. Wenn die EU wirklich das werden soll, was sie sein kann, und wenn sie den Ambitionen gerecht werden soll, die der europäischen Idee entsprechen, dann braucht sie mehr Geld, nicht weniger. Um einmal eine Größenordnung zu nennen, die vernünftig sein könnte: Ein Budget in Höhe von 5% des Bruttoinlandsprodukts ist eher gerechtfertigt als die derzeitigen 1%.

Ein Drittel wird gespart

Das bedeutet aber nicht, dass die Staatsquote in der Europäischen Union ausgeweitet werden sollte. Sie ist mit knapp 50% ohnehin schon zu hoch. Vielmehr geht es um eine Umverteilung der Mittel. Parallel zur Verlagerung von Aufgaben an die EU müssen auch Finanzmittel umgepolt werden. Alles, was Brüssel in Zukunft mehr tut, fällt bei den Ausgaben der Nationalstaaten weg. Vielleicht lässt sich dadurch sogar die Staatsquote insgesamt senken. Zu den Ausgabenkategorien, die man von den Mitgliedsstaaten auf die Gemeinschaft verlagern kann, gehören nicht nur die Ausgaben für Auswärtiges und Verteidigung, sondern zum Beispiel auch Entwicklungshilfe oder Forschung und Entwicklung. Der Phantasie sind hier keine Grenzen gesetzt. Agrarausgaben sollten auf EU-Ebene dagegen eher gekürzt werden.

In jedem Fall muss eine Ausweitung des europäischen Budgets zu Lasten der Budgets der Nationalstaaten gehen (was die Umverteilung nicht leichter macht). Wenn also die jetzige Verteilung der Haushalte zwischen der EU, den Nationalstaaten und den Ländern und Kommunen 1 : 10 : 10 ist (jeweils Prozent des Bruttoinlandsprodukts), dann sollte sie in Zukunft eher bei sagen wir 5 : 5 : 8 liegen. Der Anteil der Budgets von Europa, Bund, Ländern und Gemeinden ohne Sozialversicherung würde also von 21 auf 18 % des Bruttoinlandsprodukts sinken. Eigentlich wäre eine noch stärkere Rückführung der nationalen Ausgaben wünschenswert. Dagegen stehen jedoch so unbewegliche Ausgabenblöcke wie Zinsausgaben auf die Staatsschuld und Zuschüsse zu den Sozialversicherungen. Beides kann und darf nicht auf die EU übertragen werden. Wenn es jedoch gelingt, diese Budgetpositionen langfristig zurückzuführen, würden sich die Anteile der Nationalstaaten weiter vermindern.

Damit nicht ein neues Superbudget entsteht, könnte man eine Regel einführen: In Brüssel dürfen nur zwei Drittel der Mittel, die von den nationalen Budgets verlagert werden, in einen europäischen Haushalt eingestellt werden. Der Rest wird gespart. Das müsste durch die Synergien der Zusammenfassung von Aufgaben möglich sein. Was wäre das für ein Signal an die Bürger, wenn durch die EU die Staatsquote von knapp 50 % des Bruttoinlandsprodukts sagen wir auf 40 bis 45 % absinken könnte!

Europäische Bürgersteuer

Wenn man der Gemeinschaft mehr Budget zugesteht, muss man freilich auch über die Finanzierung nachdenken. Bisher finanziert sich Brüssel allein durch Beiträge aus den einzelnen Mitgliedsstaaten. Eine europäische Bürgersteuer gibt es nicht. Das entspricht dem Modell, dass die Europäische Kommission so etwas wie eine Stabsstelle der nationalen Regierungen ist und sich durch entsprechende „Gemeinkosten-Beiträge“ finanziert.

Es hat den Vorteil, dass die nationalen Parlamente nach

wie vor die volle Steuerhoheit haben. Aber warum soll man nicht auch dem Europäischen Parlament eine Steuerhoheit geben (wie man das den kommunalen Parlamenten ja auch gibt)? Damit würde die Beziehung zwischen Brüssel und dem einzelnen Bürger gestärkt. Der Bürger weiß dann, was er für Brüssel ausgibt, und er kann sich ein Bild machen, ob Leistung und Gegenleistung im Lot sind. Gleichzeitig würde man Brüssel zwingen, sich stärker mit den Belangen und Befindlichkeiten der Bürger zu befassen. Wenn die EU mehr Geld haben will, muss sie sich nicht an die nationalen Finanzminister wenden, sondern sie muss dem Bürger in Europa erklären, warum sie mehr ausgeben will. Das ist ein heilsamer Zwang.

Ein größeres Budget und eine eigene Steuerhoheit der Europäischen Kommission haben auch noch einen ökonomischen Vorteil. Bei konjunkturellen Schwankungen ergeben sich aus der unterschiedlichen Betroffenheit von Ausgaben und Einnahmen automatische Stabilisatoren des öffentlichen Haushalts. In einer Rezession beispielsweise gehen die Steuereinnahmen konjunkturbedingt zurück, während etwa die Ausgaben für die Arbeitslosenunterstützung ansteigen. Damit erhöht sich der Haushaltsfehlbetrag. Das ist ein Beitrag der Finanzpolitik zur Verstetigung des Konjunkturverlaufs. Unter den Finanzwissenschaftlern besteht Einigkeit, dass die Finanzpolitik nicht versuchen sollte, solche automatischen Defizite durch eine entsprechende Kürzung der Ausgaben auszugleichen. Das wäre – wie man immer wieder sagt – eine „Brüning'sche", eine prozyklische Finanzpolitik, die in jedem Fall zu vermeiden ist.

Wenn das EU-Budget nur einen Anteil von 1 % der gesamtwirtschaftlichen Leistung hat und dies auch als Beitrag der einzelnen Nationalstaaten festgelegt ist, dann können die automatischen Stabilisatoren auf gesamteuropäischer Ebene nicht wirken. Es gibt also keine gesamteuropäische Konjunkturpolitik. Die gesamte Last der gesamtwirtschaftlichen Stabilisierung liegt bei der Europäischen Zentralbank. Das ist ein Fehler. Nicht zuletzt beraubt man sich dadurch der Chance, auf europäischer Ebene zu helfen, die zyklischen Differenzen zwischen den einzelnen Regionen der EU zu verringern.

Freilich heißt dies auch, dass man der EU das Recht zur Kreditaufnahme zur Deckung etwaiger Haushaltsfehlbeträge einräumen muss. Das ist sicher angesichts der schlechten Erfahrungen mit der Defizitpolitik in den einzelnen Nationalstaaten eine schwierige Entscheidung. Sie ist aber unabdingbar. Hier kann man dann darüber nachdenken, ob man in der EU nicht auch entsprechende Bremsen, wie sie schon in den Nationalstaaten bestehen, einführt. Denkbar wäre etwa eine „goldene Budgetregel“, wie es sie in der Bundesrepublik gibt, nach der die Kreditaufnahme nicht größer als die Investitionen sein darf. Freilich wissen wir aus schmerzlicher Erfahrung, wie löchrig solche Regeln sind (vor allem angesichts der unklaren Definition des Begriffs der Investitionen). Eine Garantie für solide Staatsfinanzen gibt es leider nicht.

4. Ordnung des Bundesstaats

Vier Regierungs- beziehungsweise Verwaltungsebenen in Europa sind zu viel. Plädoyer, dass die Ebene der Nationalstaaten auf lange Sicht entfällt und die Regionen neu geordnet werden. Beides sind freilich politische Herkulesaufgaben.

Durch die Etablierung der EU entstanden in Europa vier Regierungs- beziehungsweise Verwaltungsebenen: die Union, die nationalen Regierungen, die Regionen (beziehungsweise die Länder in Deutschland) und die Kommunen. Dabei sind Zwischenebenen wie Regierungsbezirke oder Départements noch gar nicht mitgezählt. Braucht Europa wirklich so viele Ebenen? Alle europäischen Nationalstaaten, auch die Vereinigten Staaten von Amerika, kommen mit weniger aus. Sollte das nicht auch in Europa insgesamt möglich sein? Es ist billiger. Es schafft weniger Reibungsverluste. Es ist für den Bürger transparenter. Und es bedeutet klarere Verantwortlichkeiten. Jeder weiß, wofür er zuständig ist, muss sich nicht lange mit anderen abstimmen und kann schnell und effektiv handeln.

Dabei stellt sich allerdings die Frage, auf welche der vier Ebenen man verzichtet. Die EU-Ebene ist „gesetzt", ebenso die lokale Ebene. Niemand wird ernsthaft dafür plädieren, die EU durch eine reine Koordination der Nationalstaaten (ohne „Stabsstelle" beziehungsweise ohne Regierungs- beziehungsweise Verwaltungsinstanz) zu ersetzen. Niemand wird auch die Städte und Gemeinden als Verwaltungsebenen, die dem Bürger am nächsten sind, abschaffen wollen. Das wäre ein eklatanter Verstoß gegen das Subsidiaritätsprinzip.

Pro und kontra Nationalstaaten

Was ist aber mit den zwei verbleibenden Ebenen, den Nationalstaaten und den Regionalregierungen? Auf welche soll man verzichten? Die offensichtlich einfachste Lösung ist es, die Nationalstaaten beizubehalten und sie zu neuen Regionaleinheiten in Europa zu machen. Das ist das Modell, das heute viele im Kopf haben. Dafür spricht, dass man hier an die Tradition des Nationalbewusstseins anknüpfen kann. Auch die Sprache orientiert sich in Europa vielfach an den Nationalstaaten. Zudem gibt es effiziente Verwaltungsapparate. Die Nationalstaaten haben es häufig geschafft, schwierige regionale Konkurrenzsituationen – wie etwa die zwischen Flamen und Wallonen in Belgien – auszugleichen. Die Nationalstaaten werden von sich aus auch alles tun, dass sie am Ende nicht von der Bildfläche verschwinden. Sie sind politisch stärker als die derzeitigen Regionen. Es ist sicher für alle Beteiligten die überzeugendste Lösung.

Es spricht aber auch manches gegen eine solche Lösung. Die Nationalstaaten sind unterschiedlich groß und leistungsfähig. Estland ist gerade einmal so groß wie München, Luxemburg etwas mehr als doppelt so groß wie Würzburg. Kann man sich wirklich vorstellen, dass solche unterschiedlichen Einheiten in Europa auf Dauer gleichberechtigt nebeneinander stehen? Natürlich wird man nie gleich große regionale Einheiten schaffen können. Auch in den USA sind die Staaten unterschiedlich groß. Man muss nur einmal Vermont mit Kalifornien vergleichen. Aber zu groß dürfen die Differenzen auch nicht werden. Die unterschiedliche Leistungsfähigkeit der Nationalstaaten erzeugt Druck nach einem innereuropäischen Finanzausgleich. Wir haben mit der deutsch-deutschen Währungsunion gesehen, in welche Größenordnungen man da hineingeraten kann.

Dagegen spricht auch, dass man dann auf die ganze Vielfalt der Regionen mit all den unterschiedlichen Traditionen und dem Nationalgefühl verzichten müsste. Wenn es in Deutschland keine Länder mit regionalen Besonderheiten mehr gäbe, dann wäre sicher viel verloren. Man kann Mecklenburg-Vorpommern oder Hamburg und Schleswig-Holstein nicht einfach mit Bayern oder Baden-Württemberg über einen Leisten schlagen.

Zudem sind die Nationalstaaten so stark, dass sie Europa zu erdrücken drohen und eine europäische Identität schwer aufkommen lassen. Die Chefs der Nationalstaaten sind schon jetzt bestrebt, nicht zu viele Kompetenzen an die EU abzugeben, damit ihnen noch genügend bleiben. Die Nationalstaaten stehen mit der EU-Ebene letztlich in Konkurrenz. Mit einem Europa der Nationalstaaten würde man den Bock zum Gärtner machen.

Nationalstaaten befinden sich in der hierarchischen Organisation Europas bis zu einem gewissen Grad in einer Sandwichfunktion zwischen der notwendigen europäischen Ebene und der erwünschten regionalen Ebene. Sie abzuschaffen stößt freilich auf den enormen Widerstand des Eigeninteresses des politischen Systems. Welcher Politiker votiert schon freiwillig für die Abschaffung seiner eigenen Position? Vielleicht gelingt dies nur durch einen weiteren „externen Schock“, welcher Art auch immer.

Wenn es dagegen gelänge, die Nationalstaaten nachhaltig zurückzudrängen, dann wäre der Weg zurück ins 19. und 20. Jahrhundert endgültig verschlossen. Dann hätte Europa wirklich gesiegt. Das klingt aus heutiger Sicht für viele nach Science-Fiction. Es besteht für mich kein Zweifel daran, dass dies auf lange Sicht so kommen wird. Worüber man diskutieren kann, ist allenfalls das Tempo. Wenn es schneller gehen soll, dann muss die Politik nachhelfen.

Ein Europa der Regionen

Wie sehen dann die Regionen aus, wenn es keine Nationalstaaten mehr gibt? Hier lauert eine weitere Herkulesarbeit. Denn mit der bisherigen Regionalstruktur kann man nicht mehr arbeiten. Notwendig ist vielmehr eine umfassende, nationenübergreifende Regionalreform in Europa. In Ländern ohne traditionelle regionale Gliederung wie Frankreich müssten sinnvolle Regionen geschaffen werden. Großbritannien ist gerade dabei, den Regionen Schottland, Wales, Nordirland und England mehr Eigenständigkeit zu geben.

In anderen Teilen Europas müsste man Regionen zusammenlegen, die ökonomisch und kulturell zusammengehören, durch den Nationalstaat aber auseinander gerissen wurden. Dabei hilft, dass die Regionen zum Teil sehr viel älter und eingebürgerter sind als der Nationalstaat. Bayern hat mehr gemein mit Österreich, Norditalien und Baden-Württemberg als mit Nordrhein-Westfalen. Die Ostseeanrainer von Schleswig-Holstein über Mecklenburg-Vorpommern bis hin zu Skandinavien und zum Baltikum haben eine gemeinsame Geschichte in der Hanse. Sie haben auch heute viele gemeinsame ökonomische Probleme. Das Gleiche gilt für Belgien, Luxemburg und die Niederlande, die schon lange als Benelux zusammenstehen. Ihnen sehr verbunden sind Teile des Rheinlandes, das heute zu Nordrhein-Westfalen gehört.

Warum sollte man solche Regionen nicht zusammenlegen? In gewisser Weise würde man bei einer solchen Regionalreform an historische Gemeinsamkeiten anknüpfen. Man muss einen Zusammenschluss von Österreich, Bayern, Norditalien und Baden-Württemberg nicht gleich als „Sissi-Region“ abqualifizieren. Aber sicher ergäben sich Anknüpfungspunkte an alte habsburgische Traditionen, die den Menschen nicht ganz unsympathisch wären. Dies umso mehr, als auch die östlichen Nachbarn Ungarn und die Slowakei nicht weit entfernt sind.

Zu den kulturhistorischen Gemeinsamkeiten kommen für eine regionale Neugliederung die wirtschaftlichen Agglomerationen (Cluster), die durch den Binnenmarkt entstehen. Die Handelsverflechtung Bayerns mit Österreich, Norditalien und Baden-Württemberg ist schon jetzt besonders eng. Sie wird in Zukunft ohne die störenden Wechselkursschwankungen eher noch größer. Dienstleistungsunternehmen dieser Region schließen sich in Erwartung einer noch stärkeren wirtschaftlichen Integration dieser Region zusammen. Die zweitgrößte deutsche Bank, die Hypo-Vereinsbank, und die größte österreichische Bank Bank Austria, fusionierten im Jahr 2000 zur HVB Group. Die HVB Group ihrerseits ist dadurch Marktführer in der gesamten Region Zentral- und Osteuropa geworden. Bei der damaligen Fusion sollen einige Österreicher scherzhaft gesagt haben: Mit einer deutschen Bank hätten wir nie fusioniert. Mit einer bayerischen Bank ist das aber etwas anderes. Im Jahr 2005 kam es dann zu einer Fusion der HVB mit der italienischen UniCredit, womit dann der gesamte Raum Österreich, Norditalien und Bayern abgedeckt war.

Ähnliche Überlegungen aus historischer, zivilisatorischer und wirtschaftlicher Sicht kann man auch für die Hanse-Region anstellen. Schweden hat natürlich besonders enge Beziehungen zu den baltischen Staaten und zu Norddeutschland (von den innerskandinavischen Beziehungen mit Dänemark und Norwegen ganz zu schweigen). Auch dort bildete sich eine gemeinsame Bank, die Nordea Bank. Sie entstand schon im Jahre 2001 aus der schwedischen Nordbank, der finnischen Meritabank, der dänischen Unibank und der norwegischen Christiana Bank. Heute ist sie der führende Finanzdienstleister in den nordischen Ländern und in der Region an der Baltischen See (einschließlich Polens).

Andere Beispiele sind die Benelux-Länder, die mit dem Rheinland und vielleicht auch Teilen Nordfrankreichs zu einem wichtigen Wirtschaftsraum zusammenwachsen. Baden, das Elsass und Saarland haben durch die Nachbarschaft viele Gemeinsamkeiten, die durch die Nationalstaaten lange Zeit künstlich durchschnitten wurden.

Regionen, die nach solchen kulturhistorischen und ökonomischen Gesichtspunkten entstehen, müssen keineswegs gleich groß sein. Wichtig ist freilich, dass sie finanziell nicht allzu unterschiedlich dastehen, damit der innereuropäische Finanzausgleich nicht zu groß wird.

Der Vorteil einer solchen europäischen Regionalreform wäre, dass die Nationalstaaten als natürliche Antipoden einer europäischen Identität abgeschafft werden könnten. Man bekäme Regionen, die wirklich „passen“, in denen die Menschen ihre heimatliche Identität wieder finden und in denen die wirtschaftlichen Beziehungen besonders eng wären. Das wäre als Gegenpol zu einem Zentralstaat sicher die beste Lösung.

Andererseits wird sie nicht schnell erreichbar sein. Zum einen müssen sich die regionalen Identitäten und ökonomischen Bande erst noch weiterentwickeln. Zum anderen sind Fragen der regionalen Gliederung bekanntlich politisch außerordentlich heikel. In Deutschland ist es in den 60 Jahren nach dem Zweiten Weltkrieg – trotz eines ausdrücklichen Gebots des Grundgesetzes – nicht gelungen, eine vernünftige Regionalreform zu verwirklichen. Es gibt hier immer noch eine Reihe von Bundesländern, die politisch keinen oder wenig Sinn machen und wo eine Neugliederung dringend nötig wäre. Eklatante Beispiele sind Berlin und Brandenburg oder das Saarland, Rheinland-Pfalz und Hessen oder Bremen und Niedersachen sowie Hamburg und Schleswig-Holstein. Allein der Deutschen Bundesbank ist es nach der Wiedervereinigung in den 90er Jahren in einem Parforceritt gelungen, ein effizienteres System von Zentralbankbezirken zu etablieren.

In Europa sind die politischen Empfindlichkeiten, die einer Regionalreform entgegenstehen, aufgrund der Geschichte der letzten 150 Jahre noch größer. Der Ausschuss der Regionen innerhalb der EU, der einmal mit großem Elan und vielen Vorschusslorbeeren gestartet ist, hat leider nicht die Erwartungen erfüllt. Weder hat er ein klares und überzeugendes Konzept einer regionalen Gliederung in Europa vorgelegt. Noch hat er genügend Kompetenzen, um die regionalen Interessen innerhalb der Gemeinschaft wirklich zu vertreten. Am Schicksal dieses Ausschusses zeigt sich, dass eine sinnvolle regionale Gliederung als Ersatz für eine Gliederung nach Nationalstaaten ohne eine große Regionalreform nicht machbar ist.

5. Stabilität in Europa

Die alten Zusammenhänge zwischen Wechselkurs, Preisstabilität, Budgetdefiziten und Zinsen stimmen nicht mehr. Es gelten neue Regeln. Der Stabilitäts- und Wachstumspakt in Europa bekommt damit eine neue Funktion.

Stabilität will jeder. Auch Europa braucht Stabilität. Die große Sorge in Deutschland war schon seit Beginn der europäischen Integration, dass die höheren Inflationsraten vor allem in Italien, lange Zeit aber auch in Frankreich die Stabilität der D-Mark untergraben könnten. Bisweilen hat man der Bundesrepublik sogar ein neurotisches Verhältnis zur Geldwertstabilität nachgesagt. Der amerikanische Finanzminister Conally unterstellte der Deutschen Bundesbank in den 70er Jahren, sie suche „unter jedem Kieselstein" die Inflationsgefahren. Am Schluss haben sich die Deutschen aber durchgesetzt. Sie haben die anderen Länder überzeugt, dass Inflation auf Dauer negative Wirkungen auf Wirtschaft und Gesellschaft hat. In Europa haben sie dafür gesorgt, dass in der Währungsunion und bei der Konstruktion der Europäischen Zentralbank alle nur erdenklichen Vorsichtsmaßnahmen gegen eine Vernachlässigung der Stabilität ergriffen wurden. Auf Drängen des deutschen Finanzministers Theo Waigel wurde der Stabilitäts- und Wachstumspakt verabschiedet, der die Finanzpolitik auf die Stabilität verpflichtet.

So weit sind alle einig. Jetzt gibt es hier aber ein Problem. Ziel des Stabilitäts- und Wachstumspaktes waren drei Dinge: stabile Preise im Inland, das war das Allerwichtigste;

daneben aber auch stabile Wechselkurse auf den Devisenmärkten und – zur Förderung des Wachstums – niedrige Zinsen auf den Kapitalmärkten. Erreicht werden sollen diese Ziele vor allem durch eine disziplinierte Finanzpolitik. Die Haushaltsdefizite der Mitglieder sollten nicht höher als 3% des Bruttoinlandsprodukts sein, die Gesamtverschuldung der öffentlichen Haushalte nicht höher als 60%. Auf diese Weise soll erreicht werden, dass die Geldpolitik der Europäischen Zentralbank nicht durch eine unsolide Finanzpolitik konterkariert wird.

Die Gefährdung sah man dabei vor allem von den Ländern im so genannten „Club Med" (wie man die südeuropäischen Staaten Italien, Spanien und Portugal damals etwas abschätzig nannte). Die Befürchtung ging dahin, dass diese Länder eine zu hohe Staatsverschuldung aufbauten und dass darunter sowohl die Preisstabilität als auch der Wechselkurs des Euro und die niedrigen Zinsen leiden könnten.

Warum der Euro nicht schwach wurde

Die Wirklichkeit hat sich ganz anders entwickelt. Zum einen gingen die schlechten Einflüsse gar nicht von den südeuropäischen Ländern aus. Zumindest Spanien entwickelte sich in Sachen Finanzpolitik zu einem Musterknaben in Europa. Zum anderen hat sich herausgestellt, dass weder die Binnenstabilität des Geldwertes noch die Wechselkurse noch die Zinsen auf die Missachtung der finanzpolitischen Regeln reagieren:

- In den Jahren unmittelbar nach Einführung des Euro, als die Fahne der fiskalpolitischen Disziplin besonders hoch gehalten wurde und nur Portugal mit den Maastricht-Kriterien vorübergehend in Schwierigkeiten geriet, war der Euro auf den Devisenmärkten eher schwach. Er wertete sich von 1,17 Dollar bei Einführung am 2. Januar 1999 bis auf 0,82 Dollar im Herbst des Jahres 2000 ab.
- Als dann die finanzpolitische Disziplin nachließ und vor allem Deutschland und Frankreich die kritische Marke

von 3% Haushaltsfehlbetrag in Prozent des Bruttoinlandsprodukts überschritten, da wurde der Euro stärker und begann, sich auf den Devisenmärkten gegenüber dem Dollar aufzuwerten.

- Der Wechselkurs stieg weiter an, als der Stabilitäts- und Wachstumspakt in einer dramatischen Aktion Deutschlands und Frankreichs im Herbst 2003 temporär außer Kraft gesetzt wurde. Er wurde nicht einmal schwach, als der Europäische Rat im Frühjahr 2005 den Stabilitäts- und Wachstumspakt sehr viel flexibler formulierte, was von vielen als eine Aufweichung interpretiert wurde.
- Gleichzeitig sanken die langfristigen Zinsen, die normalerweise ein gutes Barometer für die stabilitätspolitische Befindlichkeit der Kapitalmärkte sind.
- Die Preisstabilität blieb von all diesen Umwälzungen praktisch unberührt.

Irgendetwas stimmt hier nicht. Sind wir vielleicht einer falschen Theorie aufgesessen? Erfordert die Stabilität des Euro am Ende gar keine finanzpolitische Disziplin? Gegner des Stabilitäts- und Wachstumspaktes witterten Morgenluft. Die Meinung kam auf, die Europäer könnten – wie die Amerikaner – mehr Staatsschulden machen, als sie denken.

Das ist nicht richtig. Die mangelnde Korrelation zwischen der Einhaltung des Stabilitäts- und Wachstumspakts und der Stabilität des Euro hat andere Gründe. Einmal waren Wachstum und Konjunktur in Europa in diesen Jahren so schwach, dass es keine Gefahren für die Preisstabilität gab. Hinzu kam, dass der starke Wettbewerb auf den globalisierten Märkten Preisüberwälzungsspielräume gar nicht erst aufkommen ließ. Schließlich haben sich die Gewerkschaften angesichts der hohen Arbeitslosigkeit bei den Ölpreissteigerungen vernünftig verhalten. Es kam nicht zu den verhängnisvollen Zweitrundeneffekten, die in früheren Ölpreiskrisen die Stabilität gefährdeten.

Was die Wechselkurse betrifft, profitierte der Euro in den Jahren nach 2001 davon, dass die amerikanische Währung durch das hohe Leistungsbilanzdefizit der Vereinigten Staaten unter Druck kam. Die Fehlbeträge in den laufenden Posten der USA mussten durch Kapitalimporte finanziert werden und dies erforderte eine Abwertung des Dollar. Im Übrigen gab es nach dem 11. September vor allem in Asien politisch motivierte Kapitalbewegungen aus dem Dollar in den Euro. Die Investoren wollten ihre Risiken besser streuen. Der Euro war also gar nicht stark, sondern der Dollar war schwach.

Dass die Zinsen auf die mangelnde Disziplin der Finanzpolitik nicht negativ reagierten und nicht anstiegen, lag an der hohen Liquidität auf den Kapitalmärkten. Die Geldpolitik schaltete erst relativ spät auf einen restriktiveren Kurs um. In vielen Schwellenländern und bei vielen Unternehmen nahmen die Ersparnisse relativ zu den Investitionen zu, was dazu führte, dass das Kapitalangebot immer größer wurde, die Leistungsbilanz Überschüsse aufwies und all das auf das Zinsniveau drückte.

All das erklärt, weshalb Preisniveau, Euro-Wechselkurs und -Zinsen nicht stärker auf die Verletzung der finanzpolitischen Disziplin reagierten. Es ist aber nur die halbe Wahrheit. Wer in diesen Jahren auf den Devisenmärkten genau hinhörte, erfuhr noch eine andere Argumentation. Sie stammt vor allem von Amerikanern, die auf diesen Märkten bekanntlich eine wichtige Rolle spielen. Sie denken in Sachen finanzpolitischer Stabilität anders als die Europäer. Diese Händler sagen, dass eine Lockerung des Stabilitätspaktes und die Überschreitung der 3%-Grenze durch die Bundesrepublik und andere EU-Mitglieder am Ende gar nicht so schlecht für den Euro und für die Welt insgesamt seien. Sie stärkten nämlich die gesamtwirtschaftliche Nachfrage in Europa und machten die Wirtschaft auf dem Kontinent attraktiver. Das erklärt, dass auch die Aktienmärkte auf die Aufweichung des Stabilitäts- und Wachstumspaktes nicht negativ reagierten.

Dass das alles nur ganz kurzfristig gilt und sich die Problematik auf lange Sicht ganz anders darstellt, steht auf einem anderen Blatt. Märkte denken nun einmal selten über den Tag hinaus. Allein die Tatsache, dass eine große und gewichtige Zahl von Akteuren auf dem Markt es glaubt, reichte aus, um den Euro-Kurs nach oben zu treiben.

Neue Rolle für den Stabilitäts- und Wachstumspakt
Was folgt daraus für die stabilitätspolitische Diskussion? Ist finanzpolitische Disziplin gar nicht notwendig? Keinesfalls. Sie muss aber anders als mit Hinweisen auf die Stabilität der Preise, der Wechselkurse und der Zinsen begründet werden. Das wichtigste Argument für Stabilität ist nicht der Euro, sondern die Herstellung von Vertrauen bei Konsumenten und Investoren in eine künftig gedeihliche Entwicklung der Wirtschaft.

Wenn die Staatsdefizite hoch sind, wird sich jeder rationale Bürger darauf einstellen, dass in absehbarer Zeit die Steuern und/oder Abgaben erhöht werden, um die Fehlbeträge wieder zu senken. Er wird also dazu neigen, schon heute seinen Verbrauch oder seine Ausgaben zu verringern. Das dämpft die Konjunktur. Es erklärt, warum keynesianisches Deficit Spending in unserer Gesellschaft nicht expansiv, sondern sogar eher restriktiv wirkt. Die Amerikaner sind da anders gestrickt. Sie sagen sich eher: Natürlich wird der Staat irgendwann die Steuern erhöhen, um die öffentlichen Haushalte wieder auszugleichen. Aber die Zeit, bis es dazu kommt, kann ich nutzen, um noch heute meinen Konsum oder meine Investitionen auszuweiten. Das erklärt, weshalb sich hohe Budgetdefizite in den USA positiv auf Wachstum und Konjunktur auswirken (jedenfalls auf kurze Sicht), in Europa dagegen negativ.

Auf Dauer noch wichtiger ist, dass mangelnde finanzpolitische Disziplin den gesellschaftlichen Frieden gefährden kann. Auf diesen Punkt hat mich der bekannte Börsianer Gottfried Heller aufmerksam gemacht. Wir haben in den letzten 150 Jahren viel Energie darauf verwendet, die Unterschiede zwischen Arm und Reich nicht zu groß werden zu lassen. Das ist – die einen sagen besser, die anderen schlechter – gelungen. Worauf wir aber weniger geachtet haben, ist die gerechte Lastenteilung zwischen den Generationen.

Hohe öffentliche Defizite belasten die jüngere Generation stärker, weil sie die Zinsen und die Tilgungen länger zu leisten haben. Eigentlich müssten die Jüngeren in unserer Gesellschaft viel stärker für solide Finanzen eintreten (im Zweifel sogar dafür demonstrieren). Dies auch deshalb, weil sie schon durch die demographischen Probleme bei den Rentenversicherungen stark belastet werden.

Nun könnte man sagen, dass die Jüngeren in einer älter werdenden Gesellschaft als Wähler ohnehin in die Minderheit geraten und dann nicht mehr so viel zu sagen haben. Keine ältere Generation ist aber gut beraten, die Geduld und Belastbarkeit der Jüngeren zu stark zu strapazieren. Sie sind es, die am Schluss die Zeche bezahlen und die Renten der Alten verdienen müssen. Der frühere Finanzminister Theo Waigel hat aus diesem Grund auch einmal prognostiziert, dass in Zukunft die öffentliche Verschuldung absolut zurückgehen werde, weil die Jüngeren nicht mehr bereit seien, die Defizite der Älteren zu finanzieren.

Aber braucht man zur Sicherung der Generationengerechtigkeit einen europäischen Stabilitäts- und Wachstumspakt? Sicher ist die Herstellung des gesellschaftlichen Friedens Aufgabe jeder Gesellschaft und sie kann auch auf nationaler Ebene allein gelöst werden. Andererseits ist ein gewisser Druck von Brüssel kein Fehler. Ein Finanzminister tut sich gegenüber dem Parlament mit der Ablehnung von Ausgabewünschen leichter, wenn er sich auf einen Zwang von Brüssel berufen kann. Das ist wirksamer als der Hinweis auf den vagen Begriff der Generationengerechtigkeit. Im Übrigen gilt das alte Waigel'sche Argument, dass eine unsolide Finanzpolitik großer Länder negative Effekte auf die kleineren Staaten hat. Die hohen deutschen Defizite können in einem ungünstigen Umfeld bedeuten, dass die Preisstabilität und die Zinsen in Holland, Belgien oder Österreich gefährdet sein können.

Europa braucht also einen Stabilitäts- und Wachstumspakt, der für die strikte Einhaltung der finanzpolitischen Disziplin sorgt. Der Pakt in seiner ursprünglichen Form war gut, allerdings reformbedürftig. Er stellte zu stark auf die jährlichen Defizite und zu wenig auf die Gesamtverschuldung ab. Er berücksichtigte nicht langfristige Probleme wie die demographischen Herausforderungen. Er hatte nicht die Möglichkeit einer lange anhaltenden gesamtwirtschaftlichen Stagnation in Rechnung gestellt. Und in ihm war nicht vorgesehen, dass die Euro-Zone eines Tages 25 Mitglieder haben könnte.

Eine Reform des Paktes war also unabdingbar. Die Änderungen, die der Europäische Rat schließlich am Pakt anbrachte, betrafen folgende Punkte:

- Eine Überschreitung der Grenze von 3% des Bruttoinlandsprodukts ist nicht nur bei einer handfesten Rezession möglich, sondern auch bei einer längeren Periode schwachen Wachstums. Das ist vernünftig.
- Bei der Beurteilung der finanzpolitischen Situation eines Landes werden künftig auch „einschlägige Faktoren" wie Strukturreformen, Ausgaben für Forschung und Entwicklung, aber auch „Finanzbeiträge zugunsten der internationalen Solidarität ... und zum Ziele der europäischen Politik" berücksichtigt. Das ist eine sehr vage Formulierung, die viel Auslegungsspielraum lässt. Sie gibt den Staaten im Zweifel auch die Möglichkeit, besondere Kosten etwa für die deutsche Wiedervereinigung oder das Militär aus dem Budget herauszurechnen. Sie ermöglicht, wie eine Studie der HypoVereinsbank ergab, im Extrem öffentliche Defizite von bis zu 9 bis 10% des Bruttoinlandsprodukts in Deutschland.
- Die Verlängerung der Fristen für die Korrektur übermäßiger Defizite von einem auf zwei Jahre (mit der Möglichkeit einer Verlängerung). Auch das macht Sinn, weil niemand an einer Dr.-Eisenbarth-Politik interessiert sein kann.
- Die Berücksichtigung von länderspezifischen Gegebenheiten für das Ziel eines mittelfristigen ausgeglichenen Haushalts (zum Beispiel bei der demographischen Entwicklung). Auch das ist vernünftig.

Insgesamt wird damit der Pakt beibehalten, aber flexibler gehandhabt. In der Öffentlichkeit ist das zum Teil heftig kritisiert worden. Es würde die Glaubwürdigkeit des Paktes unterminieren und das Vertrauen der Bürger in eine solide Finanzpolitik in der Union zerstören. Der Stabilitätspakt sei tot. Umso überraschender war dann freilich, dass die Kommission im Sommer 2005 eben aufgrund des veränderten Paktes die Defizitverfahren gegen die finanzpolitischen Sünder wieder auf die Tagesordnung brachte und eine unerwartet harte Haltung vor allem gegen Deutschland einnahm.

Offenbar haben die Kritiker die Neufassung nicht immer genau gelesen. Die grundlegenden Regeln – das Haushaltsdefizit darf nicht höher als 3% des Bruttoinlandsprodukts sein, die Gesamtverschuldung nicht höher als 60% – gelten nach wie vor. Ausnahmen werden nur geduldet, wenn das Defizit nahe dem kritischen Wert bleibt und wenn es temporär ist. Jedes zu große Defizit muss unmittelbar korrigiert werden. Die Kommission achtet stärker auf die Verschuldungssituation und die langfristige Solidität der Finanzpolitik. Was aber vermutlich das Wichtigste ist: Die Einigung der Staats- und Regierungschefs auf den neuen Pakt hat entgegen allen Unkenrufen nicht nur zu einer flexibleren Interpretation geführt, sondern im Gegenteil die Autorität des Paktes gestärkt. Der Stabilitäts- und Wachstumspakt ist nicht mehr nur noch eine Marotte unbelehrbarer Finanzminister (vor allem der kleineren Länder) oder aber Ausfluss des Ehrgeizes einiger Kommissare und Beamte in Brüssel, sondern dahinter stehen alle Staats- und Regierungschefs mit ihrer gesamten Machtfülle.

Freilich ist diese neue Autorität des Stabilitäts- und Wachstumspaktes kein sanftes Ruhekissen, sondern sie muss durch eine wachsame Kommission in Brüssel und einen aufmerksamen Vorsitzenden der Eurogruppe ständig erneut unter Beweis gestellt werden.

6. Der Euro braucht das Pfund

Plädoyer für eine stärkere Rolle Großbritanniens in Europa, vor allem für einen Beitritt des Pfund Sterling zur Europäischen Währungsunion. Das würde die wirtschaftspolitische Diskussion auf solidere Füße stellen und dem Finanzmarkt der Euro-Zone gut tun. Ein Monetary Policy Committee für die Europäische Zentralbank?

Großbritannien und die Europäische Union, das ist ein schwieriges Paar. Sie brauchen einander, aber sie hatten von Anfang an ein gespaltenes Verhältnis zueinander. Großbritannien sieht sich – wenn man das vom Kontinent aus richtig beurteilen kann – nicht wirklich als Teil Europas, sondern eher als Insel, die zwischen Europa und Amerika liegt. Das Vereinigte Königreich ist etwas Besonderes. Umgekehrt sind die Kontinentaleuropäer nicht glücklich, dass die Engländer so häufig eine Sonderrolle spielen wollen.

Hinzu kommen natürlich noch jahrhundertealte Rivalitäten. Vor allem die Franzosen hatten immer wieder Vorbehalte gegen eine zu enge Einbindung des Vereinigten Königreichs in den europäischen Integrationsprozess. Der französische Staatspräsident Charles de Gaulle erhob sogar einmal ein Veto gegen den Beitritt der Briten zur Europäischen Wirtschaftsgemeinschaft. Großbritannien ist 1956 bewusst nicht den Römischen Verträgen beigetreten. Es holte dies erst 1971 nach. Es ließ sich bei der Einführung der europäischen Währung eine Ausnahmegenehmigung geben (Opting-out-Klausel).

Es war ein historischer Glücksfall, dass Großbritannien „die Ratspräsidentschaft zufiel“ just in der europäischen Krise Mitte 2005 nach dem Scheitern sowohl des Ratifikationsprozesses der Verfassung als auch der Verhandlungen über den mittelfristigen Finanzrahmen der EU-Kommission. Denn dadurch konnten die Kontinentaleuropäer die Engländer nicht als „Störenfriede“ in die Ecke stellen, die den Integrationsprozess behinderten. Umgekehrt konnten sich die Briten nicht in den Schmollwinkel zurückziehen und die übrigen EU-Mitglieder ihre Probleme unter sich ausmachen lassen. Dem Vereinigten Königreich fiel die Rolle des Krisenmanagers zu.

Das gab die Chance, die wirtschaftspolitische Grundsatzdiskussion aus der Sackgasse eines einseitigen deutsch-französischen Sozialmodells herauszuholen. Die Briten hatten die Möglichkeit, eine Rückbesinnung auf die marktwirtschaftlichen Grundsätze herbeizuführen. Leider wurde diese Chance nicht genutzt. Jetzt muss die EU darauf vertrauen, dass sich das durch die Kräfte des Markts und der geschichtlichen Entwicklung ergibt. Eine soziale Marktwirtschaft in Europa (ist wie überall sonst) Marktwirtschaft und sozial. Die Ausbalancierung dieser beiden Elemente wird sich früher oder später durch den Druck des langsamen Wachstums und der hohen Arbeitslosigkeit sowie durch die Interventionen der neuen EU-Mitglieder ergeben. Leider wird das jetzt – ohne dem Rückenwind der Politik etwas länger dauern.

Der nächste Punkt, der auf der Tagesordnung steht, wenn die aktuelle Krise überwunden ist, ist der Beitritt Großbritanniens zur Europäischen Währungsunion. Es ist schwer vorstellbar, dass England auf Dauer dem Euro fernbleibt. Schon jetzt wird der Euro in vielen Geschäften auf der Insel als Zahlungsmittel akzeptiert. Es ist auch kaum denkbar, dass sich Großbritannien dem Euro später anschließt als zum Beispiel ein Land wie Polen, das in der Geschichte so oft von Großbritannien abhing.

Die Diskussion wurde in den letzten Jahren vor allem aus britischer Perspektive geführt – das ist richtig, weil der schwarze Peter im Augenblick bei Großbritannien liegt. Es muss sich entscheiden, entweder für oder gegen den Euro. Freilich gibt es aus der Sicht der Währungsunion gute Gründe, für einen Beitritt der Engländer zu plädieren und bei der Entscheidung Schützenhilfe zu leisten.

Fortschritt für den europäischen Kapitalmarkt

Was spricht aus kontinentaleuropäischer Sicht für einen Beitritt Großbritanniens zum Euro? Das Wichtigste: Großbritannien hat einen großen und effizienten Kapitalmarkt. Das gilt vor allem für den Aktienbereich. Er hat derzeit im Vereinigten Königreich eine Marktkapitalisierung von insgesamt zweieinhalb Billionen Euro. Das sind fast zwei Drittel der Kapitalisierung aller kontinentaleuropäischen Aktienmärkte zusammengenommen. Ohne den Zusammenschluss mit Großbritannien (und natürlich nur mit einer wirklichen Integration der kontinentaleuropäischen Kapitalmärkte) hat die Euro-Zone keine Chance, mit dem amerikanischen Markt „auf Augenhöhe" zu konkurrieren. Wenn Großbritannien sich entschließen könnte, der Europäischen Währungsunion beizutreten (und damit einen gesamteuropäischen Kapitalmarkt mit gleicher Währung möglich machte), würde der europäische Kapitalmarkt nicht mehr nur ein Drittel des amerikanischen ausmachen, sondern weit über die Hälfte. Das wäre ein ernst zu nehmender Faktor auf den Weltfinanzmärkten. Das gilt nicht nur aus der Sicht des Kontinents, sondern auch aus der des Vereinigten Königreiches. Denn so groß die Londoner Börse im Vergleich zu der von Frankfurt und Paris auch ist: Mit New York kann auch sie alleine nicht mithalten.

Im Bereich der Rentenmärkte sind die Verhältnisse nicht ganz so krass. Hier beläuft sich die Marktkapitalisierung in Großbritannien auf knapp 3 Billionen Euro. Das entspricht in etwa einem Drittel des Volumens in der Euro-Zone. Die Engländer sind keine eifrigen Käufer von Anleihen. Die Marktkapitalisierung von festverzinslichen Wertpapieren in der Euro-Zone und in Großbritannien zusammen beträgt derzeit 11 000 Milliarden Euro. Das sind rund 70 % des Wertes der Vereinigten Staaten. Das ist ein Wert, der sich sehen lassen kann.

Im Bereich der Bankausleihungen ist der britische Markt im internationalen Vergleich noch etwas kleiner (drei Billionen Euro verglichen mit 10,4 Billionen aller kontinentaleuropäischen Märkte zusammengenommen). Aber auch hier würde der Beitritt Großbritanniens zum Euro dazu beitragen, den Markt noch größer, effizienter und vielleicht noch innovativer (nämlich durch die noch stärkere Einbeziehung von Kapitalmarktinstrumenten) zu machen.

Größe ist in Sachen Kapitalmarkt nicht nur eine Sache von Macht und Eitelkeit. Auf Größe zu verweisen ist keine Rückkehr in das mit Recht verachtete Volumendenken. Große Kapitalmärkte sind attraktiv für die Unternehmen, da sie auf solchen Märkten auch umfangreichere Transaktionen durchführen können. Normalerweise sind in größeren Kapitalmärkten wegen des höheren Wettbewerbs auch die Kosten niedriger. Große Kapitalmärkte sind auch für die Investoren attraktiv. Sie müssen nicht befürchten, dass sich die Preise auf diesen Märkten bei bedeutenderen Käufen oder Verkäufen stark verändern. Insofern ist es für die europäische Wirtschaft ein Vorteil, einen größeren und damit effizienteren Kapitalmarkt zu haben.

Der britische Markt besticht aber nicht nur durch schiere Größe. Er ist auch dynamischer und innovativer. Wichtige Neuerungen auf den Kapitalmärkten werden heute in der Regel nicht auf dem Kontinent initiiert, sondern in Großbritannien oder in den USA. Die besten Investmenthäuser haben ihren Europa-Sitz in London. Viele von ihnen bedienen den Kontinent von der Themse aus. Die ersten Hedgefonds außerhalb der USA siedelten sich nicht auf dem Kontinent an, sondern in Großbritannien. Im Bereich Private Equity hat Großbritannien die Euro-Zone als Produktinnovator weit abgehängt.

Ein Finanzmarkt für die Währung

Ein zweiter Grund, weshalb Großbritannien dem Euro beitreten sollte: London ist das europäische Finanzzentrum. Lange Zeit befürchteten die Briten, mit der Einführung der neuen europäischen Währung müsste die englische Hauptstadt ihre führende Stellung an Frankfurt oder Paris abgeben (und entsprechend groß waren die Hoffnungen in Deutschland und Frankreich). Nichts davon geschah. Zwar gelang es der Bundesrepublik, den Sitz der Europäischen Zentralbank nach Frankfurt zu holen. Das Geschäft ist der Zentralbank aber entgegen vielen Erwartungen sowohl in

London als auch auf dem Kontinent nicht gefolgt. Auch die wichtige Gilde der „EZB-Beobachter“ (die bekannten ECB-watchers) ist nicht von London nach Frankfurt umgezogen. Die *Financial Times* in London ist nach wie vor eine der bedeutendsten (und kritischsten) Berichterstatter über die Vorgänge in der Europäischen Zentralbank.

Der große Vorteil Londons als Finanzzentrum liegt einmal in der liberalen Finanzmarktpolitik der britischen Behörden. Liberal heißt dabei nicht, besonders risikofreundlich. Im Gegenteil. In London geht man selten mehr Risiken ein als in anderen Finanzzentren. Wohl aber sind die Behörden pragmatisch und sehr sachverständig. Sie schauen sich Innovationen genau an, sind aber immer auch bereit, Innovationen auszuprobieren und sie schnell zuzulassen, wenn die Risiken beherrschbar sind.

London lebt aber auch von der Kreativität der Menschen, die im Finanzzentrum tätig sind. Hier zeigen sich die Vorteile, wenn alle wichtigen Institutionen an einem Platz sind. Wenn ein Investmentbanker in London seinen Arbeitsplatz wechselt, dann muss er in der Mehrzahl der Fälle künftig nur an einer anderen U-Bahn-Haltestelle aussteigen, wenn er morgens in die Bank fährt. Auf dem Kontinent ist er dagegen häufig gezwungen, in eine andere Stadt umzuziehen (von Frankfurt sei es nach Zürich, Paris, Genf oder München), was für die Familie mit erheblichem Aufwand verbunden ist. Die Kreativität zeigt sich aber auch in variablen und flexiblen Bezahlungen. Mitarbeiter wechseln häufiger auch aus der Banken- und Kapitalmarktszene in die Zentralbank, die Bankenaufsicht oder eine Rating-Agentur und vice versa. All diese Vorteile locken dann wieder die Besten der Branche an und vergrößern noch die Attraktivität des Finanzplatzes.

Letztlich ist London heute der wichtigste Finanzplatz für den Euro, obwohl Großbritannien gar nicht Mitglied der Währungsunion ist. Der Euro ist eine Währung ohne Finanzplatz in seinem Gültigkeitsgebiet. Das ist derzeit kein wirkliches Problem (obwohl es natürlich die Finanzmarktaufsicht erschwert). Der Euro funktioniert auch so. Es ist aber ein Schönheitsfehler. Der Euro wäre als internationale Währung sicher noch attraktiver, wenn das britische Pfund dabei wäre.

Befruchtung für die Europäische Zentralbank

Noch ein anderes Argument spricht in diesem Zusammenhang für einen Beitritt Großbritanniens zum Euro: die geldpolitische Tradition der Bank of England. Die Preissteigerung liegt auf der Insel schon seit Jahren unter der auf dem Kontinent (unter 2%). Die Europäische Zentralbank in ihrer heutigen Struktur und Politik ist sehr stark beeinflusst von der der „alten" Bundesbank. Das ist kein Fehler, sondern hat ihr im Gegenteil bisher gut getan. Aber ein bisschen mehr britisches Denken in Ergänzung dazu würde der EZB sicher nicht schaden.

Dies insbesondere auch im Hinblick auf die bevorstehenden Änderungen durch den Beitritt neuer zentral- und osteuropäischer Länder zum Euro. Dann müsste man nach den derzeitigen Usancen den Zentralbankrat, der schon jetzt aus 18 Mitgliedern besteht, erweitern, im Extremfall auf 31 Mitglieder. Für das Abstimmungsverfahren ist hier schon eine – wenn auch komplizierte – Lösung gefunden worden. Nicht aber für die Diskussion. Schon das jetzige Gremium ist zu groß, um dort wirklich kreativ Meinungen auszutauschen und zu wägen. Wenn in einer Sitzung des derzeitigen Gremiums jedes Mitglied nur einmal fünf Minuten lang seine Meinung zu einer geldpolitischen Entscheidung äußert (was noch gar keine Diskussion einschließt), benötigt man dafür eineinhalb Stunden. Kommen noch dreizehn Mitglieder dazu, werden es fast drei Stunden. Das ist zu viel.

Es ist daher erforderlich, über neue Strukturen nachzudenken. Eine Möglichkeit könnte darin bestehen, eine Art „Monetary Policy Committee" (MPC) nach britischem Vorbild zu etablieren. Diesem Committee gehören nur neun Mitglieder an, wobei vier von ihnen „unabhängig" sind, das heißt nicht einmal aus der Zentralbank selbst kommen. Das Committee arbeitet sehr effizient und hat wegen seiner klaren und überzeugenden stabilitätspolitischen Entscheidungen eine große Reputation.

Die Idee eines solchen MPC ist ganz einfach: Eine Zentralbank hat neben der Geldpolitik viele andere aufsichtsrechtliche, administrative, personalpolitische etc. Aufgaben. Nach aller Erfahrung nimmt die geldpolitische Diskussion in den Sitzungen des Gouverneursrats nur etwa ein Viertel der Gesamtzeit in Anspruch. Nicht alle Gouverneure sind daran auch wirklich interessiert und Experten auf diesem Gebiet. Es sollte auch keineswegs so sein, dass die nationalen Gouverneure innerhalb des EZB-Rates die Aspekte ihrer eigenen Länder einbringen. Vielmehr geht es nur um die Geldpolitik Gesamteuropas. Warum also nicht nach britischem Vorbild die operative Geldpolitik aus dem Gremium ganz herausnehmen und sie einer Art Europäischem Monetary Policy Committee wie in Großbritannien übertragen?

Das ist nur ein Beispiel, wie ein Beitritt Großbritanniens – abgesehen von allen Vorteilen, die dieser für das Vereinigte Königreich selbst haben kann – die Euro-Zone befruchten und bereichern kann. Vieles andere, auch Atmosphärische, könnte hinzukommen. Manche Verhandlungen zwischen Europa und den USA auf währungspolitischem Gebiet könnten durch eine Teilnahme der Briten erleichtert werden. Allerdings wäre sicher auch manches schwieriger, vor allem in der Übergangszeit, in der sich alle aneinander gewöhnen müssen. Die Briten sind kein einfacher Partner. Aber die europäische Politik sollte nicht auf einfache Lösungen zielen, sondern auf die besten.

Der Euro mit einem Pfund Sterling als Mitglied wäre in jedem Fall für die Europäische Währungsunion ein Gewinn. Der Euro wäre für das Weltwährungssystem noch einmal so interessant, wie er es jetzt schon ist.

7. Ein Zwiebelschalenmodell für Europa

Was kann Europa gegen seine große Beliebtheit bei den Beitrittskandidaten tun? Zurückweisen kann es die neuen Länder nicht. Die Lösung kann darin bestehen, die Union in Form eines Zwiebelschalenmodells zu organisieren.

Erfolg kann manchmal zum Problem werden. Angesichts der vielen Erweiterungen der Union in den letzten Jahren und des Wunsches weiterer Länder, beizutreten, ist die EU in die Lage eines Tennisclubs gekommen, der permanent neue Mitglieder aufnimmt. Für den Vorstand des Clubs ist das ein Erfolg. Es zeigt die Beliebtheit des Vereins. Die Einnahmen aus Mitgliedsbeiträgen steigen. Aber irgendwann merken die Mitglieder, dass sie eigentlich in den Club gegangen sind, um Tennis zu spielen, nicht, um immer mehr Mitglieder zu haben. Auf die EU übertragen: Sie darf bei aller Begeisterung über die Beliebtheit nicht das Tennisspielen vergessen.

Was kann die Europäische Union gegen die wachsende Attraktivität tun? Um mit dem Negativen zu beginnen: Sie kann die Länder, die sich ihr annähern, nicht zurückweisen. Sie geriete sonst in den Geruch einer „geschlossenen Gesellschaft der Erfolgreichen". Ohnehin sprechen auch heute schon manche abwertend von der „Festung Europa". Die EU ist mit dem Anspruch groß geworden, Handelshemmnisse abzubauen, um damit Wohlstand zu schaffen und friedliche Zusammenarbeit zu fördern. Sie darf dies nicht auf ihre eigenen Mitglieder beschränken, sondern muss diese Grundsätze auch nach außen gelten lassen. Andere Länder müssen von den offenen Grenzen der EU profitieren können.

Die Probleme der EU-Erweiterung

Auf der anderen Seite kann die EU aber auch nicht beliebig neue Mitglieder aufnehmen. Je mehr Länder beitreten, umso schwieriger wird nach den bisherigen Verfahren die Willensbildung der Union. Die Spannungen durch die unterschiedlichen Wohlstandsniveaus nehmen zu. Immer lauter wird der Ruf nach einer Art Finanzausgleich, wie er in der Bundesrepublik zwischen den alten und den neuen Bundesländern zu so großen Verwerfungen geführt hat. Immer größer werden die Anreize zu Wanderungen innerhalb der Gemeinschaft. Es ist jetzt schon so, dass die polnischen Arbeiter, die nach Deutschland gegangen sind, in ihrem Heimatland fehlen. Sie werden dort inzwischen durch Ukrainer ersetzt. Marokkaner gehen nach Portugal, um dort Arbeitsplätze anzunehmen, die vorher von Portugiesen besetzt waren, die heute in Deutschland arbeiten.

Hinzu kommen die kulturellen Spannungen, wenn Länder der Union beitreten, die nicht aus der Kulturtradition Europas stammen. Die Türken, die gegenwärtig in Deutschland arbeiten, kommen nur zur geringsten Zahl aus dem europäischen Teil ihres Landes. Die meisten sind aus Asien angereist. Sie sind wenig integrationswillig. Der türkische Justizminister und Regierungssprecher Cemil Çiçek warb bei dem prominenten jährlichen Europaforum der Herbert-Quandt-Stiftung in Berlin für einen Beitritt seines Landes zur EU, ohne dass er es in seiner Rede für notwendig hielt, ein Wort in Deutsch oder Englisch zu sprechen (noch nicht einmal die Begrüßung). Zuhörer empfanden dies als Provokation.

Zu bedenken sind auch die religiösen Probleme beim Zusammenleben von Christen und Angehörigen des Islam. Es ist zwar ehrenwert, wenn die Befürworter eines Beitritts der Türkei zur EU dies damit begründen, dass Europa damit eine Brücke von der westlichen Zivilisation zum Islam schlagen könne. Aber das würde die EU überfordern. Die Türken haben auch gar kein so gutes Verhältnis zum islamischen Teil der Welt. Mit ihren Nachbarn Irak, Iran und Syrien leben sie in dauernden Spannungen. Die historischen Erinnerungen an das Osmanische Reich (das bis hinunter nach Ägypten reichte) sind immer noch lebendig. Der einzig gute Verbündete der Türkei im Nahen und Mittleren Osten ist Israel, das seinerseits in der islamischen Welt aber keine Freunde hat. Ein Beitritt der Türkei zur EU wäre das Ende

Europas in seiner derzeitigen Form. Weidenfeld spricht im Hinblick auf die Erweiterungen vom „entgrenzten Europa".

Die Erweiterung der Union gerät schließlich in Konflikt mit der Vertiefung, die ja auch immer noch auf der Tagesordnung steht. Je mehr die Erweiterung der EU voranschreitet, umso mehr droht die Gemeinschaft zu verwässern. Sie verliert die Idee, die sie so erfolgreich gemacht und dorthin geführt hat, wo sie heute steht. Das kann weder im Interesse der bisherigen Mitglieder liegen noch in dem der Aspiranten.

Die Theorie der flexiblen Erwiderung

Was also ist der Ausweg? Es ist auch hier ganz hilfreich, zu schauen, was ein Unternehmen in dieser Situation tun würde. Wenn eine Firma Marktchancen wahrnehmen, aber nicht mehr größer werden will, dann sucht es strategische Partner. Mit ihnen wird nicht fusioniert, sondern kooperiert. Eine solche Zusammenarbeit wird bisweilen mit dem Bild einer Flotte von Schnellbooten beschrieben. Alle Boote fahren unabhängig voneinander, operieren aber mit dem gleichen Ziel und nach der gleichen Strategie. So sind sie auf dem Meer beim Fischen viel wirksamer und flexibler als ein großer schwer beweglicher Fischkutter. Wenn Europa wachsen will und soll, dann wird dies nur als Flottenverband, nicht als großer Kutter gelingen.

Aus dem Militär stammt die Analogie der flexiblen Erwiderung (flexible response). Sie wurde in der nuklearen Auseinandersetzung der 50er und 60er Jahre von US-Präsident Kennedy und Verteidigungsminister McNamara entwickelt. Nicht auf jeden Konflikt wird mit Atomwaffen reagiert. Vielmehr werden flexibel jeweils die Instrumente angewandt, die auf den besonderen Fall passen. Im Vietnam-Krieg galten andere Regeln als in der Auseinandersetzung mit der Sowjetunion. Schon frühere Feldherren haben nach diesem Prinzip gehandelt. Napoleon wurde in Waterloo nicht durch eine Armee geschlagen, sondern durch eine Vielzahl von verschieden operierenden, aber miteinander verbündeten Truppen.

Verschiedene Geschwindigkeiten in Europa

Für das Problem der EU-Erweiterung heißt das: Europa sollte nicht mit allen Staaten, die den Kontakt zu ihm suchen, die gleiche Lösung anstreben. Für manche Länder ist die Assoziierung besser, für andere eine privilegierte Partnerschaft, für dritte die Vollmitgliedschaft, aber ohne Beitritt zur Währungsunion. Auch innerhalb der Union muss für die Vollmitglieder nicht alles gleich behandelt werden. Das wäre eine Wiederbelebung der alten Theorie des Europas der unterschiedlichen Geschwindigkeiten. Sie ist in der öffentlichen Diskussion lange Zeit etwas verdrängt worden, sicher auch unter dem Einfluss der aktuellen und potentiellen Beitrittskandidaten. In der Praxis wird sie jedoch schon jetzt häufig und mit großem Erfolg angewandt.

Prominentestes Beispiel ist die Europäischen Währungsunion. Ihr gehören weniger als die Hälfte aller EU-Mitglieder an (zwölf von 25). Die Finanzminister der Euro-Zone treffen sich am Vorabend der üblichen Ministerratssitzungen und stimmen sich über die nur sie betreffenden Fragen ab. Sie haben inzwischen auch einen Vorsitzenden.

Ursprünglich bestand die Befürchtung, durch den Euro entstünde eine Zwei-Klassen-Gesellschaft in der Union. Vor allem die neuen Mitglieder in Zentral- und Osteuropa hatten Bedenken, sie würden nur Mitglieder zweiter Klasse sein, wenn sie nicht möglichst schnell auch dem Euro beitreten würden. Das war die Zeit, als die neuen Mitglieder auf Teufel komm raus schnell in die Währungsunion eintreten wollten. Solche Ängste haben sich aber glücklicherweise nicht bewahrheitet. Inzwischen wird der Beitritt der neuen EU-Mitglieder zum Euro sehr viel differenzierter gesehen. Einige Länder machen Druck und haben es eilig, etwa das Baltikum, Slowenien und inzwischen auch die Slowakei. Andere lassen sich mehr Zeit, vor allem Polen, die Tschechische Republik und Ungarn.

Ein anderes Beispiel für den „flexible response“ in der EU ist das Abkommen von Schengen. In ihm vereinbarten am 26. März 1995 13 EU-Mitglieder (alle außer Großbritannien und Irland) gemeinsame Außengrenzen und den

Verzicht auf Grenzkontrollen untereinander. Interessanterweise gehören zu den Schengen-Ländern auch zwei Staaten, die gar nicht Mitglieder der EU sind (Norwegen und Island). Die Schweiz hat sich 2005 in einer Volksabstimmung dafür ausgesprochen, dem Schengen-Abkommen beizutreten, ohne sich natürlich der EU anzuschließen. Der Beitritt zu Schengen soll im Jahre 2007 in Kraft treten. Für viele Reisende wäre es eine angenehme Erleichterung.

Noch ein Beispiel für das Europa der unterschiedlichen Geschwindigkeiten: Einige Mitglieder haben untereinander die volle Freiheit des Personenverkehrs vereinbart – so die 15 EU-Mitglieder vor der Osterweiterung im Jahre 2004. Für die neuen Staaten aus Zentral- und Osteuropa gilt eine bis auf maximal elf Jahre beschränkte Ausnahme vom freien Personenverkehr. Auch das funktioniert und wirkt nicht diskreditierend. Im Gegenteil, wenn man es nicht getan hätte, gäbe es durch die zwangsläufigen Wanderungen sicher erhebliche Spannungen.

Zwiebelschalen statt „à la carte"

Letztlich haben wir also schon jetzt in der Union das Prinzip des „flexible response". Man hat es auch das „Europa der Zwiebelschalen" genannt. Wie bei einer Zwiebel legen sich rund um den Kern verschiedene Schalen. Anders als bei der Zwiebel, wo alle Schalen weitgehend gleich sind und sich nur in der Entfernung vom Kern unterscheiden, werden die Schalen in der EU allerdings zum Teil nach unterschiedlichen Kriterien gebildet – der Teilnahme an der gemeinsamen Währung, der Öffnung der Grenzen oder der Liberalisierung des Personenverkehrs. Das funktioniert besser, als viele ursprünglich dachten und als ein Purist in organisatorischen Fragen es vermuten würde.

Das Zwiebelschalen-Europa ist nicht zu verwechseln mit dem häufig propagierten „Europa à la carte". Bei der Zwiebelschale sind alle Mitglieder Teil eines Ganzen und bewegen sich in der gleichen Richtung, nur eben mit unterschiedlicher Geschwindigkeit. Beim Europa à la carte kann sich jeder in freier Entscheidung das aus dem Integrationsmenü heraussuchen, was ihm behagt. Der eine will nur Sauerkraut mit Würstchen, der andere bevorzugt Rumpsteak mit Pommes frites. Das ist dann das Ende der Union. Dann würde Europa zu einem Selbstbedienungsladen, zu einem unverbindlichen Club mit „cherry picking“, wo jeder letztlich macht, was er will.

Warum sollte man das Zwiebelschalenprinzip nicht generell einführen? Der große Vorteil ist, dass langjährige Mitglieder, die schon erhebliche Integrationsschritte unternommen haben, in ihrer Dynamik nicht gebremst werden. Sie können die Vertiefung der Union weiter und mit größerer Kraft betreiben. Die anderen können folgen, wenn sie so weit sind und dies wollen. Entscheidungen unter den dynamischeren Ländern sind dann leichter zu erreichen.

Der Nachteil ist, dass damit Weichenstellungen präjudiziert werden, die die anderen nicht teilen. Das lässt gerade die jüngeren Mitglieder vorsichtig werden. Es besteht auch die Gefahr, dass Regierungsgremien der schneller voranschreitenden Länder an der EU-Kommission vorbei Entscheidungen treffen und die Kommission außen vor lassen. Beide Probleme ließen sich bei gutem Willen aber sicher lösen.

Ein Zwiebelschalen-Europa könnte wie folgt aussehen: Im innersten Kern befinden sich die Länder, die in Sachen Integration und Europäisierung am weitesten sind. Sie haben auch den größten Ehrgeiz, Europa auf internationaler Ebene als Weltmacht zu etablieren. Dazu gehören vermutlich die sechs Gründungsmitglieder. Es wäre in jedem Fall gut, wenn es nicht nur Deutschland und Frankreich wären, sondern wenn auch kleinere Staaten dazugehören. Sonst kämen leicht Ressentiments auf, Frankreich und die Bundesrepublik wollten die anderen dominieren. Großbritannien würde sich nach aller Erfahrung vermutlich nicht beziehungsweise noch nicht am inneren Kern beteiligen.

Um den harten Kern würden sich die EU-Mitglieder gruppieren, die voll bei der Integration dabei sind, sich aber einen gewissen Freiraum erhalten wollen. Es wäre vielleicht so eine

Gruppe wie die Länder, die der Europäischen Währungsunion beigetreten sind. Wünschenswert wäre, dass Großbritannien wenigstens diesem erweiterten Kern angehört.

In einer weiteren Schale kämen dann alle die verbleibenden Länder, die bereits jetzt Vollmitglieder der Union sind. Dann kämen die Kandidaten, mit denen schon über einen Beitritt verhandelt wird. Ferner die, die man heute zum „erweiterten Europa" rechnet und denen man heute eher eine privilegierte Mitgliedschaft versprechen möchte. Vielleicht sollte man auch die Länder des früheren Jugoslawien, also Serbien, Bosnien-Herzegowina, Mazedonien, Kosovo und Albanien in einer eigenen Kategorie behandeln. Sie gehören geographisch zu Europa, sind aber noch weit von Demokratie und Marktwirtschaft als den Grundvoraussetzungen für einen EU-Beitritt entfernt. Und in der äußersten Schale erschienen dann die Staaten, die auch geographisch nicht mehr zu Europa gehören, die aber doch eine besondere Beziehung zur EU anstreben. Zu denken wäre in dieser letzten Schale an Länder wie Israel und den Maghreb.

Dieses Modell der unterschiedlichen Geschwindigkeiten muss nicht für alle Zeiten gelten. Länder können von einer Stufe in die andere wechseln (sowohl weiter in Richtung auf den Kern als auch weiter nach außen). Ziel ist nicht eine fest gemauerte Klassengesellschaft. Ziel ist vielmehr, die Beweglichkeit der EU zu garantieren. Es muss sichergestellt werden, dass sich die Mitglieder der Union nicht gegenseitig auf den Füßen stehen und dass die Länder, die sich stärker aneinander binden wollen, dies auch tun können. Ziel ist auch die Weiterentwicklung der EU als Global Player.

Es ist durchaus möglich, dass sich verschiedene Schichten im Verlauf der Jahre auflösen. Vielleicht kommt Europa eines Tages auch einmal so weit, dass es nur noch eine Kategorie von Staaten – so wie etwa in den USA – gibt. Aus der Zwiebel wird dann ein Apfel. Das wäre sicher kein Fehler, denn dann kommen einem beim Schälen nicht mehr die Tränen.

8. Marketing für Europa

Europa leidet darunter, dass sich niemand professionell um das Marketing und die Kommunikation der Idee und der Institutionen kümmert. Wie würde ein Unternehmen mit diesem Problem umgehen? Einige Vorschläge.

Der ICE von Düsseldorf nach München. Kurz vor Pasing, einem Vorort Münchens, fährt der Zug durch eine Schrebergartensiedlung, in der ganz in der Mitte eine weiß-blaue Fahne flattert. Ein Kollege aus dem Rheinland, der in diesem Zug sitzt, freut sich über dieses Symbol Bayerns als Begrüßung. Beim Näherkommen des Zuges freut er sich freilich noch mehr. Denn die Fahne entpuppt sich nicht als die weiß-blaue Fahne der Bayern, sondern als das Blau-Weiß des Fußballclubs Schalke 04. Offenbar hat sich in diesem Schrebergarten ein Schalke-Fan angesiedelt. Da fühlte sich mein Kollege wirklich zu Hause.

Können Sie sich vorstellen, dass ein Europäer beim Anblick der europäischen Fahne mit den zwölf gelben Sternen auf blauem Grund Heimatgefühle empfindet? Es ist ein großes Handicap der Europäischen Union, dass die Menschen so wenig emotionale Bindungen an die EU haben. Wer liebt schon Europa? Die meisten akzeptieren es als ein „fact of life". Es ist eben da. Es gibt viele rationale Gründe für ein gemeinsames Europa. Es eignet sich auch als Sündenbock für allerlei Dinge, die einem missfallen. Die wirkliche Emotionalität der Menschen richtet sich hierzulande nicht auf Europa, sondern auf die Nationalstaaten und die Regionen. Jean-Claude Juncker, der Vorsitzende der Eurogruppe und luxemburgische Ministerpräsident, sagte: „Europa inspiriert niemanden mehr zu einem Traum." Es musste ein Amerikaner sein, Jeremy Rifkin, der die Europäer in einem Buch an den „Europäischen Traum" erinnerte.

Ein Staat ohne Emotionalität ist ein Torso. Es fehlt der Kitt, der die Menschen zusammenhält. Es fehlt das Gemeinschaftsgefühl. Natürlich kann man auch ohne dieses Gefühl leben. Die gegenwärtige Situation in Brüssel ist ein Beweis, dass daraus keine unmittelbaren Nachteile folgen. Aber ein solcher Staat ist fragil. Er ist anfällig für Demagogen. Er kann nicht auf das Engagement der Bürger vertrauen. Er kann keine größeren Belastungen aushalten. Er kann auch keine größeren Dinge bewegen. Im schlimmsten Fall droht er sogar, auseinander zu fallen. Wie viele Staatengemeinschaften hat es in der Geschichte gegeben, die mangels aktiven Engagements der Bürger für die Gemeinschaft Phasen mit größeren Schwierigkeiten nicht ausgehalten haben?

Wichtig ist aber vor allem, dass ein solcher Staat nicht die Erwartungen erfüllen kann, die die Menschen mit Europa verbinden. Ohne mehr Emotionalität für Europa wird es nicht zur Nummer eins des nächsten Jahrzehnts.

Was würde ein Unternehmen tun?

Was kann man gegen die mangelnde Emotionalität tun? Aus der staatlichen Politik gibt es hier wenig Anschauungsmaterial. Daher kann es ganz hilfreich sein, auf Unternehmen zu schauen. Sie haben mehr Erfahrung mit Marketing und Kommunikation. Was würde eine Firma machen, wenn die Menschen ihr Produkt nicht mögen?

Das Erste wäre, dass es den bisherigen Marketingvorstand feuern würde. Das ging bisher in Brüssel nicht, weil es hier auf höchster Ebene keinen Verantwortlichen für Marketing beziehungsweise Kommunikation gab. Europa wird von Juristen und Ökonomen gestaltet, die für solche „weichen Faktoren" keine Antenne haben. Schon bei der Einführung des Euro hat man auf Kommunikation wenig Rücksicht genommen. Die Politiker verabschiedeten Gesetze, unterschrieben Verträge und überließen es dann der geschichtlichen Entwicklung, dass sich Menschen mit den neuen Gegebenheiten emotional einrichten.

Das passiert dann normalerweise auch. Siehe die große Bindung der Menschen an die alte D-Mark, die nie verordnet oder gefördert worden war, sondern im Laufe der Jahre durch Gewöhnung und gute Erfahrungen entstand. Freilich dauerte dies lange. Auch zu Europa wird eine emotionale Bindung entstehen, wenn man nur lange genug wartet. Ein

Unternehmen freilich wäre längst pleite, wenn es sich so viel Zeit nähme.

Das Zweite: Das Unternehmen würde sich einen neuen Marketingvorstand suchen. Das hat der neue Kommissionspräsident Barroso 2004 getan, als er die Schwedin Margot Wallström mit der Verantwortung für die Kommunikation betraute (neben ihrem anderen Ressort, den institutionellen Beziehungen). Ziel war ausdrücklich, „die Kommunikationsstrategie zu verbessern, mit der Europa den Bürgern vermittelt werden soll“. Aber haben Sie schon etwas von ihr gehört oder gemerkt? Ein Kommunikator, von dem niemand etwas merkt, macht seinen Job nicht richtig. In Unternehmen untersteht die Kommunikation wegen ihrer großen Bedeutung häufig dem Vorstandsvorsitzenden.

Wenn es sein muss, werden auch in den Tochtergesellschaften des Unternehmens Kommunikations- und Marketingverantwortliche eingestellt. Übertragen auf die Politik hieße das, dass die Bundesregierung beispielsweise die Verantwortung für die Europa-Politik nicht beim Außenminister belässt, sondern dafür einen besonderen Europa-Minister (vielleicht angesiedelt im Kanzleramt) schafft. Er sollte eine besondere Verantwortung für die Kommunikation Europas in Deutschland haben (zumal das Tagesgeschäft der Europa-Politik ohnehin bei den einzelnen Ressortministern liegt).

Das Dritte ist, dass man eine professionelle Marktforschung in der EU als Grundlage für die zu ergreifenden Maßnahmen in Auftrag gibt. Ziel muss es sein, zu ergründen, wie stark das Gefühlsdefizit in Europa ist, wo es am meisten ausgeprägt ist, wo seine Ursachen liegen und wo Ansatzpunkte zu einer Verbesserung sind. Dies hat die Kommission inzwischen getan. Das Ergebnis war nicht gut. Nach einer Umfrage unter 30 000 Europäern, die im Mai/Juni 2005 durchgeführt wurde, zeigte sich, dass nur 47% der Europäer eine positive Meinung über die Union haben. Was noch stärker ins Gewicht fällt: Der Anteil der Menschen, die sich positiv zu Europa äußern, geht insgesamt zurück.

Das Vierte: Wenn ein Unternehmen Absatzschwierigkeiten hat, dann liegt das in aller Regel nicht nur am mangelnden Marketing, sondern am Produkt selbst. Wenn das Produkt nicht die Erwartungen der Konsumenten erfüllt, dann hat auch die beste Verkaufsstrategie auf Dauer keine Erfolgschance. Auch Europa muss an seinem Produkt arbeiten. Die EU ist gut. Sie leistet wichtige Arbeit. Aber sie verabschiedet auch Regeln, die nicht unbedingt nötig und auch nicht immer vernünftig sind. Das muss der Kommunikator verhindern. Der Bürger darf keinen Anlass haben, sich über Europa zu beklagen.

Ein paar Ideen

Das Fünfte ist: Auf der Grundlage der Marktforschung muss die Kommunikation in Europa verbessert werden. Da gibt es viel zu tun. Man muss sich nur einmal die Texte der Veröffentlichungen der Brüsseler Kommission anschauen. Zur Dienstleistungsrichtlinie, die so wichtig ist und so viele Missverständnisse auslöst, heißt es zum Beispiel im offiziellen Dokument der EU:

„Ziel dieses Richtlinienvorschlages ist es, einen Rechtsrahmen zu schaffen, durch den die Hindernisse für die Niederlassungsfreiheit von Dienstleistungserbringern und für den freien Dienstleistungsverkehr zwischen den Mitgliedsstaaten beseitigt werden und der den Dienstleistungserbringern ebenso wie den -empfängern die notwendige Rechtssicherheit bietet, die diese für die wirksame Wahrnehmung dieser beiden Grundfreiheiten des EG-Vertrages benötigen“ (52 Wörter beziehungsweise 454 Anschläge).

Haben Sie den Bandwurmsatz bis zu Ende gelesen? Wie einfach und kundenfreundlich wäre es, ihn in vier oder fünf verständliche Sätze zu zerhacken. Verwaltungsdokumente sind in allen Staaten für Nicht-Juristen schwer zu lesen. In Brüssel gilt dies aber in besonderem Maße. Dort hat man spezielle Fähigkeiten zur Steigerung der Komplexität entwickelt. Das hängt zum Teil mit der Sprache zusammen. Übersetzer dürften eigentlich nicht nur übersetzen, sondern müssten die Texte für eine andere Sprache neu formulieren.

Zum Teil ist hier aber auch die Schwierigkeit der Materie schuld. Denn die Brüsseler Dokumente müssen so allgemein sein, dass sie für alle betroffenen Länder passen.

Jedenfalls ist keiner, der sich mit den Dokumenten aus Brüssel beschäftigen muss, zu beneiden. Besonders schlecht dran sind die Journalisten in Brüssel, die über die Vorgänge in der Kommission und im Parlament berichten müssen. Sie müssen außerordentliche Fähigkeiten entwickeln, aus einer umfangreichen Direktive das Wichtige zu destillieren. Wenn man mit ihnen spricht, beklagen sie sich über die ungenügende Pressearbeit der Kommission, ohne dass sich ersichtlich etwas verändert.

Wichtig und bemerkenswert ist, dass die Mitglieder der Europäischen Kommission heute sehr viel weniger als Technokraten und mehr als Politiker auftreten, die die Menschen zu überzeugen versuchen. Reden etwa von Kommissaren wie Günter Verheugen oder von Benita Ferrero-Waldner sind emotional stark aufgeladen und überzeugend.

Es geht aber nicht nur um das verständliche Formulieren von Texten. Emotionalität entsteht durch viele Handlungen und Ereignisse. In der Sprache der Unternehmen würde man von Public Relations sprechen. Was würde es Europa helfen, wenn es eine eigene Fußballmannschaft hätte! Genügend gute Fußballer hat Europa. Genügend gute Gegner in der Welt gibt es auch. Man denke nur daran, wenn sich auch die Lateinamerikaner zu einer gemeinsamen Fußballmannschaft zusammentäten. Man könnte etwa einen Worldcup der Kontinente schaffen. Für den Zusammenhalt in der Bundesrepublik Deutschland war der Gewinn der Fußballweltmeisterschaft 1954 außerordentlich wichtig.

Warum kann man nicht, wenn die Olympischen Spiele in eine europäische Stadt kommen, mehrere Mitgliedsländer zur Ausrichtung einladen? München hatte beispielsweise die Idee, bei einer Bewerbung um die Winterspiele auch Gemeinden in Österreich als Austragungsorte einzubeziehen. Warum kann London bei der Olympiade 2012 nicht auch Wettkämpfe nach Frankreich verlegen (wo man durch den Tunnel jetzt schnell hinkommt)?

Hilfreich wäre auch, wenn Europa stärker auf die traditionellen Insignien des Nationalstaates zurückgreifen würde. Die europäische Fahne ist jedermann bekannt. Sie ist freilich nicht oder nicht genug emotional aufgeladen. Man muss auch das Fahne-Hissen in Europa „zelebrieren". Die Amerikaner hissen jeden Morgen in der Schule die Flagge und schaffen damit von Kind an ein Zugehörigkeitsgefühl. So weit muss man in Europa nicht gehen. Aber wenn man in Europa Flaggen sieht, sind es meist die der einzelnen Staaten, in einzelnen besonders stolzen Regionen auch die regionalen Wahrzeichen.

Wer kennt schon die europäische Hymne? Die meisten denken dabei wohl eher an die Eurovisionsfanfare als an Beethovens „Freude schöner Götterfunke". Man kann sich auch überlegen, Gebäude in Brüssel stärker für die Emotionalität zu instrumentalisieren. Wer will in Washington nicht das Weiße Haus des Präsidenten sehen? In Europa wissen nur ganz wenige, wo der Präsident der Europäischen Union residiert. Das große Verwaltungsgebäude der Kommission, der Berlaymont, ist zwar in den letzten Jahren gründlich von Asbest gereinigt und renoviert worden. Es ist in seiner Bauweise durch die drei Flügel auch sehr demonstrativ. Aber für Besucher ist auf dem großen Platz rund um das Gebäude kein Platz. Warum gibt es hier nicht Schauräume oder Ausstellungen zu Europa?

Man kann auch die politischen Ereignisse symbolträchtiger gestalten. Der amerikanische Präsident fliegt mit der Air Force One. Womit fliegt der Präsident der Europäischen Union? Der amerikanische Präsident wird in einer großen „Show" auf sein Amt vereidigt, die weltweit im Fernsehen übertragen wird. Die Amtseinführung des Kommissionspräsidenten oder des Präsidenten des Rates ist der Presse nicht einmal eine kleine Meldung wert. Vermutlich nicht einmal 10% der Bevölkerung Europas wissen den Namen des Präsidenten des Europäischen Rates.

Der Vergleich mit den USA geht sicher etwas zu weit. Denn die Amerikaner leben und verehren noch den Nationalstaat in einer Art zivilen Religion. Europa will kein Nationalstaat sein. Aber ein wenig kann man sich von den Vereinigten Staaten in Sachen emotionaler Symbole abschauen. Im Übrigen kann man sich auch Ereignisse aus Königs- und Fürstenhäusern als Beispiel nehmen. Wer wollte nicht die Trauung von Prinz Charles und Camilla im Fernsehen anschauen?

Der Phantasie sind bei solchen Kommunikationsmaßnahmen keine Grenzen gesetzt. Es gibt einen Europa-Tag. Es ist der 9. Mai. Aber wer kennt ihn schon und wer weiß, was hinter diesem Datum steckt? In der Öffentlichkeit wird er behandelt wie der Tag des Kindes oder der Tag der Organspende. Das passt nicht. Auch nicht vom Anlass her. Der 9. Mai 1950 war der Tag, an dem der damalige französische Außenminister Robert Schuman sich erstmals für eine Integration in Europa aussprach. Das ist sicher kein Grund für einen Feiertag, an dem man die Menschen in Europa für die gemeinsame Idee mobilisieren kann. Warum nicht beispielsweise den Tag der Unterschrift unter die Römischen Verträge nehmen und ihn zu einem richtigen Feiertag in ganz Europa erklären? Warum nicht bei besonderen Ereignissen zum Beispiel eine Schweigeminute für alle Europäer, wie beispielsweise nach den Terroranschlägen in London 2005? So etwas schweißt zusammen. Die Franzosen haben ihre großen Feiern zum 14. Juli sogar für diese Schweigeminute unterbrochen.

Ein europäischer Kommunikator (und seine Kollegen auf nationaler Ebene) müsste auch dafür sorgen, dass die EU nicht weiter als „Schuttabladeplatz“ für Probleme und Fehler auf anderen Ebenen genutzt wird. Wer dauernd hört, wie bürokratisch Brüssel ist und wie schrecklich teuer der europäische Agrarmarkt alle Nahrungsmittel macht, der glaubt es am Ende wirklich. Dabei kann kein Bürger wirklich nachvollziehen, was von diesen Behauptungen wahr ist und was einfach nur gesagt wird. Man muss auch Marketing für „good news“ über Europa machen (obwohl das bekanntermaßen schwerer ist als für „bad news“). Das ist die Aufgabe jedes Unternehmenssprechers.

Schließlich liegt die mangelnde Emotionalität auch daran, dass es noch keine europäische Demokratie gibt. Warum sollten der Europäische Rat und die Ministerräte nicht öffentlich tagen, so, wie es beim Parlament ganz selbstverständlich ist? Manche sagen, dass dies für Regierungsvertreter nicht üblich sei. Aber auch der deutsche Bundesrat als Vertretung der Länder tagt öffentlich. Nationale Politiker, die von den Bürgern gewählt werden, müssen sich um die Zustimmung und Zuneigung der Wähler bemühen. Sie müssen zu den Menschen gehen und mit ihnen reden. Sie müssen sympathisch sein. Die Kommissare und Generaldirektoren in Brüssel haben keinen solchen Zwang. Sie werden nicht vom Parlament gewählt, sondern von den nationalen Regierungen bestimmt. Sie müssen sich eigentlich nur mit den Regierungschefs und Ministern in den nationalen Hauptstädten gut stellen. Freilich beginnt sich hier etwas zu verändern. Das Parlament wird stärker und bestimmt bei der Wahl der Kommission mit. Kommissare, aber auch der Präsident der Europäischen Zentralbank, müssen sich zunehmend vor dem Parlament verantworten. Das sind wichtige Tendenzen.

Natürlich wäre es eine Verkehrung der Prioritäten, die Demokratie in Europa zur Verbesserung der Kommunikation einzuführen. Demokratie ist ein Wert an sich. Aber den Nebeneffekt kann man durchaus erwähnen.

KAPITEL 6
Utopia: Europa im Jahr 2020

Ein Traum, aber keine Vorhersage: Wie sieht Europa im Jahr 2020 aus? Was hat sich bis dahin ereignet?

Ich wachte auf im Frühjahr des Jahres 2020. Die Union hatte gerade die Zahlen für das Sozialproduktwachstum im abgelaufenen Jahr veröffentlicht. Es war ein Plus von preisbereinigt 3,1 %. Niemand regte sich darüber sonderlich auf. Das Jahr 2019 stellte sich als Durchschnittsjahr dar, weder besonders gut noch besonders schlecht. Die Arbeitslosigkeit belief sich auf 8,2 %. Das war nach damaligem Empfinden nach wie vor hoch. Es hatte aber nichts mit Wachstum und Konjunktur zu tun. Es hing vor allem mit den Strukturproblemen in einigen schwachen Regionen Europas zusammen, vor allem in Süditalien, Südspanien und in den östlichen Teilen Polens.

Die USA standen in Sachen Arbeitslosigkeit besser da als die Europäer. Dagegen erreichten sie beim Wachstum nur einen enttäuschenden Zuwachs von 2,7 %. Dass die Amerikaner schon seit ein paar Jahren langsamer gewachsen waren als die Europäer, war für die USA gewöhnungsbedürftig. Es kratzte an ihrem Selbstbewusstsein. Nach wie vor litten sie darunter, dass sie nicht mehr die unbestrittene Nummer eins in der Welt waren und dass ausgerechnet die Europäer inzwischen international beliebter und einflussreicher geworden waren. Die Vereinigten Staaten führten dies freilich nicht auf Unterschiede in der politischen Philosophie der beiden Mächte zurück. Vielmehr beklagten sie, dass ihren Politikern der Ehrgeiz und der Biss verloren gegangen waren. Im Herbst 2020 stand die Neuwahl des Präsidenten an. Im Wahlkampf sollte es vor allem darum gehen, wie Amerika sein altes Image als „nation dominante“ in der Welt zurückgewinnen könnte.

In der *New York Times* erschien im Januar 2020 ein Artikel, der in der Retrospektive an das Schicksal der olympischen Basketballmannschaft der USA erinnerte. Die Vereinigten Staaten waren immer die Weltbesten in dieser Sportart gewesen mit Legenden wie Michael Jordan oder Magic Johnson (an die man sich immer noch erinnerte). Als es zu Anfang des Jahrhunderts dann an das Zusammenstellen der Olympiamannschaft ging, zogen sich diese Cracks aus der Bewerbung zurück und meinten, sie sollten die olympischen Ehren (an denen sie weniger verdienten) lieber jüngeren Spielern überlassen. Die Folge war, dass die Amerikaner bei den Spielen in Athen im Jahre 2004 kein „Dream Team" mehr hatten. Sie errangen nur eine für sie enttäuschende Bronzemedaille. Ähnlich war es, so die Schlussfolgerung der *New York Times*, der amerikanischen Volkswirtschaft im zweiten Jahrzehnt des dritten Jahrtausends ergangen. Dass das Zurückfallen der USA im internationalen Wettbewerb auch etwas mit der Verbesserung in Europa zu tun haben konnte, kam der Zeitung nicht in den Sinn (oder war ihr nicht so wichtig).

Der Euro auch in der Schweiz

Auf den Devisenmärkten zeigte sich die Enttäuschung über die USA damals freilich nicht. Der Euro notierte bei 1,09 Dollar. Es war zwischenzeitlich mal auf über 1,50 Dollar gestiegen, aber auch auf 0,70 Dollar gefallen. Das ewige Auf und Ab bei den Wechselkursen hatten auch größere Devisenmarktinterventionen der Europäischen Zentralbank und der amerikanischen Federal Reserve nicht verhindern können. Der Euro war an den Märkten fest etabliert. In manchen Marktsegmenten hatte er einen höheren Anteil als der Dollar, in manchen einen etwas darunterliegenden.

Das Pfund Sterling war erst relativ spät – nämlich im Jahre 2011 unter dem Eindruck des zunehmenden Erfolgs der Europäischen Union auch in wirtschaftlicher Hinsicht – dem Euro beigetreten. Interessant war, dass sich die Schweiz im Jahre 2015 dem Euro anschloss, ohne freilich gleichzeitig Mitglied der EU zu werden. Dies war eine pragmatische Entscheidung, denn tatsächlich war die währungspolitische

Souveränität der Schweizer durch den großen Erfolg des benachbarten Euro immer mehr eingeschränkt worden. Wenn die Zinsen in Euroland angehoben oder gesenkt wurden, musste die Schweiz folgen, wenn sie unerwünschte Wechselkursveränderungen vermeiden wollte. In den Läden in Zürich konnte man schon seit langem sowohl mit Euro als auch mit Schweizer Franken zahlen. Ein großes Problem für die Schweiz war, dass Brüssel sich anfänglich gegen die Pläne der Schweiz stellte. Denn ursprünglich stand in den Maastrichter Verträgen, dass nur EU-Mitglieder dem Euro beitreten könnten.

Die wichtigste Rohstoffwährung war auch im Jahr 2020 noch der US-Dollar. Öl (das damals pro Barrel 150 Dollar kostete) wurde freilich sowohl in Dollar als auch in Euro notiert. Hier hatte es zwischen 2010 und 2012 lange Auseinandersetzungen zwischen den Ölanbietern und der amerikanischen Regierung gegeben. Viele Ölproduzenten einschließlich Russlands wollten das Öl nur noch gegen Euro verkaufen. Umgekehrt waren die Amerikaner nicht zu einem Kompromiss bereit und bestanden darauf, dass Öl nach wie vor nur in Dollar notiert wurde. China als großer Dollar-Besitzer vermittelte zwischen den Fronten. Es handelte schließlich den Kompromiss aus, dass Europäer und Asiaten ihre Ölrechnungen in Euro begleichen konnten. Die USA kauften das Öl dagegen nur gegen Dollar.

In den Jahren 2007 bis 2010 hatte es beim Euro erhebliche Spannungen gegeben (die so weit gingen, dass die britische Zeitschrift *Economist* ernsthaft ein Auseinanderfallen des Euro prognostizierte und die britische Boulevardzeitung *Sun* in einem Exklusivbeitrag aus Frankfurt berichtete, in Deutschland würden schon neue D-Mark-Scheine gedruckt). Grund war das starke Auseinanderdriften der Konjunktur zwischen den einzelnen Staaten der Europäischen Union. Eine Zeit lang hatten Volkswirte noch beschwichtigt, indem sie darauf hinwiesen, dass solche Differenzen in den USA und in den Regionen innerhalb der Mitgliedsländer ganz normal seien. Aber dann wurden die Märkte doch nervös, vor allem, weil nicht nur die gesamtwirtschaftlichen

Wachstumsraten so weit auseinander liefen, sondern weil sich auch erhebliche Unterschiede in der Wettbewerbsfähigkeit der einzelnen Länder und damit Leistungsbilanzsalden zwischen den Mitgliedern aufbauten. Es kam zu größeren Kapitalflüssen aus Spanien und Italien in die Bundesrepublik. Die Kapitalmarktzinsen in Deutschland gingen zurück. In Spanien stiegen sie an.

In der Europäischen Zentralbank und in der Eurogruppe der Finanzminister wurde darüber diskutiert, wie man Spanien zu einem deflationären Kurs seiner Wirtschaftspolitik bewegen könnte, um das Land wieder wettbewerbsfähiger innerhalb der Gemeinschaft zu machen. Schließlich fand man die rettende Idee: Die Zahlungsbilanzstatistik innerhalb der Gemeinschaft wurde abgeschafft. Fortan gab es nur noch Zahlen über den Außenwirtschaftsverkehr der Euro-Zone insgesamt mit der übrigen Welt. Damit war den Märkten die Grundlage für ihre Spekulationen entzogen (auch wenn die strukturellen Probleme natürlich blieben und Spanien und Italien zu einem deflationären Kurs zwangen).

Letztlich hatte man in der Euro-Zone damit die gleichen Bedingungen geschaffen, die es auch in den nationalen Mitgliedsstaaten immer gegeben hatte. Der damalige Chefvolkswirt der Europäischen Zentralbank hatte in den Diskussionen immer wieder darauf hingewiesen, dass auch die hohen Leistungsbilanzdefizite der neuen Bundesländer zu den alten Bundesländern in Deutschland (sie beliefen sich damals auf 50% des Bruttonationaleinkommens) für die D-Mark nie ein währungspolitisches Problem gewesen seien, weil sie nie veröffentlicht worden waren. Durch den Trick der Abschaffung der Statistik hatte man mit einem Mal wieder Ruhe beim Euro. Die Euro-Zone wurde währungspolitisch endgültig ein Binnenmarkt.

Neuordnung der Regionen in Europa

Der Europäischen Union gehörten damals 27 Vollmitglieder an und 21 Länder, die nur den Status von privilegierten Mitgliedern hatten. Auch unter den Vollmitgliedern gab es freilich Unterschiede. Bulgarien, Kroatien und Dänemark hatten – obwohl Vollmitglieder – den Euro nicht eingeführt. Bei bestimmten Richtlinien der Kommission war den Mitgliedern freigestellt, die Regelung zu übernehmen oder nicht.

Damit war praktisch das Europa der verschiedenen Geschwindigkeiten realisiert. An sich hätten sich die Europäer darüber freuen müssen, denn damit hatten sie das schwierige Problem gelöst, dass so viele Länder beitreten wollten und dies die interne Integration behinderte. Was die meisten so aber nicht vorhergesehen hatten: Die Kernländer Europas, die die Zusammenführung der Politik und der Märkte vorantreiben wollten, gerieten immer wieder in Streit mit den Ländern, die nicht dem Kern angehörten und die sich häufig benachteiligt sahen. Länder, die nicht zum Kern gehörten, mussten Richtlinien akzeptieren, an denen sie vorher nicht ausgiebig mitgewirkt hatten. Das waren Richtlinien, die die Kernländer schon seit einiger Zeit anwendeten und bei denen sie sich weigerten, sie vor der Übertragung auf die restlichen Mitglieder noch einmal zu diskutieren geschweige denn zu überarbeiten. Nach acht Jahren schwierigster Verhandlungen (bei denen sich auch die USA immer wieder als Vermittler einschalteten) weigerte sich das türkische Parlament, einem Beitritt zur EU als privilegiertes Mitglied zuzustimmen. Damit blieb ein wichtiger Streitpunkt erhalten.

Die Europäer hatten Anfang 2020 gerade ein neues Parlament und einen neuen Präsidenten gewählt. Die Tatsache, dass Europa einen Präsidenten hatte, wurde in der Öffentlichkeit immer noch als Innovation betrachtet. Denn der neue Inhaber des Amtes war erst der zweite direkt vom Volk gewählte Präsident. In der Verfassung des Jahres 2006 hatte man ursprünglich vorgesehen, dass der Präsident Europas vom Europäischen Rat für drei Jahre bestimmt werden sollte. Das erwies sich jedoch als gänzlich unpraktisch. Denn der Rat hatte die Tendenz, schwache Präsidenten aus seiner eigenen Mitte zu wählen, mit denen der Rat am Ende selbst nicht glücklich war. So entschieden die Europäer im

Jahre 2013, vom Jahr darauf an eine direkte Volkswahl des Präsidenten mit einer Amtsperiode von vier Jahren durchzuführen.

Die Europäer übernahmen hier das amerikanische Modell – sie waren inzwischen so selbstbewusst geworden, dass sie keine Angst mehr hatten, etwas von den Vereinigten Staaten zu kopieren, wenn es denn die bessere Lösung war. Bei den Kompetenzen des neuen Präsidenten orientierte man sich jedoch nicht am amerikanischen, sondern eher am französischen Modell. Unter dem Unionspräsidenten gab es einen Kommissionspräsidenten, der zusammen mit den einzelnen Kommissaren vom Parlament bestimmt wurde. Damit hatte man Elemente der direkten und der repräsentativen Demokratie vereint.

Die größte Veränderung im politischen Bereich betraf die zweite Kammer des Parlaments mit den Repräsentanten der Regionen. Hier hatte es zu Anfang des Jahrhunderts zunehmend Schwierigkeiten mit der Tatsache gegeben, dass kleine Länder wie Luxemburg, Lettland, Litauen, Estland oder Slowenien gleichberechtigt neben den Schwergewichten Frankreich, Großbritannien oder Deutschland am Tisch saßen. Zudem entwickelten sich in der Union zwischen einzelnen Regionen politische und wirtschaftliche Gemeinsamkeiten (so genannte Cluster), die sich auf politischer Ebene nicht repräsentiert fühlten. Die Bayern hatten viel mehr Gemeinsamkeiten mit Baden-Württemberg, Österreich und Norditalien als mit Berlin. Hier entstand ein starker Druck, eine neue Art von Habsburg-Region zu bilden (wobei der Name nach wie vor bei vielen Bewohnern auf Vorbehalte stößt). Auch zwischen den Benelux-Ländern, dem Rheinland und Teilen Niedersachsens entwickelten sich viele Gemeinsamkeiten, die zur Bildung einer einheitlichen Region über die nationalen Grenzen hinweg führten. Gleiches passierte bei den Ostseeanrainern von Hamburg über Westpolen bis hin zum Baltikum.

So entschloss sich die EU in einem Kraftakt, den ihr niemand zugetraut hatte und der nur einem charismatischen Präsidenten wie Jean-Claude Juncker (der erstaunlicherweise immer noch politisch aktiv war) gelingen konnte, den Gordischen Knoten durchzuhauen und eine umfangreiche Regionalreform durchzuführen. Der größte Widerstand kam dabei von Frankreich, das zustimmen musste, dass Burgund zusammen mit Teilen von Elsass-Lothringen und dem Saarland eine neue Region bildete. Am liebsten hätte man dieser Region auch Teile der Schweiz zugeschlagen. Das scheiterte aber daran, dass sich die Schweiz zum zweiten Mal hintereinander in einer Volksabstimmung gegen den Beitritt in die EU entschieden hatte. So entstanden anstelle der alten Nationalstaaten neue Regionen, die sich in der Größe bei weitem nicht mehr so stark unterschieden wie die alten Nationalstaaten. Diese neuen Regionen lösten dann den alten Europäischen Rat aus Nationalstaaten ab.

Der Begriff Deutschland hatte sich als Auslaufmodell erwiesen. Er war noch ein paar Jahre in den Köpfen der Menschen präsent. Aber es war damals schon absehbar, dass er in Zukunft nur noch in den Geschichtsbüchern weiterleben würde. Unsere Enkel werden in der Schule lernen, dass es Deutschland als Nationalstaat gerade mal rund 200 Jahre gegeben hat. Deutschland war eine Episode in der Geschichte.

Gemeinsame Fußballmannschaft der Europäer

Es war gelungen, die EU-Kommission außerordentlich klein zu halten. Zwar waren Kompetenzen in der Außen- und Sicherheitspolitik auf die Union übertragen worden. Gleichzeitig wurden aber auch Kompetenzen aus Brüssel in die Regionen verlagert. Warum, so wurde mit Recht gefragt, muss sich die EU insgesamt mit Angelegenheiten wie dem Verbot der Tabakwerbung oder dem Rauchverbot insgesamt beschäftigen? Warum musste sie Vorschriften zur Erhaltung bestimmter seltener Tierarten und Pflanzensorten erlassen. Das war wirklich Sache der Regionen, die das alles viel besser beurteilen konnten.

Es gab einen gemeinsamen Auswärtigen Dienst für alle EU-Vollmitglieder (dem sich aber auch einige privilegierte

Mitglieder wie beispielsweise Georgien und die Ukraine anschlossen). Das Militär wurde voll vergemeinschaftet und ein gemeinsamer Verteidigungsminister wurde geschaffen. Damit konnte die Zahl der Soldaten in der Union deutlich reduziert werden. Die gemeinsame Agrarpolitik wurde spürbar zurechtgestutzt. Ebenso der Umweltschutz. Hier beschränkte sich die Kommission auf grobe Richtlinien, damit es zwischen den Regionen keine Konflikte gab.

Zu dieser „Entschlackung“ der gemeinsamen europäischen Regierung in Brüssel trug maßgeblich bei, dass die neu geschaffenen Regionen mit außerordentlicher Energie den ihnen gebotenen Macht- und Gestaltungsspielraum aufnahmen und nutzten. Was ihnen ein Dorn im Auge war, war die Steuer, die die EU direkt bei den Bürgern erhob. Am liebsten hätten sie diese Abgabe ganz abgeschafft und die Kommission in Brüssel durch Zahlungen aus den Budgets der Regionen finanziert. Dazu waren aber weder der EU-Präsident noch das Europäische Parlament bereit.

Im Gegenteil: Brüssel fühlte sich alles andere als eine „Tochter“ der Regionen. Es entwickelte aufgrund seiner Kompetenz für internationale Angelegenheiten und aufgrund seines hohen Ansehens in der Welt ein außerordentliches Selbstbewusstsein. So konnte es auch eine finanzpolitische Regel durchsetzen, die der Stabilität Europas außerordentlich gut tat: Es legte in der Verfassung fest, dass die Regionen keine eigenständige Finanzpolitik betreiben durften. Der Haushalt auf regionaler Ebene musste immer ausgeglichen sein. Auch dies war eine Anleihe, die die EU aus den Erfahrungen einiger Staaten in den USA genommen hatte. Der Haushalt der EU machte insgesamt etwa 15% des gemeinschaftlichen Nationaleinkommens aus, etwa so viel wie die Haushalte aller Regionen und Kommunen zusammengenommen. Die Staatsquote lag damit bei 30%. Sie war damit viel niedriger als die Staatsquoten in den früheren Nationalstaaten.

Die Tatsache, dass die Politiker zu solchen grundlegenden Reformen in der Lage waren, hat die Stimmung bei den Bürgern und in den Unternehmen nachhaltig verbessert. Die

Menschen waren mit einem Mal gar nicht mehr so pessimistisch. Sie waren stolz auf das Erreichte und auf ihr hohes Renommee in der Welt. Sie fühlten sich gleichzeitig als Europäer und als Bewohner der Region, in der sie ansässig waren. Der Begriff der Eurosklerose kam nur noch in Diplom- oder Doktorarbeiten vor.

Das Wichtigste für die europäische Identität war freilich nicht, dass die Bürger einen gemeinsamen Pass hatten. Bedeutsamer war, dass die Europäer eine gemeinsame Fußballmannschaft aufstellten und dafür sorgten, dass die Weltmeisterschaft in dieser Sportart nicht mehr von den einzelnen Nationen, sondern von der Gemeinschaft insgesamt gegen Mannschaften anderer Kontinente bestritten wurde. Auslöser dafür war, dass die holländische Fußballmannschaft bei der Weltmeisterschaft 2010 von der amerikanischen geschlagen wurde. Die Niederländer überzeugten die Franzosen, Briten und Deutschen, dass dies auf Dauer auch ihnen passieren könne. Es sei ein gravierender Wettbewerbsnachteil, dass die großen Vereinigten Staaten von Amerika überall mit gemeinsamen Mannschaften auftraten und sich die Europäer in einzelne Nationen zersplitterten. So kam es dann auch zu einer gemeinsamen Olympia-Mannschaft der Europäer.

Sie sollte zum ersten Mal bei den Olympischen Spielen des Jahres 2020 auftreten. Die Vorarbeiten dazu waren schon im Gange und die Europäer rechneten sich aus, bei den Spielen erstmalig besser als die Amerikaner, die Chinesen und die Inder zu sein (die alle noch mit eigenen Mannschaften auftraten).

Da plötzlich klingelte der Wecker. Ich war wieder ins Jahr 2005 zurückgekehrt. Es war alles, alles nur ein Traum.

LITERATURVERZEICHNIS

Beck, Ulrich; Grande, Edgar: *Das kosmopolitische Europa – Gesellschaft und Politik in der Zweiten Moderne.* Frankfurt am Main: Suhrkamp, 2004

Bender, Peter: *Weltmacht Amerika – Das neue Rom.* Stuttgart: Klett-Cotta, 2003

Bertelsmann-Stiftung (Hrsg.): *Das neue Europa – Strategien differenzierter Integration – Internationales Bertelsmann Forum.* Gütersloh: Verlag Bertelsmann Stiftung

Buchsteiner, Jochen: *Die Stunde der Asiaten. Wie Europa verdrängt wird.* Reinbek bei Hamburg: Rowohlt, 2005

Collignon, Stefan: *The European Republic – Reflections on the Political Economy of a Future Constitution.* London: Federal Trust for Education and Research, 2003

Gehring, Thomas: *Die Europäische Union als komplexe internationale Organisation – Wie durch Kommunikation und Entscheidung soziale Ordnung entsteht.* Baden-Baden: Nomos Verlag, 2002

Gibbon, Edward: *Verfall und Untergang des römischen Imperiums – Bis zum Ende des Reiches im Westen. Band 1.* München: dtv, 2003

Görgens, Egon; Ruckriegel, Karlheinz; Seitz, Franz: *Europäische Geldpolitik – Theorie, Empirie, Praxis.* 4. Auflage, Stuttgart: Lucius & Lucius, 2004

Habermas, Jürgen: *Die postnationale Konstellation.* Frankfurt am Main: Suhrkamp, 1998

Hayek, Friedrich August von: *Die Verfassung der Freiheit.* Neue Auflage, Tübingen: Mohr Siebeck, 2005

Hofmann, Gunter: *Familienbande. Die Politisierung Europas.* München: Antje Kunstmann Verlag, 2005

Huntington, Samuel: *The Clash of Civilisations and the Remaking for World Order.* New York: Simon & Schuster, 1996

Kalff, Donald: *Europas Wirtschaft wird gewinnen. Was wir Europa voraus haben.* Frankfurt/New York: Campus Verlag, 2005

Kees-Soper, Maurice: *Europe and the World – The Persistence of Power Politics.* Basingstoke: Macmillan, 1998

Kennedy, Paul: *Aufstieg und Fall der großen Mächte – Ökonomischer Wandel und Militärischer Konflikt von 1500 bis 2000.* Frankfurt am Main: S. Fischer Verlag, 1989

Kourvetaris, Georg A.; Moschonas, Andreas: *The Impact of European Integration – Political, Sociological and Economic Changes.* Westport, Connecticut, London: Praeger, 1996

Krippendorff, Ekkehart: *Thukydides überwinden. Über die Wiedergeburt Europas aus dem Geiste der Kultur.* Lettre Internationale, Frühjahr 2005, S. 96 ff.

Krugman, Paul: *The Age of Diminished Expectations: U. S. Economic Policy in the 1990's.* MIT Press, 1990

Kupchan, Charles: *Die europäische Herausforderung – Vom Ende der Vorherrschaft Amerikas.* Berlin: Rowohlt, 2003

Leonard, Mark: *Why Europe will run the 21st Century.* London. New York: Fourth Estate, 2005

Link, Werner: *Die Neuordnung der Weltpolitik – Grundprobleme globaler Politik an der Schwelle zum 21. Jahrhundert.* München: C. H. Beck, 1998

Lübbe, Herrmann: *Abschied vom Superstaat – Vereinigte Staaten von Europa wird es nicht geben.* Berlin: Siedler Verlag, 1994

Nye, Joseph S.: *The Paradox of American Power – Why the World's Only Superpower Can't Go it alone.* New York: Oxford University Press, 2002

Ohmae, Kenichi: *The End of the Nation-State – The Rise of the Regional Economies.* New York: Free Press, 1995

Olson, Mancur: *Aufstieg und Niedergang von Nationen.* Freiburg im Breisgau: Mohr Siebeck, 1991

Pond, Elizabeth: *The Rebirth of Europe.* Washington: The Brookings Institution, 1999

Pfetsch, Frank R.; Beichelt, Timm: *Die Europäische Union – Eine Einführung.* München: Wilhelm Fink Verlag, 1997

Rawls, John: *A Theory of Justice.* Revised Edition, Belknap Press, 1999

Rifkin, Jeremy: *Der Europäische Traum – Die Vision einer leisen Supermacht.* Frankfurt am Main, New York: Campus Verlag, 2004

Schulz, Gerhard: *Europa und der Globus – Städte, Staaten und Imperien seit dem Altertum.* Stuttgart, München: Deutsche Verlags-Anstalt, 2001

Seitz, Konrad: *Die japanisch-amerikanische Herausforderung – Deutschlands Hochtechnologieindustrien kämpfen ums Überleben.* Stuttgart: Bonn Aktuell, 1990

Seitz, Konrad: *Wettlauf ins 21. Jahrhundert – Die Zukunft Europas zwischen Amerika und Asien.* Berlin: Siedler Verlag, 1998

Servan-Schreiber, Jean-Jacques: *Die amerikanische Herausforderung.* München: Hoffmann und Campe, 1968

Sinn, Hans-Werner: *Ist Deutschland noch zu retten?* Berlin: Econ Verlag, 2004

Theurl, Theresia: *Eine gemeinsame Währung für Europa. 12 Lehren aus der Geschichte (Geschichte & Ökonomie).* Österreichischer StudienVerlag, 1992

Tietmeyer, Hans: *Herausforderung Euro – Wie es zum Euro kam und was er für Deutschlands Zukunft bedeutet.* München, Wien: Hanser Verlag, 2005

Tindemans-Gruppe: *Welches Europa wollen Sie? – Fünf Szenarien für das Europa von morgen.* Baden-Baden: Nomos Verlagsgesellschaft, 1966

Weidenfeld, Werner: *Kulturbruch mit Amerika? – Das Ende transatlantischer Selbstverständlichkeit.* Gütersloh: Verlag Bertelsmann Stiftung, 1996

Weidenfeld, Werner (Hrsg): *Europa – Handbuch – Band I: Die Europäische Union – Politisches System und Politikbereiche.* Gütersloh: Verlag Bertelsmann Stiftung, 3. Auflage 2004

Weidenfeld, Werner (Hrsg.): *Europa – Handbuch – Band II: Die Staatenwelt Europas.* Gütersloh: Verlag Bertelsmann Stiftung. 3. Auflage 2004

Weidenfeld, Werner (Hrsg.): *Die Europäische Verfassung in der Analyse.* Gütersloh: Verlag Bertelsmann Stiftung, 2005.

SACHREGISTER